河南牧业经济学院经管学科·中青年学者文库

河南牧业经济学院博士科研启动资金资助项目（2023HNUAHEDF025）

国家审计对国有企业投资的治理效应研究

刘翠 ○ 著

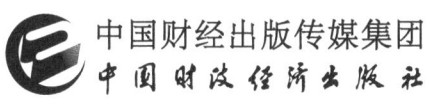

中国财经出版传媒集团
中国财政经济出版社
·北京·

图书在版编目（CIP）数据

国家审计对国有企业投资的治理效应研究 / 刘翠著.
北京：中国财政经济出版社，2025.9. --（河南牧业经济学院经管学科·中青年学者文库）. -- ISBN 978-7-5223-3703-6

Ⅰ. F239.44；F279.241

中国国家版本馆CIP数据核字第2025TL8727号

责任编辑：马　真	责任校对：张　凡
封面设计：智点创意	责任印制：史大鹏

国家审计对国有企业投资的治理效应研究
GUOJIA SHENJI DUI GUOYOUQIYE TOUZI DE ZHILI XIAOYING YANJIU

中国财政经济出版社 出版

URL：http://www.cfeph.cn

E-mail：cfeph@cfeph.cn

（版权所有　翻印必究）

社址：北京市海淀区阜成路甲28号　邮政编码：100142

营销中心电话：010-88191522

天猫网店：中国财政经济出版社旗舰店

网址：https://zgczjjcbs.tmall.com

涿州汇美亿浓印刷有限公司印刷　各地新华书店经销

成品尺寸：170mm×240mm　16开　15印张　221 000字

2025年9月第1版　2025年9月河北第1次印刷

定价：68.00元

ISBN 978-7-5223-3703-6

（图书出现印装问题，本社负责调换，电话：010-88190548）

本社质量投诉电话：010-88190744

打击盗版举报热线：010-88191661　QQ：2242791300

  投资是价值创造的一种重要方式,对国家宏观经济的持续增长和微观企业的持续发展发挥着至关重要的作用。在国家宏观经济方面,投资是社会资源再分配的主要途径之一,合理的投资能够创造社会需求和社会财富,推动经济增长和经济结构调整。在微观企业方面,投资关系到企业的资源配置、发展方向和长期价值,合理的投资有助于企业有效地使用内外部资源,提升企业的竞争优势,增强自身在不断变化的市场环境中的持续竞争力,以推动企业长期可持续发展。国有企业是中国特色社会主义的重要物质基础和政治基础,在国民经济发展中发挥着十分重要的作用。由于国有企业较长的委托代理链条增加了信息的不对称程度,弱化了相关部门对国有企业高管监督的有效性,使其在企业投资方面存在"自身利益最大化"和"投资机会主义选择"的行为。为了提升国有企业投资的科学性和合理性,有效推动企业可持续发展,需要更多、更完善和更有效的约束和激励机制。

  《中华人民共和国宪法》和《中华人民共和国审计法》赋予审计机关监督国有企业运用国有资本从事生产经营的职责。近年来,中央政府加大了国家审计的外部支持性保障和法规建设,公布了一系列创新举措,如《关于全面推进依法治国若干重大问题的决定》(2014年)、《关于完善审计制度若干重大问题的框架意见》及相关配套文件(2015年)和《深化党和国家机构改革方案》（2018年）等，以促进国家审计治理作用的有效发挥。国有企业是中国特色社会主义的"顶梁柱"，国家审计对国有企业的健康可持续发展具有重要的治理作用，本书以公共受托经济责任理论、权力制约监督理论、公司治理理论、审计治理理论和可持续发展理论等为指导，探索国家审计影响国有企业治理的机制和路径，同时，以2010—2018年审计署公布央企集团审计结果公告为契机，聚焦党的十八大报告和十九大报告中国家关注和重视的"实体经济发展""绿色发展"和"'走出去'战略"，根据国有上市公司所属央企集团是否接受审计署审计构造多期DID模型，实证考察国家审计对国有企业金融资产配置、环保投资和对外直接投资的治理效应，最后，提出对策建议，以期对提升国家审计的国有企业投资治理效应提供些许理论参考和经验证据。

本书共分八章：

第一章　绪论。本章作为开篇，首先介绍了本书的选题背景及意义，然后对本书的研究思路、研究内容、研究方法及创新点进行了介绍。

第二章　理论基础与文献综述。理论基础部分，在回顾与阐述公共受托经济责任理论、权力制约监督理论、公司治理理论、审计治理理论和可持续发展理论的基础上，分析这些理论与国家审计、企业投资之间的联系，为后面各章的理论分析与研究假设奠定基础。文献综述部分，回顾国家审计对国有企业治理效应方面的研究，以及企业金融资产配置、环保投资和对外直接投资影响因素方面的研究，对其进行评述，提出本书的研究问题。

第三章　制度背景与现状分析。通过追溯国有企业投资体制的变迁、国资监管体制变迁以及审计监督及其对国有企业治理的发展历程，分析国有企业金融资产配置的现状、国有企业环保投资的现状以及国有企业对外直接投资的现状，重点研究国家审计对国有企业金融资产配置、环保投资以及对外直接投资治理效应的必要性和可行性。

第四章　国家审计影响国有企业治理的机制和路径。首先，分析国家审计影响国有企业治理的机制，包括国家审计的特征、国家审计在国有企业治理中的功能以及国家审计在国有企业治理中的定位；其次，从权力治理、信息治理和政策促进方面分析国家审计影响国有企业治理的路径；最后，从审计单位覆盖率、审计内容覆盖、审计查出问题数量以及审计问责情况等方面分析当前国有企业审计的总体情况。这些分析为后面实证研究假设的提出奠定了一定的理论基础。

第五章　国家审计与国有企业金融资产配置的实证研究。一是基于企业金融资产配置与国家审计的现实背景、理论背景提出研究问题；二是在理论分析的基础上，提出研究假设；三是实证检验国家审计对国有企业金融资产配置的影响，并实施稳健性检验；四是从国家审计提升国有企业监事会效能和股东决策参与度两个方面实施机制检验；五是进一步从国有企业不同的公司治理特征和不同的公司信息透明度等方面，分析国家审计对国有企业金融资产配置的不同影响；六是对本章研究进行总结，并提出研究启示。

第六章　国家审计与国有企业环保投资的实证研究。一是基于企业环保投资与国家审计的现实背景、理论背景提出研究问题；二是在理论分析的基础上，提出研究假设；三是实证检验国家审计对国有企业环保投资的影响，并实施稳健性检验；四是从国家审计提升国有企业监事会效能和降低国有企业代理成本两个方面实施机制检验；五是进一步从国有企业不同的公司治理特征、不同的地区信息透明度、不同的行业竞争度和不同的CEO特征等方面，分析国家审计对国有企业环保投资的不同影响；六是对本章研究进行总结，并提出研究启示。

第七章　国家审计与国有企业对外直接投资的实证研究。一是基于企业对外直接投资与国家审计的现实背景、理论背景提出研究问题；二是在理论分析的基础上，提出研究假设；三是实证检验国家审计对国有企业对外直接投资的影响，并实施稳健性检验；四是从国家审计提升国有企业全要素生产率和董事会勤勉度两个方面进行机制检验；五是进一步从国有企业不同的公司治理特征、不同的公司信息透明度、不同的CEO特征、不同的融资能力以及货币政策不确定性等方面，分析国家审计对国有企业对外直接投资的不同影响；六是对本章研究进行总结，并提出研究启示。

第八章　研究总结与对策建议。首先，总结研究发现；其次，指出研究局限及对未来的研究展望；最后，依据研究结论，在国家审计制度层面、国家审计执行层面和国有企业内部治理层面提出提升国有企业审计监督实施效率和效果的对策建议，使其在提升国有企业投资的科学性和合理性方面发挥更大的作用。

第一章　绪论	（1）
第一节　研究背景与研究意义	（1）
第二节　研究思路与研究内容	（7）
第三节　研究方法	（11）
第四节　研究创新	（12）
第二章　理论基础与文献综述	（14）
第一节　理论基础	（14）
第二节　文献综述	（25）
第三章　制度背景与现状分析	（52）
第一节　制度背景	（52）
第二节　国有企业金融资产配置的现状分析	（59）
第三节　国有企业环保投资的现状分析	（66）
第四节　国有企业对外直接投资的现状分析	（71）
第五节　本章小结	（76）
第四章　国家审计影响国有企业治理的机制和路径	（78）
第一节　国家审计影响国有企业治理的机制	（78）

第二节　国家审计影响国有企业治理的路径 ……………………（84）
第三节　当前国有企业审计监督的总体情况分析 ……………（89）

第五章　国家审计与国有企业金融资产配置的实证研究 …………（94）
第一节　问题提出 ………………………………………………（94）
第二节　理论分析与研究假设 …………………………………（96）
第三节　研究设计 ………………………………………………（99）
第四节　实证结果分析 …………………………………………（102）
第五节　本章小结 ………………………………………………（125）

第六章　国家审计与国有企业环保投资的实证研究 ………………（127）
第一节　问题提出 ………………………………………………（127）
第二节　理论分析与研究假设 …………………………………（129）
第三节　研究设计 ………………………………………………（133）
第四节　实证结果分析 …………………………………………（136）
第五节　本章小结 ………………………………………………（161）

第七章　国家审计与国有企业对外直接投资的实证研究 …………（163）
第一节　问题提出 ………………………………………………（163）
第二节　理论分析与研究假设 …………………………………（165）
第三节　研究设计 ………………………………………………（167）
第四节　实证结果分析 …………………………………………（170）
第五节　本章小结 ………………………………………………（194）

第八章　研究总结与对策建议 ………………………………………（196）
第一节　研究总结 ………………………………………………（197）
第二节　对策建议 ………………………………………………（201）

参考文献 ………………………………………………………………（208）

绪　论

第一节　研究背景与研究意义

一、研究背景

《中华人民共和国宪法》（以下简称《宪法》）和《中华人民共和国审计法》（以下简称《审计法》）赋予审计机关监督国有企业运用国有资本从事生产经营的职责。近年来，中央政府加大了国家审计的外部支持性保障和法规建设，公布了一系列创新举措，以促进国家审计治理作用的有效发挥。2014年10月，党的十八届四中全会审议通过《关于全面推进依法治国若干重大问题的决定》（以下简称《决定》）。《决定》指出要"强化对行政权力的制约和监督"，"完善审计制度，保障依法独立行使审计监督权"。2015年12月中共中央办公厅、国务院办公厅印发了《关于完善审计制度若干重大问题的框架意见》及相关配套文件，对完善审计制度、保障依法独立行使审计监督权作出了部署和安排。党的十九大报告明确提出"改革审计管理体制"，以健全党和国家监督体系，2018年3月中国共产党中央委员会根据《深化党和国家机构改革方案》组建中央审计委员会，使国家审计以更加独立、超脱的视角行使监督权，这是审计管理体制改革的伟大创举，在审计改革和发展中具有里程碑意义。党的十九届四中全会指出必须健全监督体系，构建不敢腐、不能腐、不想腐的体制机制。国有企业是中国特色社会主义的"顶梁柱",是中国特色社会主义的重要物质基础和政治基础,国家审计对国有企业的健康可持续发展具有重要的治理作用,2015年8月中共中央、国务院印发的《关于深化国有企业改革的指导意见》指出,健全国有资本审计监督体系和制度,实行企业国有资产审计监督全覆盖,建立对企业国有资本的经常性审计制度。2017年3月中共中央办公厅、国务院办公厅印发《关于深化国有企业和国有资本审计监督的若干意见》,强调国家审计在国有企业审计中实行审计全覆盖,加大审计查出问题整改到位、问责到位,充分发挥国家审计在党和国家监督体系中的作用。随着国家审计管理体制的逐步完善、领导层级和地位的不断提升,国家审计在经济社会发展中的重要作用愈发凸显。

自2010年起,审计署开始披露中央企业集团审计结果公告,公告内容主要包括财务管理和会计核算、企业重大决策和管理、政策落实以及廉洁从业和发展潜力等方面的内容①。作为国家层面重要的监督治理机制,国家审计能够从多个维度对国有企业产生影响。现有针对国家审计治理效应的研究在宏观方面主要包括国家审计对地区宏观税负(周敏李等,2021)、地方经济发展(李明和聂召,2014)、腐败治理(刘泽照和梁斌,2015;陈丽红和张龙平等,2016;王会金和马修林,2017;唐衍军和蒋尧明,2020)、财政收支(黄溶冰和乌天玥,2016;王静和包翰林,2018)、地方政府债务(马东山等,2019;吴勋和王雨晨,2018;陈文川等,2019)、社会责任(张龙平等,2019;潘孝珍和傅超,2020)等方面的影响;在微观方面主要包括国家审计对国有企业绩效(李江涛等,2015;蔡利和马可哪呐,2014;马东山等,2019;张强,2020)、资产保值增值(吴秋生和郭檬楠,2018;郭檬楠和吴秋生,2018;郭檬楠和吴秋生,2019;王艳艳等,2020)以及生产率(唐嘉尉和蔡利,2021;郭金花和杨瑞平,2020)等有关企业高质量发展方面的影响,国家审计对国有企业创新投入(胡志颖和余丽,2019;刘西国等,2020;褚剑等,2018;郑伟宏和涂国前,

---

① 根据2010年后审计署公布的中央企业集团审计结果公告整理所得。网页链接:https://www.audit.gov.cn/n5/n25/index.html。

2019)、非效率投资（王兵等，2017）以及金融衍生品投资（刘芳和王美英，2021）等有关企业投资方面的影响，国家审计对国有企业内部治理（褚剑和方军雄，2018；段训诚和唐立新，2018；池国华等，2019；唐大鹏和从阒匀，2020；褚剑和方军雄，2016；李志强等，2020；池国华等，2021；陈宋生等，2013；阮滢和赵旭，2017；王海林和张丁，2019；杨华领和宋常，2019）、资本结构调整（刘凤环等，2021；王新奎，2019；郭檬楠和郭金花，2020；潘俊等，2020）、注册会计师审计（朱晓文和王兵，2016；李青原和马彬彬，2017；李晓慧和蒋亚含，2018；许汉友等，2018；吴秋生和王婉婷，2019）等方面的影响。目前，学术界关于国家审计与国有企业投资方面的研究主要包括国家审计对国有企业创新投入、非效率投资和金融衍生品投资等方面的研究，但从权力治理路径、信息治理路径和政策促进路径研究国家审计对国有企业金融资产配置、环保投资和对外直接投资的治理效应的文献较少。

近年来，市场需求日益下降，实体企业投资回报率不断下滑，在逐利动机的驱使下，大量实业资本纷纷进入金融和房地产等投资回报率较高的泛金融行业，寻找新的利润增长点。根据 CSMAR 数据，2009 年我国上市公司（非金融房地产类，下同）平均金融资产持有量约为 1.54 亿元，2018 年约为 5.25 亿元，上涨了约 240.91%，国有上市公司（非金融房地产类，下同）平均金融资产持有量 2009 年约为 2.19 亿元，2018 年上升为 10.58 亿元，上涨了约 383.11%[①]。大量实业资本进入虚拟经济部门，在虚拟经济领域运转，影响实体企业主营业务发展，出现"企业金融化"现象，金融化现象被认为与实业发展、金融空转、金融危机存在密切联系（戴泽伟和潘松剑，2019），近年来引起了社会各界的关注。党的十八大报告指出，"健全促进宏观经济稳定、支持实体经济发展的现代金融体系"，"牢牢把握发展实体经济这一坚实基础，实行更加有利于实体经济发展的政策措施"，党的十九大报告要求"深化金融体制改革，增强金融服务实

---

① 2009 年和 2018 年我国上市公司（非金融房地产类）平均金融资产持有量根据 CSMAR 数据库导出的上市公司（非金融房地产类）金融资产持有总额除以上市公司（非金融房地产类）数量计算所得。

体经济能力","健全金融监管体系,守住不发生系统性金融风险的底线",但同时要强化监管,以免金融"脱实向虚"。十三届全国人民代表大会第二次会议也提出"坚持实施稳健的货币政策,引导金融支持实体企业"。这体现了国家对金融化问题和实体经济发展的关注和重视。国家审计的高权威性、强独立性和精专业性不仅使其能够获取充分且适当的审计证据以判断企业在金融资产配置的关键环节是否存在权力运用问题,针对审计中发现的金融资产配置的权力运用问题,从制度规范出发提出整改建议并督促企业整改,而且可以发现被审计国有企业存在的其他公司治理问题和内控缺陷,通过提出整改建议推动企业提升公司治理水平和内控质量,规范企业后期的金融资产配置行为。同时,审计结果公告的发布可以提高股东的决策参与度,防止不利于股东自身利益和公司发展的决策通过,弱化企业高管不合规配置金融资产的动机。基于此,本书从抑制国有企业金融化、促进实体经济发展的角度,研究国家审计对国有企业金融资产配置的治理效应。

在中国经济快速发展的同时,环境问题也日益凸显。《2021年中国生态环境状况公报》显示,在全国地级及以上城市中有64.3%的城市空气质量达标,较2020年上升3.5%,仍有35.7%的城市空气质量超标①。绿水青山就是金山银山的理念揭示了生态环境与经济发展的密切关系,好的生态环境可以创造社会财富和经济财富,保护生态环境可以为经济社会的可持续发展提供发展潜力和发展后劲。党的十八大报告指出要"把生态文明建设放在突出地位","加大自然生态系统和环境保护力度","着力推进绿色发展",党的十九大报告指出要"推进绿色发展","加大生态系统保护力度",这体现了国家对环境保护和绿色发展的关注和重视。企业作为环境污染的主要排放源,其环保投资能够从根源上减少废水废气的排放量,对生态环境保护更具针对性,加大企业环保投资是解决生态环境问题,实现绿色发展的重要途径。由于环保投资在短期内并不会带来显著的经济效益,企业环保投资的内生意愿并不强烈。审计机关不仅可以通过对国有企

---

① 数据来源于中华人民共和国生态环境部官网发布的《2021年中国生态环境状况公报》。网页链接:https://www.mee.gov.cn/hjzl/sthjzk/zghjzkgb/。

业环保政策法规的执行情况、环保资金投入与使用、环保设施建设与运行等方面实施审计,直接促使企业增加环保投资,提高抵御污染问题的能力,而且可以通过对国有企业重大决策和管理、政策落实和发展潜力等方面的关注,降低国有企业的代理成本,增加企业重大决策与经济高质量发展目标的匹配程度,从而提升企业环保投资意愿。基于此,本书从保护生态环境、促进绿色发展的角度,研究国家审计对国有企业环保投资的治理效应。

在经济下行、经贸摩擦和疫情的冲击下,近几年来中国企业"走出去"的步伐与以往相比明显放缓,党的十八大报告指出"必须实行更加积极主动的开放战略","加快走出去步伐,增强企业国际化经营能力,培育一批世界水平的跨国公司"。党的十九大报告指出要"推动形成全面开放新格局","要以'一带一路'建设为重点,坚持引进来和走出去并重","加快培育国际经济合作和竞争新优势",这体现了国家对"走出去"战略的关注和重视。对外直接投资是"走出去"战略的重要组成部分,实施对外直接投资有助于企业在海外寻求资源、技术和市场,增强企业的国际竞争优势,在新发展格局的构建中发挥着举足轻重的作用。一方面,全球范围内的资源有效配置有助于缓解国内由于经济发展和产业进步而引起的资源需求剧增与自身储备不足的问题。另一方面,通过学习发达国家先进的技术和管理经验,能够获取逆向技术溢出,推动中国产业创新和发展,培养具有全球竞争优势的跨国公司。另外,通过在境外开办企业进行生产和销售,可以较为有效地绕过多种形式的贸易壁垒,同时通过产业联动还可以促进国内企业的出口发展。生产率是企业对外直接投资的重要决定因素,全要素生产率的提升可以通过促进技术进步和提高资源配置效率两大路径来实现,审计机关可以依法监督国有企业创新驱动战略的落实情况以及创新过程中对法律法规的遵守情况,针对审计中发现的不利于企业创新的问题,提出建议并督促企业整改,推动企业技术进步;也可以通过对国有企业高管超额在职消费以及低效无效资产清理情况的关注,提升企业资源的配置效率。同时,审计机关在企业发展潜力方面发现的问题会促使企业高管采取措施为企业谋发展。实施对外直接投资是企业解决技术市场适应性问题、产能冗余问题以及寻找经济增长点的有效途径,在国家"走出去"战略的倡导下,国家审计服务国家治理的职能有助于推动国有企业实施对外直接投资。基于此,本书从提升企业国际竞争力、加快构建新发展格局的视角,研究国家审计对国有企业对外直接投资的治理效应。

综上,本书以公共受托经济责任理论、权力制约监督理论、公司治理理论、审计治理理论和可持续发展理论等为指导,探索国家审计影响国有企业治理的机制和路径,聚焦党的十八大报告和十九大报告中国家关注和重视的"实体经济发展""绿色发展"和"'走出去'战略",从企业金融资产配置、环保投资和对外直接投资三个方面,考察国家审计对国有企业投资的治理效应,以期对提升国家审计的国有企业投资治理效应提供些许理论参考和经验证据。

二、研究意义

(一)理论意义

本书以公共受托经济责任理论、权力制约监督理论、公司治理理论、审计治理理论和可持续发展理论为基础,以2010年后审计署公布央企集团审计结果公告为契机,研究国家审计对国有企业投资的治理效应。现有文献研究表明,不同的考核目标和薪酬管制会对国有企业的投资行为产生不同影响,由于国有企业的委托代理链条较长,在大股东虚位和中小股东搭便车的情况下,存在信息不对称问题和代理问题,影响国有企业投资决策的科学性和合理性。在高权威性、强独立性和精专业性下,国家审计揭示功能、抵御功能和预防功能的有效发挥,使其能够通过权力治理路径、信息治理路径和政策促进路径缓解企业信息不对称问题和代理问题,增强企业内部治理功能发挥的有效性,提高企业投资决策的科学性和合理性。本书考察国家审计对国有企业金融资产配置、环保投资和对外直接投资的治理效应,从企业外部监督和内部治理的协同视角丰富了对国家审计的国有企业治理效应的认识。

(二)现实意义

在国家强化金融监管,避免金融"脱实向虚",强调生态环境保护,促进经济社会绿色发展,以及培养企业国际竞争力,加快构建新发展格局的背景下,本书以 2010 年后审计署公布央企集团审计结果公告为契机,考察国家审计对所审计的央企集团下属上市公司的金融资产配置、环保投资和对外直接投资的治理效应。研究发现国家审计能够抑制国有企业金融资产配置,提高国有企业环保投资水平和对外直接投资速度,从而有助于提升国有企业的可持续发展能力。进一步研究发现,由于国家审计监督内容覆盖面、审计问责力度、审计区域覆盖面、公司治理特征以及企业外部环境等方面的不同,国家审计对国有企业金融资产配置、环保投资和对外直接投资产生治理效应的显著程度也不同,本书的研究发现为审计机关设计更加合理、有效的国有企业审计实施方案提供了经验证据,对充分发挥国家审计在促进实体经济发展、经济社会绿色发展和构建新发展格局方面的作用具有启示意义。

第二节 研究思路与研究内容

一、研究思路

投资是价值创造的一种重要方式,对国家宏观经济的持续增长和微观企业的持续发展发挥着至关重要的作用。企业不同的考核目标和薪酬激励措施会促使管理层作出不同的投资决策,在国有企业较长的代理链条下,大股东虚位和中小股东监督积极性不足会带来信息不对称和代理问题,使得管理层在作出投资决策时存在"自身利益最大化"和"投资机会主义选择"的行为。国家审计对市场经济行为的规范运作和资源的有效配置具有重要的促进作用。国家审计的主要职能是对各种公共权力的分配和使用进行监督,考虑到审计对自身权力运用的监督,权力方在行使权力时,会更多地依法依规行事,减少以权谋私的机会主义行为,从而发挥权力治理作用;国家审计还可以通过对外发布审计结果公告和提出整改建议的方式,提升被审计国有企业的信息透明度和信息披露质量,从而缓解企业内部监督部门与企业投资决策层之间以及企业非控股股东与企业管理层之间的信息不对称,从而发挥信息治理作用,提升国有企业投资决策的科学性和合理性;另外,促进国有企业贯彻执行国家政策是国家审计服务国家治理职能在国有企业治理方面的重要体现,国家审计的实施有助于减少企业在政策执行过程中的阻碍,提升政策执行效率,从而发挥政策促进作用。基于此,本书通过探索国家审计影响国有企业治理的机制和路径,从企业可持续发展的现实需求出发,聚焦党的十八大报告和十九大报告中国家关注和重视的"实体经济发展""绿色发展"和"'走出去'战略",考察国家审计是否以及如何对国有企业金融资产配置、环保投资和对外直接投资产生治理效应。具体地,本书分别研究了国家审计是否能够通过提升监事会效能和股东决策参与度,对国有企业管理层增加金融资产配置的动机和机会产生影响,从而减少企业的金融资产配置?国家审计是否能够通过提升企业监事会效能和降低企业的代理成本,增强企业环保投资意愿?国家审计是否能够通过提升国有企业的全要素生产率和董事会勤勉度,增强国有企业对外直接投资的意愿?本书的研究思路如图 1-1 所示。

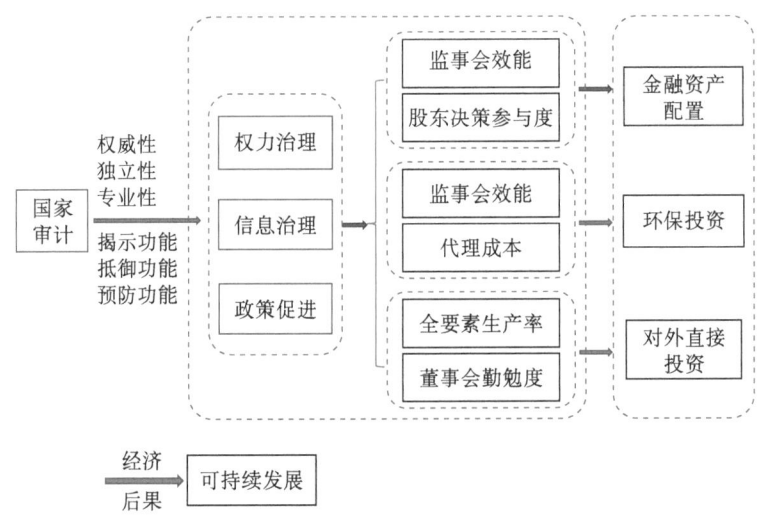

图 1-1 研究思路

二、研究内容

基于上述研究思路，本书各章的具体研究内容安排如下。

第一章为绪论。本章作为开篇，首先介绍了本书的选题背景及意义，然后对本书的研究思路、研究内容、研究方法及创新点进行了介绍。

第二章为理论基础与文献综述。理论基础部分，在回顾与阐述公共受托经济责任理论、权力制约监督理论、公司治理理论、审计治理理论和可持续发展理论的基础上，分析这些理论与国家审计、企业投资之间的联系，为后面各章的理论分析与研究假设奠定基础。文献综述部分，回顾现有研究国家审计对国有企业治理效应方面的文献，主要包括国家审计对国有企业绩效、资产保值增值以及生产率等有关企业高质量发展方面的影响，国家审计对国有企业创新投入、非效率投资以及金融衍生品投资等有关企业投资方面的影响，国家审计对国有企业内部治理、资本结构调整、注册会计师审计等方面的影响；回顾现有文献关于企业金融资产配置、环保投资和对外直接投资影响因素方面的研究；对现有研究企业金融资产配置、环保投资和对外直接投资以及国家审计对国有企业治理效应的文献进行评述，提出本书的研究问题。

第三章为制度背景与现状分析。通过追溯国有企业投资体制的变迁、国资监管体制变迁以及审计监督及其对国有企业治理的发展历程，分析国有企业金融资产配置的现状、国有企业环保投资的现状以及国有企业对外直接投资的现状，重点研究国家审计对国有企业金融资产配置、环保投资以及对外直接投资治理效应的必要性和可行性。

第四章为国家审计影响国有企业治理的机制和路径。首先，分析国家审计影响国有企业治理的机制，包括国家审计的特征、国家审计在国有企业治理中的功能以及国家审计在国有企业治理中的定位；其次，从权力治理、信息治理和政策促进方面分析国家审计影响国有企业治理的路径；最后，从审计单位覆盖率、审计内容覆盖、审计查出问题数量以及审计问责情况等方面分析当前国有企业审计的总体情况。这些分析为后面实证研究假设的提出奠定了一定的理论基础。

第五章为国家审计与国有企业金融资产配置的实证研究。一是基于企业金融资产配置与国家审计的现实背景、理论背景提出研究问题；二是在理论分析的基础上，提出研究假设；三是实证检验国家审计对国有企业金融资产配置的影响，并实施稳健性检验；四是从国家审计提升国有企业监事会效能和提升国有企业股东决策参与度两个方面实施机制检验；五是进一步从国有企业不同的公司治理特征和不同的企业信息透明度等方面，分析国家审计对国有企业金融资产配置的不同影响；六是对本章研究进行总结，并提出研究启示。

第六章为国家审计与国有企业环保投资的实证研究。一是基于企业环保投资与国家审计的现实背景、理论背景提出研究问题；二是在理论分析的基础上，提出研究假设；三是实证检验国家审计对国有企业环保投资的影响，并实施稳健性检验；四是从国家审计提升国有企业监事会效能和降低国有企业代理成本两个方面实施机制检验；五是进一步从国有企业不同的公司治理特征、不同的地区信息透明度、不同的行业竞争度和不同的CEO特征等方面，分析国家审计对国有企业环保投资的不同影响；六是对本章研究进行总结，并提出研究启示。

第七章为国家审计与国有企业对外直接投资的实证研究。一是基于企业对外直接投资与国家审计的现实背景、理论背景提出研究问题；二是在理论分析的基础上，提出研究假设；三是实证检验国家审计对国有企业对外直接投资的影响，并实施稳健性检验；四是从国家审计提升国有企业全要素生产率和提升国有企业董事会勤勉度两个方面进行机制检验；五是进一步从国有企业不同的公司治理特征、不同的公司信息透明度、不同的CEO特征、不同的融资能力以及货币政策不确定性等方面，分析国家审计对国有企业对外直接投资的不同影响；六是对本章研究进行总结，并提出研究启示。

第八章为研究总结与对策建议。首先，总结全书的研究发现；其次，指出本书的研究局限及对未来的研究展望；最后，依据本书的研究结论，在国家审计制度层面、国家审计执行层面和国有企业内部治理层面提出提升国有企业审计实施效率和效果的对策建议，使其在提升国有企业投资的科学性和合理性方面发挥更大的作用。

第三节 研究方法

本书主要采用文献研究法、实证研究法和比较分析法。

第一，文献研究法。本书通过对企业金融资产配置、环保投资、对外直接投资文献和国家审计与国有企业治理文献的梳理，了解企业金融资产配置、环保投资、对外直接投资以及国家审计与国有企业治理的研究现状，明确现有文献的研究成果，挖掘未研究领域，指出本书的研究方向和研究价值。本书还通过对已有文献的梳理，结合基础理论和逻辑推理，提出研究假设。

第二，实证研究法。本书采用描述性统计方法分析国有企业金融资产配置、环保投资和对外直接投资的变化趋势和分布特征；通过构建渐进DID模型实证检验国家审计对国有企业金融资产配置、环保投资和对外直接投资的治理效应；运用泊松回归分析国家审计对监事会效能和董事会勤勉度的影响；在稳健性检验部分，本书采用平行趋势检验研究国家审计对国有企业金融资产配置、环保投资和对外直接投资的动态影响，通过替换因变量或自变量、更改样本期间、Heckman两阶段、PSM–DID和安慰剂检验等有效地控制内生性和样本选择性偏误问题以保证本书结论的可靠性。

第三，比较分析法。通过分组检验，可以了解不同情况下自变量（是否经过国家审计）对因变量（金融资产配置、环保投资和对外直接投资）的影响。在研究国家审计对国有企业金融资产配置、环保投资和对外直接投资的治理效应中，根据国有企业公司治理特征、CEO特征、公司信息透明度、地区信息透明度、行业竞争度、融资能力以及货币政策不确定性等特征进行分组检验，以发现在企业不同公司治理特征、不同CEO特征、不同公司信息透明度、地区信息透明度、行业竞争度、融资能力和货币政策不确定性下，国家审计对国有企业金融资产配置、环保投资和对外直接投资产生的不同治理效应。

第四节 研究创新

本书在以下方面可能有所创新。

第一，从企业投资的视角丰富了国家审计对国有企业的治理研究。现有文献在宏观方面主要研究了国家审计在地区宏观税负、地方经济发展、腐败治理、财政收支、地方政府债务和社会责任等方面的治理效应，在微观方面主要研究了国家审计在国有企业高质量发展、国有企业创新和非效率投资、国有企业内部治理、国有企业资本结构调整等方面的治理效应以及对注册会计师审计的影响，较少文献深入研究国家审计对国有企业金融资产配置、环保投资和对外直接投资的治理效应，本书探讨国家审计对国有企业金融资产配置、环保投资和对外直接投资的治理效应以及审计监督内容覆盖面、审计问责力度和审计区域覆盖面对其治理效应的强化作用，丰富了国家审计对国有企业的治理效应研究，另外，本书深入分析国家审计对国有企业金融资产配置、环保投资和对外直接投资产生治理效应的内在机理，丰富了对国家审计的国有企业治理效应的认识。

第二，从外部监督的视角丰富了企业金融资产配置、环保投资和对外直接投资的影响因素研究。现有文献从宏观环境不确定性、产业政策、货币政策、高管特征、融资约束和公司治理等方面探讨了企业金融资产配置的影响因素；从环境管制、政策不确定性、媒体关注、高管特征和公司治理等方面探讨了企业环保投资的影响因素；从政策不确定性、政治风险与双边关系、高管特征和融资约束等方面探讨了企业对外直接投资的影响因素。在以往学者研究的基础上，本书从外部监督的视角，以审计署对外公布央企集团审计结果公告为契机，研究国家审计对国有企业金融资产配置、环保投资和对外直接投资的影响，丰富了企业金融资产配置、环保投资和对外直接投资的影响因素研究。

第三，本书的研究结论对抑制国有企业"脱实向虚"，推动实体经济发展，提升国有企业环保积极性，促进绿色发展以及提高国有企业国际竞争力，加快构建新发展格局具有重要的理论和现实意义。本书研究发现国家审计能够抑制国有企业"逐利性"金融资产配置，且审计力度的加大能够增强国家审计对国有企业"逐利性"金融资产配置的抑制作用，这对优化企业金融资产配置，提升金融服务实体经济发展的能力，做实做强实体经济提供经验证据。同时也发现国家审计对国有企业环保投资具有显著的促进作用，且审计区域覆盖面的扩大能够增强国家审计对国有企业环保投资的促进作用，这表明通过国家审计这种具有高权威性、强独立性和精专业性的外部监督能够对国有企业施加有效的外部压力，促使其实施环保投资，从而为促进经济社会的绿色发展提供经验依据。研究还发现国家审计能够提升国有企业对外直接投资速度，国家审计的强监管能够使国有企业高管避免长期生活在舒适区，促使企业在海外寻求技术、市场或资源，提升企业的国际竞争力，这对从企业外部监督的视角，加快构建新发展格局提供了新的方向。此外，在不同的公司治理特征、CEO特征、公司信息透明度、地区信息透明度、行业竞争度、融资能力以及货币政策下，国家审计对国有企业金融资产配置、环保投资和对外直接投资产生的治理效应也不同，且在国家审计对国有企业金融资产配置和环保投资的动态治理效应分析中发现，国家审计的治理效应具有一定的时效性，这对审计机关设计更加合理有效的审计实施方案，提高审计效率提供了经验依据。

第二章

理论基础与文献综述

第一节 理论基础

一、公共受托经济责任理论

受托经济责任的产生来源于两权分离制和管理分权制,即经济资源的所有者将所拥有的经济资源授权给他人或组织进行经营,拥有经营权的个人或组织因经营管理的需要又将权力授权给下属,下属再进一步授权,从而形成了一个较长的受托责任链条。为了缓解经济资源的所有者和经营者之间的信息不对称问题,具有经营权的一方有义务和责任向经济资源的所有者报告所受托经济资源的经营状况。蔡春(1998,2000)认为,受托经济责任就是受托人按照特定要求或原则经管受托的经济资源,并报告其对受托经济资源经营状况的义务。受托经济责任包括行为责任和报告责任两个基本内容,受托责任在履行的过程中可能存在代理失灵而导致受托责任履行不到位(损害委托人利益)的情况,受托经济责任的确立使经济资源的委托者客观上产生了对受托管理者或受托经营者实行经济监督的需要,当经济资源的委托者委托独立的专门机构和人员实施这种经济监督活动时,会产生具有独立性的审计活动(秦荣生,1994)。审计是监督受托经济责任履行情况的有效手段,审计通过对受托人进行监督,可以评价其履行受托责任的全面性和有效性,经济资源的委托者可以根据审计人员提交的审计报告和收集的审计证据确定或解除经济资源经营者的受托经济责任（秦荣生，1995）。不同时期审计评价受托经济责任履行的内容也不同，受托经济责任内容的日益复杂也是推动审计方法改进的根本动力。

公共受托经济责任是一种重要的受托经济责任类型。最高审计机关亚洲组织（ASOSAI）提出，公共受托经济责任是指管理公共资源的个人或当局报告其对公共资源的管理情况并说明其在财务、经营和计划方面履行责任的义务①。蔡春等（2012）按照受托经济责任的定义，进一步解释了公共受托经济责任，其认为，公共受托经济责任是指特定主体按照特定原则或要求，运用公共权力经营管理公共资源或资金并报告其经营管理状况的义务，公共受托经济责任应同时强调行为责任和报告责任，随着公共受托经济责任的行为责任不断拓展，其报告责任也应不断拓展并与行为责任相匹配。在我国，受托管理公共资源或资金的机构或人员包括中央和地方政府、公营企事业单位以及管理人员。我国宪法规定人民是国家财产的所有者，人民通过各级人民代表大会将公共财产委托给各级政府进行经营管理，各级政府也可以将受托的公共财产委托给国有企事业单位进行经营管理，各级人民代表大会与同级人民政府之间以及同级人民政府与国有企事业单位之间，只要存在受托经营管理的公共财产，就必须承担相应的公共受托经济责任（秦荣生，1995）。受托管理公共资源或资金的机构和人员的履职情况需要通过第三方进行审查、监督和评价，受立法机关的委托，审计机关有权对政府和国有企事业单位的公共受托经济责任的履行情况实施审计，以提高公共财产的配置效率，避免公共资源的损失浪费。

国有企业具有公共性的特征，国有企业管理者对企业的最终剩余利润不具有完全索取权，也不是企业风险的全部承担者，对企业的蚀本破产不承担完全责任，但国有企业的管理者具有合法经营和有效经营国有资产，保护国有资产的安全和完整以及国有资本保值增值的受托责任。现实中，国有企业在经营中存在因所有者缺位和委托链条长而带来的内部人控制问

---

① 1985年5月在日本东京举行的ASOSAI第三次大会发表的《东京宣言——关于公共受托责任的指南》中对公共受托经济责任作出了界定。

题，使企业在发展战略的制定和重大投资项目的前期调研、集体决策制度的实施以及后期项目运营的管理等方面缺乏一定的规范性和科学性，给国有资产的安全完整和国有资本的保值增值带来隐患。国家审计的高权威性、强独立性和精专业性使其能够通过了解被审计国有企业及其环境，有效识别和评价企业履行公共受托经济责任过程中的风险领域，有针对性地实施有效的审计程序和收集充分适当的审计证据，以客观公正地评价被审计国有企业公共受托经济责任的履行情况。

二、权力制约监督理论

权力在运用的过程中容易被扩张和滥用，权力的拥有者倾向于把自己的权力发挥到极致，这就很容易使其突破分工体制下的权力边界，或涉足其他国家机关的权力范围，或影响公民的合法权利和自由。如果权力扩展和滥用现象得不到及时有效的制止，就会出现更多非法行使权力的情况，对国家和社会的管理秩序产生危害。构建有效的权力制约监督机制对国家和社会的健康有序运行至关重要。洛克、卢梭和孟德斯鸠等对近代西方权力制约和监督理论作出了重要贡献，洛克从法律和道德两方面确立了对权力制约和监督的双重原则，从理论上提出了权力的制约和监督是现实政治架构和运行中的关键环节①。卢梭认为确立立法权的绝对地位、对掌权者进行有层级的分权和保民管制是制约掌权者越权的有效途径②③。孟德斯鸠是近代分权学说的完成者，他系统地阐释和论证了立法权、司法权和行政权三权分立的资本主义宪政原则，他认为通过分权可以使权力之间产生牵制，防止权力的过分扩张和专横行使，从而有力保证政治自由④。洛克等人的权力制约和监督的思想从表面上看可以使普通民众获得监督权力的制度化通道和路径，但仅在资本主义社会内部实施了权力转换，是针对普通

---

① 洛克. 政府论（下篇）[M]. 北京：商务印书馆，2015.
② 保民管制度：从平民中选出"人民保民管"或"平民保民管"的政治制度，以维护平民的权利。
③ 卢梭. 社会契约论[M]. 北京：商务印书馆，2003.
④ 孟德斯鸠. 论法的精神[M]. 北京：商务印书馆，1982.

民众的阶级统治，掩盖了权力的真正来源与去向，容易因"资本"而产生异化的权力监督体系。

马克思认为，无产阶级掌握国家政权后，社会主义国家法律的制定和修订由人民普遍参与，让人民的普遍意志在社会主义的权力监督中得到充分体现，从而使权力监督体系在社会主义国家法律框架下得到良性运转，真正地为社会和人民服务①。罗素认为，历史上诸多的政治形态都无法阻止权力的滥用，限定在政治哲学范围内的权力监督并不是圆满的解决方案，他从政治、经济、舆论、心理和教育等方面提出了权力监督的多元决定论②。中国的权力制约与监督理论与马克思主义理论一脉相承，毛泽东主张通过人民民主克服权力滥用问题，邓小平主张以民主的方式制约和监督权力，党的十五大和十六大赋予了人民代表大会监督权的宪法地位，加强了对权力制约监督的规范化、法治化和科学化方面的建设，党的十八大、十九大和二十大均强调了权力的人民性和公共性特征，增强了制度的作用和权威性，推动了我国的权力结构和运行机制的进一步完善。

周义程（2014）认为，权力的制约和权力的监督是有区别的，分权是权力制约的基础，授权是权力监督的基础，权力制约体现在两个或多个权力行使者之间的相互制衡，是双向的约束或牵制，权力行使者既是权力制约的主体，也是权力制约的客体，其对权力控制具有较强的刚性色彩，而权力监督是单方向的，监督主体通过监察和督促权力的运行情况监督权力行使者。刘力云（2013）指出，通过体制、制度和机制可以对权力进行制约，各组织和人员通过主动有效地实施监察和督促活动可以对权力进行监督，制约和监督密切联系，相互作用。国家审计既作为制度和机制对权力进行制约，也通过监察和督促活动对权力进行监督。一方面，国家设置审计署和地方各级审计机关专门实行审计监督制度，是制约公权力的一种制度安排，无论审计署和地方各级审计机关是否对公权力的行使者实施审计以及其是否愿意接受审计，其都是审计监督的对象，随时都可能接受审计

---

① 马克思恩格斯全集（第1卷）[M]. 北京：人民出版社，2002.
② 罗素. 权力论——新社会分析[M]. 北京：商务印书馆，2012.

署或地方各级审计机关的审计,如果发现不恰当的权力行使过程和不良的结果,公权力的行使者将被追究相关责任,审计监督的制度安排客观上能够制约公权力的运行。另一方面,国家审计通过独立有效的实施审计活动直接对权力运行发挥监督作用,具体的审计监督活动包括发现与报告被审计单位存在的问题、要求被审计单位纠正问题并追究相关责任、分析被审计单位存在问题的原因并提出建议。国家审计提供的被审计单位信息也为其他部门的权力监督提供了引导性信息,如经济责任鉴证信息和政府治理信息等,降低了监督主体和权力行使者之间的信息不对称程度,从而有助于改善权力运行机制(陈希晖和邢祥娟,2005)。

国有企业投资关系到企业的资源配置、发展方向和长期价值的创造,科学合理的投资有利于国有企业在不断变化的市场环境中增强自身的持续竞争力,提升可持续发展能力。国有企业投资活动涉及较多的权力授予和审批,但国有企业较长的委托代理链条增加了信息的不对称程度,使得企业投资变得隐蔽且易被操纵。审计机关是国有企业法定的经济监督部门,在其高权威性、强独立性和精专业性下,能够更客观地发挥对国有企业高管权力的制约和监督职能(刘芳和王美英,2021)。审计机关是否对国有企业实施审计以及国有企业是否愿意接受审计,其都是审计机关监督的对象,随时都可能接受审计机关的审计,如果发现被审计国有企业在投资方面存在不恰当的权力运用问题,相关责任人将被追究责任,从而对国有企业投资权力运行产生制约作用。另外,审计机关通过对国有企业投资项目实施审计,能够发现和报告投资决策审批和运营过程中存在的权力运用问题,提出有针对性的整改建议并追究相关责任人的责任,从而发挥对国有企业投资权力的监督功能。国家审计对国有企业投资权力制约和监督功能的发挥,有助于抑制国有企业高管在投资方面存在的"自身利益最大化"和"投资机会主义选择"的行为。

三、公司治理理论

Adam Smith(1776)认为,应当在股份制公司中建立一套有效的制度以解决由于所有权和经营权的分离而产生的企业所有者与经营者之间的利益冲突，Adam Smith 对代理问题的论述是公司治理思想的渊源。Berle 和 Means（1932）开创性地研究了公司治理理论，Berle 和 Means 通过分析大量的实证材料，发现企业管理者更多追求的是自身利益最大化，而不是股东利益最大化，所以股东对经营者实施监督制衡是维护股东利益的有效途径。Jensen 和 Meckling（1976）认为，在股权分散的现代公司中，由于所有权与经营权的分离而产生的问题与通常的代理问题密切相关，通过建立激励约束机制、监督机制和订立契约可以解决代理问题。20 世纪 80 年代后，理论界越来越关注公司治理问题，由于各国的经营环境存在差异，公司治理的模式也不尽相同，大体上可以概括为两类治理模式，即关注股东利益的单边治理模式和关注利益相关者利益的共同治理模式。关注股东利益的单边治理模式以美国为代表，强调公司治理的目标是最大化股东利益。关注利益相关者利益的共同治理模式以德国和日本为代表，将相关利益者的利益作为公司治理必须要考虑的内容。

关注股东利益的单边治理模式认为股东是企业物质或货币资本等重要资源的提供者，股东的出资是企业一切权力的来源，股东是企业唯一的委托人，公司治理结构和制度设计以约束企业经理层和实现股东利益最大化为基础。Shleifer、Vishny 和 Tirole 等是关注股东利益的单边治理模式的支持者。Shleifer 和 Vishny（1997）指出如何保证公司的资金供给者获得投资收益是公司治理的问题所在。Tirole（2001）提出对股东利益的保护是公司治理的标准定义。该治理模式下的公司治理包括内部治理机制（董事会的约束和大股东的监督）和外部治理机制（公司控制权市场、经理人市场和资本市场等）。内部治理机制中，董事会是企业股东的受托机构，代理股东行使企业决策权并监督经理层的行为，使其从事的经营管理活动符合股东利益；公司直接治理的对象是企业管理层，由于企业管理层和股东之间存在利益不对称、责任不对等、信息不对称和契约不完全等问题，企业管理层是有限理性并存在机会主义行为，需要对其实施必要的激励和约束才能最大限度地抑制和矫正机会主义行为；股东会是监事会行使监督权的动力来源，股东会授予监事会监督评价经营者的绩效，同时监事会的监督职责履行是否适当也要接受股东会的评价。由于内部治理机制并不能使企业实现风险的最优分摊，需要外部治理机制作为补充以形成一个内外互补和均衡的公司治理体系（Fama 和 Jensen，1983）。

关注利益相关者利益的共同治理模式认为股东只是企业各个利益平等的相关利益者中的一员，供应商、客户、债权人、雇员、社区和管理者等也是在企业中拥有利益或具有索取权的群体，应平等地获取企业利益，企业应为所有利益相关者的利益服务而不仅只为企业股东利益服务。Freeman（1984）指出能够影响一个组织目标实现的人或受组织目标实现影响的人都称为相关利益者。Blair（1995）提出股东在企业中只承担有限责任，企业的剩余风险转移给了股东以外的其他利益相关者，其他利益相关者承担了风险，其利益也应当得到保护。Kotter 和 Heskett（1992）研究发现，关注利益相关者利益的公司在观察期内的业绩增长幅度远大于只注重传统股东利益的公司的业绩增长幅度。在关注利益相关者利益的共同治理模式下，企业委托人的概念得到了拓展，管理者不仅是股东的受托人，也是公司的受托人，对公司进行特定投资并承担相应风险的所有参与者均为公司治理的主体，各利益主体的合理要求在公司剩余分配中均有所考虑。也有学者认为关注利益相关者利益的共同治理模式存在权力分散度高，治理效率低等问题，以股东为主导的利益相关者治理模式有助于解决关注股东利益的单边治理模式的片面性和关注利益相关者利益的共同治理模式的低效率等问题（徐向艺，2015）。

国有企业是中国特色社会主义的重要物质基础和政治基础，不仅承担着经济责任，还承担着社会责任，在经营的过程中，既关注股东的利益，也关注其他利益相关者的利益。国有企业公司治理具有平衡经济目标和社会责任目标，并保障社会责任目标落实的功能。国有企业投资关系到企业的发展方向和未来价值的实现，是企业股东会和董事会重点关注的重要事项，为了保护股东利益和其他利益相关者利益，股东会在决定企业投资计划以及董事会在决定企业投资方案时，不仅要考虑投资项目的经济性，还要考虑投资项目的社会责任履行情况，不仅关注投资项目的短期经济利益，而且关注投资项目是否有助于企业的长期发展，从而提升企业投资项目的科学性和合理性，降低不良投资项目给企业带来的风险。

四、审计治理理论

在审计的产生和发展历程中,具有代表性的审计治理理论主要有审计经济监督论、"免疫系统"论和国家治理论。审计经济监督论注重事后的监督和验证,"免疫系统"论更关注事前的预防,拓展了审计经济监督论中审计的功能,国家治理论将国家审计融入国家治理中,超越和升华了审计经济监督论和"免疫系统"论,提升了国家审计的地位。审计经济监督论的典型代表是中国审计学会在 1989 年初全国审计基本理论研讨会上对审计作出的定义,其认为审计是特定机构和人员依法审查被审计单位的财政和财务收支情况及其经济活动的真实情况、合法情况和效益情况,并对经济责任进行评价的经济监督活动。国内不少学者也支持该审计定义,如裘宗舜（1995）认为,审计是由独立的审计机构或人员审查、监督、评价和鉴证被审计单位经济资料的真实性和正确性以及经济活动是否合规、合法,是否关注效益,以明确或解除被审计单位的经济责任。蔡春和李江涛（2009）认为,审计是确保全面和有效履行受托经济责任关系的特殊经济控制,这里的审计经济控制也是审计监督活动的一种具体体现（祝遵宏,2009）。审计经济监督职能的有效发挥可以揭露经济运行中的问题,提升被审计对象经济活动或行为的合法性和合规性,从而有助于推动市场经济体系的稳健发展,强化各类经济主体的风险意识（高晓霞,2020）。

刘家义审计长在 2008 年系统地提出了审计"免疫系统"的观点,认为国家像人体,需要有"免疫系统"维护其健康和安全,审计是一个可以维护国家健康运行的"免疫系统"。国家审计相对较高的独立性以及具有的识别和鉴定社会经济状况的能力,使其能够成为维护国家经济健康运行,促使政府较好履行受托责任的国家"免疫系统"的重要组成部分。在"免疫系统"论下,国家审计工作包括事前预警、事中审查以及事后公告、问责和整改三个阶段（马东山,2009）。事前预警工作的实施通过分析审计收集的信息能够及早发现潜在的高风险隐患,进而进行预警,有助于防止苗头性问题的进一步发展和局部性问题的进一步扩大,从而可以有效预防社会经济运行和公共权力运行过程中的不利状况的发生。事中审查工作实施的核心是查找问题,及时发现被审计单位存在的各类违法违规问题并揭示问题背后存在的体制机制障碍和制度缺陷等深层次原因。事后公告、问责和整改工作的实施使被审计单位在审计强威慑力下及时解决审计发现的问题,减少类似问题发生的概率。审计"免疫系统"功能的发挥在一定程度上能够降低问题发生所带来的治理成本,提升治理的科学性和有效性。张龙平(2008)认为审计"免疫系统"论的提出是对国家审计目标和本质的准确把握,是审计方法论和审计理论重构思路的整合创新。乔新生(2008)认为,审计"免疫系统"功能的发挥能够及时发现和解决被审计对象存在的问题,有助于社会资源得到更合理的配置,从而推动和谐经济系统的建立。

刘家义审计长在2014年全国审计工作会议上提出,审计是实现国家治理现代化的基石和重要保障,扩展了审计的内涵,将审计上升为国家治理的一部分。国家治理的需求、国家治理的目标和国家治理的模式分别决定国家审计的产生、国家审计的方向和国家审计的制度形态,国家审计职能的发挥具有非常鲜明的时代特征,其发展须适应国家治理的新动向,以推动国家治理的有效性、法治性和治理主体的多元化。张俊民和张莉(2014)指出,国家审计的内容伴随着国家治理的发展而不断演变,国家审计模式在较高程度上与国家治理模式趋同。审计机关较强的信息获取权力和较高的专业性使其能够为信息供应链中的利益相关者提供较高质量的信息,从而有助于建立信任基础,有效地推动和完善国家治理(张立民和崔雯雯,2014)。陈希晖等(2014)认为,政治信任与国家治理存在相互促进的关系,国家审计能够提升公众的政治信任,推动善治的实现。崔雯雯和张立民(2016)指出,国家审计提供的高质量信息为政府和公众的合作提供了基础,能够引导社会公众积极参与问责和社会管理,推动合作共治模式的实现。国有企业治理是国家治理的重要组成部分,提升国有企业治理水平对实现良好国家治理中协调政府、社会和市场关系的要求具有重要意义。

国家审计对国有企业投资具有显著的外部治理功能。在审计实施过程中,审计机关会重点关注被审计国有企业投资项目的审批程序是否合规,投资项目实施过程是否规范，对于投资项目审批及投资运营过程中存在的问题，通过深入分析问题根源，提出整改建议，督促被审计国有企业及时整改现有投资项目中存在的问题，从而发挥经济监督作用。另外，审计机关通过了解被审计国有企业及其环境，能够识别其他公司治理问题和内控缺陷，提出有针对性的整改建议并督促企业整改，从而有助于规范企业后期投资项目审批和运营，发挥"免疫系统"作用。再者，审计机关对外披露审计中发现的被审计国有企业在投资审批和投资运营中存在的问题以及其他公司治理问题和内控缺陷，能够增强社会公众对审计工作的信任程度，同时，也可以引导社会公众积极参与问责和社会管理，从而进一步提升企业整改问题的积极性，促进良好国家治理中政府、社会和市场的和谐发展。

五、可持续发展理论

20 世纪 80 年代，随着人们对全球经济问题的广泛关注，可持续发展作为一个全新的概念被提出。Brown（1981）从生态角度定义可持续发展，他认为如果一个社会具备能够维持自然资源和生命系统的经济和社会体制结构，那么这个社会可被称为可持续性社会。世界环境与发展委员会 1987 年发布的《我们共同的未来》报告中指出，可持续发展是在满足当代人的需要和发展的同时，不威胁后代人需求的发展。该概念的提出是可持续发展理论产生的标志。当时的研究重点主要围绕人类社会在推动经济发展的同时如何与生态环境的承载力相适应的问题以及人口、资源、生态与经济的协调发展问题。随着可持续发展概念的提出，人们对可持续的关注度越来越高，而且从环境领域扩展到多个领域。企业可持续发展理论是发展相对迅速的一个领域，曾珍香和吴继志（2001）指出，企业在追求长期发展的过程中既要关注短期利润增长和市场扩大化，也要关注利润增长的持续性，在实现经济效益和利润增长的同时，也做到了与人口、环境和生态的协调发展。李培林（2006）认为，企业可持续发展是企业在追求最大化利润的同时，关注社会责任，在资源使用方面讲究环保和高效，考虑利益相关者的合理要求，追求企业与社会持续和谐发展的一种生存状态。

企业可持续发展要求企业重视长期利益和长远发展，增长过度或增长不足都不利于企业的可持续发展，不能消耗企业未来增长所需的资源来满足短期利益。企业在追求经济效益的同时，也要关注社会效益（张亚兰，2021），平衡短期绩效和长期绩效，聚焦企业发展质量和数量的长远性，寻求长期发展战略（王凯悦，2020）。企业长远发展需要重视企业内部环境的发展并全面考虑企业所处的外部环境，内部环境因素包括企业员工素质、企业管理水平和企业文化等方面，外部环境包括宏观环境、行业环境、社会环境和生态环境等方面。企业对内部环境因素的重视能够提高企业长远发展的软实力，对外部环境的全面考虑能够减少企业发展中的阻力。李正国（2001）指出企业能否及时有效地提高员工的文化素质、业务素质和心理素质是企业能否在各种状况下获得生存和发展的根本性问题。Youndt 等（2004）认为，高素质的人力资本有助于组织开发更有效的方法以满足生产要求，提升组织的有效性，以更好地应对企业外部环境的变化。叶雯琪（2005）指出企业通过科学的管理可以有效地配置和组合现有资源，充分发挥最大潜力，追求较高的经济效益，同时将短期利益和长远目标紧密联系起来。杨重燕（2003）认为，企业通过文化建设能够提升员工的精神层次，激发职工的创新精神，为企业长期发展提供有力的思想堡垒和精神动力。

宏观环境的变化会影响企业的投资机会，进而影响企业的投资行为。经济周期的波动、货币政策的宽松度、信贷政策和汇率政策的变化会影响企业对未来经济情况的预期以及企业的融资成本和资本结构，从而影响企业投资决策的作出（佟爱琴和马星洁，2013）。企业应关注宏观环境的变化，不断提高企业发展中战略的环境适应性，进一步完善企业内部管理机制，以灵活应对宏观环境变化对企业产生的不利影响，维稳企业发展（倪国爱和董小红，2019）。企业所处的行业不同，面临的市场环境和政府管制的强度也不同。当企业所处的行业环境发生剧烈变化时，企业管理团队作出合理决策的难度也较大，理性的管理团队会积极寻求更多的信息来源，主动进行沟通，以缓解外部危机和内部认知不同所带来的决策困难问题，使企业战略决策与环境更好地匹配（张伟华等，2016）。企业是社会发展的产物，需要对社会需求作出及时反应并同时关注生态环境的保护。李培林（2006）指出企业提供高品质的产品或优良服务能够提高顾客的满意度，提升顾客忠诚度，企业实施慈善捐赠和公益事业有助于提升企业形象，营造良好的社会声誉。胡希（2004）认为，企业通过实施生态管理，优化原有的生产模式，进行绿色产品的生产，可以增强行业间的差异化竞争优势，从而获取较高的经济回报。Richnak 和 Gubova（2021）指出高质量的环境、保护自然资源、高效利用自然资源、消除环境负担是可持续发展的主要优先事项，企业需要积极地保护环境，避免对环境产生负面影响。

国有企业的可持续发展离不开企业对投资科学性和合理性的特别考虑。科学合理的投资不是以消耗企业未来增长所需的资源来满足短期利益，而是通过投资提升企业长期发展能力，同时关注投资所带来的经济效益和社会效益。在短期内能够带来显著经济效益的投资，可能会占用企业核心竞争力培养所需的资源，使企业发展后劲不足，不利于企业未来发展，企业投资需要关注长期发展的需要。国有企业的性质决定了其承担社会责任，关注社会效益的使命，企业的发展不能以牺牲社会效益为代价。在短期内不产生或较少产生经济效益的环保投资有助于经济社会的绿色发展，也有助于企业形成良好的社会声誉，企业投资在关注经济效益的同时，也要考虑社会效益，提升企业发展的质量。

第二节　文献综述

一、国家审计与国有企业治理的相关研究

（一）国家审计与国有企业高质量发展

企业高质量发展是经济高质量发展的重要实现路径，国家审计对国有企业高质量发展具有监督、引导和震慑作用。企业业绩的提升、企业资产保值增值的实现以及全要素生产率的优化等方面是国有企业实现高质量发展过程中的重要体现。在企业业绩提升方面，李江涛等（2015）利用2004—2007年中国工业企业数据，研究审计查处问题资金金额、违规违纪金额处理率、移送司法案件数和审计结果利用率对企业绩效的影响，研究发现国家审计通过提升当期和以后期间的腐败治理效率，正向影响企业业绩。蔡利和马可哪呐（2014）以2008—2012年央企控股上市公司为研究对象，用利润总额衡量企业业绩，探讨国家审计功能发挥对企业业绩提升的影响，研究指出，由于企业需要一段时间去整改国家审计揭露的问题，国家审计对企业利润总额的显著影响存在一定的滞后期，在进一步研究中，将企业业绩指标替换为净资产收益率或总资产收益率后，国家审计作用并不明显，表明国家审计对企业业绩考核指标的完成具有较好的促进作用，但对优化企业经营效率的作用并不明显。也有学者研究不同类型国家审计对企业绩效的影响，马东山等（2019）利用2009—2016年央企控股的上市公司数据，研究财务收支审计和经济责任审计在企业绩效提升中的作用，研究指出国家审计通过提高会计信息质量和影响信息披露动机而具有信息治理作用，通过规范权力的使用，减少权力寻租的空间而发挥权力治理的作用，在投资不足时，财务收支审计通过发挥信息和市场治理的作用，提升企业业绩，在投资过度时，经济责任审计通过发挥权力治理的作用，提升企业业绩。张强（2020）的研究进一步指出，与离任经济责任审计相比，任中经济责任审计能够及早发现问题，及时预警和纠偏，显著提升企业的会计业绩。

国有资产保值增值是衡量国有企业工作绩效的关键，国有企业审计监督应围绕"防止国有资产流失，确保国有资产保值增值"开展工作。吴秋生和郭檬楠（2018）研究指出国家审计可以通过扩大审计的广度、加大审计的力度和深度，实现督促企业保值增值的功能，审计覆盖面的扩大能够提高审计的威慑力，倒逼审计机关强化审计队伍建设，提出更有价值的审计建议，审计机关如果仅仅将工作停留在揭露问题层面，而不对相关部门和责任人进行处理处罚，就会使审计建议停留在文件上，得不到真正的落实，由于违规成本低，审计发现的问题会再次出现，很难有效督促资产保值增值。国家审计既要查出企业经营中对资产保值增值不利的问题，也要通过处理处罚和移送移交等方式，提高违规成本，降低影响资产保值增值的不良行为发生的可能性。郭檬楠和倪静洁（2019）研究发现，国家审计的内容也会影响其督促企业资产保值增值功能的发挥，财会核算、决策和管理以及发展潜力都是必审内容，如果审计内容包括工程项目投资，那么廉洁从业也应该包括在最优审计组合内容中。另外，郭檬楠和郭金花（2020）还基于审计管理体制改革试点的准自然实验，研究试点改革是否有助于地方企业的资产保值增值，研究发现，实施审计管理体制改革的省份，审计独立性较高，对本地政府公权力的行使具有监督和制约作用，有利于减少政府干预，降低非效率投资，提高投资回报，提升资产保值增值。王艳艳等（2020）研究指出随着审计官员任期的增加，审计机关与地方政府的关系越加密切，审计独立性降低，政治激励水平逐渐弱化，以往的目标函数和决策方式会有所改变，会导致经济监督的低效情况发生，不利于地方企业资产保值增值。

在生产率优化方面，唐嘉尉和蔡利（2021）指出，国家审计能够通过去产能政策跟踪审计的直接路径和具有公司治理效应的经济责任审计、财务收支审计的间接路径，有效提升企业的产能利用率，且国家审计具有增量效应和威慑效应，国家审计次数越多，被审计对象的产能利用率提升越高，同一省份在同一年度被审计的企业越多，未被审计的企业产能利用率也越高。郭金花和杨瑞平（2020）研究发现，国家审计能够通过改善企业内控、在职消费、代理成本和研发投资，在被审计当年和之后两年显著提升企业的全要素生产率，且国家审计覆盖面越广，审计的深度和力度越强，其对国有企业全要素生产率的提升作用越大。

此外，董志愿和张曾莲（2021）用主成分分析法，从价值创造和价值管理两个层面直接构建企业高质量发展指标，利用2010—2018年央企上市公司数据研究国家审计对企业高质量发展的影响，研究发现，企业的先天优质发展质量更有利于国家审计提升企业高质量发展作用的发挥，同时审计力度也对国家审计与企业高质量发展的促进作用具有一定的正向影响。

（二）国家审计与国有企业投资

目前关于国家审计与国有企业投资的研究主要包括国家审计对企业创

新投入、非效率投资和金融衍生品投资等方面的影响。企业创新不仅是企业自身保持竞争优势的重要保障，还是推动经济发展和经济结构良性调整的主要驱动力。胡志颖和余丽（2019）利用2010—2017年央企审计结果公告数据，研究国家审计对企业创新投入的影响，研究发现央企审计结果公告的发布会增强外部媒体和社会对企业的监督，增加管理层为促进长期利益增长而进行的研发投入，同时，国家审计也能够提高企业会计信息质量，降低信息不对称，约束经理层的自利行为，增强创新投入动机，另外，被审计企业的同行企业和同地区企业尤其关注审计机关披露的审计结果公告，国家审计对企业创新投入水平的促进作用在同行业或者同地区企业中存在传染效应。刘西国等（2020）研究发现国家审计为企业创新提供了健康的外部环境，内控为企业创新提供了良好的内部环境，内控质量高的企业，国家审计对企业创新的促进作用更明显。褚剑等（2018）的研究表明，国家审计显著增加了被审计国有企业的创新投入及创新产出，国家审计的激励效应、溢出效应和监督效应是其对创新投入和创新产出产生影响的重要渠道。郑伟宏和涂国前（2019）利用从2015年起开展的政策执行效果审计对"提升创新能力"政策落实问题的"点名"整改这一自然实验，研究政策执行审计对企业创新投入和创新产出的影响，研究发现政策执行审计能够通过优化政策资源分配和治理资源使用等功能，提升政府补助与税收优惠政策实施的有效性，强化其促进企业创新的作用。

此外，王兵等（2017）指出国家审计不仅关注企业投资的会计处理是否正确，还关注投资行为是否遵守相关规章制度，可以要求企业整改过度投资行为，并监督整改措施和整改效果情况，同时审计署的独立性较高，国家审计的实施能够显著抑制企业过度投资。刘芳和王美英（2021）发现国家审计能够抑制企业金融衍生品投机交易和场外交易，且在低内控质量和低风险信息披露水平的企业中抑制效应更显著。

（三）国家审计与国有企业内部治理

目前，学者关于国家审计与国有企业内部治理的研究主要集中在内控、在职消费和盈余管理等方面。内控的有效性对国有企业可持续发展及国民经济的健康运行都具有重要的作用，褚剑和方军雄（2018）利用

2009—2015年审计署实施的央企集团审计事件，研究国家审计对企业内控有效性的提升作用，研究发现国家审计仅在审计一年后对控制环境要素具有改善作用，对其他内控要素作用不明显，也仅在审计一年后具有改善内控运行效果的作用。段训诚和唐立新（2018）研究发现，国家审计在中度介入期对企业内控有效性的提升效应最佳，由于在审计介入初期，审计署没有正式对外公布审计结果，企业改善内控的积极性不高，在审计介入中期，随着内控问题的揭示和二次审计的介入，企业对内控的整改积极性大大提高。池国华等（2019）指出国家审计在被审计年份之后连续两个期间对内控制度的完善具有促进作用，之后促进作用逐渐减弱。除了研究国家审计的实施对企业内控产生直接影响外，唐大鹏和从阔匀（2020）进一步研究了审计结果公告的内容对内控质量的提升作用，研究发现审计结果公告中对"贯彻落实国家政策措施"方面内控缺陷揭示力度越强，内控质量提升越高，审计结果公告中其他内容的揭示力度对内控质量提升不存在显著影响。

高管合理的在职消费有利于提高企业的经营效率，超额在职消费是企业代理问题的一个重要表现方面，会影响企业价值。褚剑和方军雄（2016）研究指出，国家审计对企业高管超额在职消费行为具有显著的抑制作用，且在高公司治理水平和强国家审计监督力度下，抑制作用更显著。李志强等（2020）研究发现，媒体报道在国家审计抑制高管超额在职消费中发挥一定的积极作用，作为信息中介，新闻媒体可以为审计机关提供更多的有效信息，而媒体的传播又可以进一步加大国家审计的影响力，增加高管超额在职消费的风险，促使企业改善内部治理，制约高管在职消费。池国华等（2021）研究发现，企业内控与国家审计在抑制高管超额在职消费方面具有程序互补效应，高质量的内控可以为审计程序的实施提供良好的环境基础，有利于提升国家审计发现超额在职消费的能力和效率，该学者的研究也发现国家审计对内控具有提升作用，但持续时间仅在审计后两年，且上述的互补效应并非内控产生的中介效应。

国家审计会增加企业管理层的政治成本和契约成本，对管理层的盈余操纵行为和违纪行为具有一定的影响。陈宋生等（2013）首次利用央企集团审计结果公告数据研究国家审计对企业的治理效应，研究指出接受国家审计后的企业盈余管理程度比接受国家审计前显著降低,且与未接受国家审计的企业相比,接受国家审计的企业盈余管理程度较低。阮滢和赵旭(2017)指出随着市场监管力度的不断加大和利益相关者对企业盈余操纵识别水平的提升,企业选择真实盈余管理操纵的可能性较应计利润操纵的可能性更大,国家审计更能抑制企业真实盈余管理,且在审计介入和审计公告年度均具有抑制作用。王海林和张丁(2019)基于审计结果公告语调,研究国家审计对企业真实盈余管理程度的影响,净语调(正面语调与负面语调之差)代表审计公告负向情感的强度,负面语调代表揭示问题的多少和严重程度,研究发现,净语调和负面语调越大,国家审计对企业的威慑力度越大,且随着信息的传递,市场和社会也会对管理层产生较大的压力,从而有助于缓解和降低真实盈余管理程度。杨华领和宋常(2019)从虚增收入的角度研究国家审计对企业的影响,研究发现,在审计年度和公告年度,国家审计均能显著抑制企业虚增收入,进一步研究表明,审计公告中披露的会计问题和经管问题对虚增收入的抑制作用较明显,其他披露内容不存在显著的抑制作用。此外,王美英等(2019)发现,随着国家审计在国有企业监督中的地位和作用的不断强化及审计全覆盖的实施,国家审计可以显著抑制管理层不作为,促使企业高管提高风险承担水平。

(四)国家审计与国有企业资本结构调整

企业资本结构应能根据经营环境的变化,及时进行调整,将资本结构维持在一个合理的程度,防范和控制企业的金融风险。刘凤环等(2021)指出在对企业进行财务收支审计时,过高和过低的负债水平都会引起审计机关的关注,畏于处罚,企业有动力针对审计机关提出的建议进行资本结构调整,另外,国家审计对政策落实情况的监督检查有助于企业减少宏观调控政策(如货币政策)实施过程中的障碍,扩展企业融资渠道,降低资本结构调整成本。王新奎(2019)研究指出国家审计通过监督检查内控制度的设计和执行情况,发现并揭示内控运行缺陷,督促企业进行整改,从而有利于企业完善内控制度,改善内控运行环境,提高企业投融资决策的合理性,缓解由于内控缺陷而导致的杠杆情况,发挥内控去杠杆作用。郭檬楠和郭金花(2020)研究发现,国家审计除了揭示企业实际负债率偏高，督促其整改外，还可以揭示企业因多计资产和负债而导致实际负债率偏低的情况，通过督促其整改，提高目标资产负债率而降低过度负债，同时，国家审计可以提升企业负债信息质量，减少企业高估实际负债率和低估目标负债率的机会主义行为，由于在监督企业过度负债的过程中，国家审计与社会审计的目标相同，具有一定的协同意愿和信息沟通机制，在抑制企业过度负债过程中，两种审计可以发挥协同作用。潘俊等（2020）研究指出国家审计会提高企业现金持有水平，经历国家审计后，企业可能因内控水平提升而改善企业经营绩效，增加企业现金流，提升现金持有水平，也可能因国家审计后，由于企业创新投入水平提升，对资金需求增加，会选择增加现金持有作为研发资金的来源。

（五）国家审计与国有企业注册会计师审计

作为国有企业的外部监管手段，国家审计和社会审计通过对财务报告进行鉴证检查，可以降低企业的代理成本，缓解信息不对称问题。虽然国家审计与社会审计的实施主体不同，但国家审计也具有监督检查国有企业财务收支情况的职责，国家审计是否对社会审计产生影响，近几年来有学者对两者之间的影响进行了相关的研究。朱晓文和王兵（2016）利用2010—2014年审计署公布的央企审计结果公告数据，研究审计署二次审计公告对注册会计师审计质量和审计收费的影响，研究指出，相比一次审计，二次审计传递的监督信号更强烈，注册会计师会考虑审计署在一次审计中发现的问题，调整审计程序，提升审计质量，同时，随着审计努力程度的提升，审计程序的增加和审计证据的增多，以及企业管理者对审计质量要求的提高（出于对自身前途和声誉的考虑，不希望再次受到查处），规模较小的会计师事务所会增加审计收费，而规模较大的会计师事务所由于一贯比较谨慎，审计程序实施比较规范，审计收费通常也比较高，审计署的外部监管对其审计收费的影响不明显。李青原和马彬彬（2017）的研究也发现国家审计对社会审计的警示效应会导致"非十大"会计师事务所审计收费的增加，同时还发现国家审计对企业财务收支问题的处罚程度越大，会计师事务所审计收费增加越明显。李晓慧和蒋亚含（2018）研究还发现国家审计揭示的企业风险及提出的整改建议对注册会计师的风险识别和应对具有促进作用,能够提高注册会计师的审计效率,发挥"顺风车"作用,另外,基于传染效应,在国家审计的强威慑力下,会计师事务所对类似客户的审计质量也会有所提升。许汉友等(2018)运用数据包络分析的方法研究国家审计对注册会计师审计效率的影响,研究发现,国家审计对注册会计师审计效率的提升具有传导效应。与上述学者研究视角不同的是,吴秋生和王婉婷(2019)从寻租视角研究国家审计对社会审计收费的影响,研究指出,国家审计外购社会审计服务,会将国家审计的权威性外溢到社会审计,使得企业向社会审计寻租,支付较高的审计费用,另外,社会审计为寻求国家审计项目的机会,可能向国家审计人员寻租,并借助国家审计权威外溢性,争取企业审计业务并提高审计收费,以弥补向国家审计寻租的成本,或作为较低国家审计项目收入的补偿,党的十八大后,随着廉政建设的开展和反腐行动的有力实施,社会审计为获取国家审计项目机会的寻租行为、企业对国家审计外购的社会审计服务的寻租行为以及部分国家审计人员自身的设租行为都受到一定程度的抑制,由寻租行为所引发的较高企业社会审计收费的效应明显减弱。

二、金融资产配置的相关研究

(一)外部影响因素

1. 宏观环境不确定性

经济政策不确定性的增加增强了企业在资产配置时对资产可逆性的特别考虑(Dixit 和 Pindyck,1994;Kim 和 Kung,2017)。经济政策不确定的上升会增加企业项目投资失败的概率,对固定资产投资产生消极影响,由于金融资产的可转换性较强,企业往往会倾向于增加金融资产配置(Greenwald 和 Stiglitz,1990;Klein 和 Marquardt,2006),在面临财务困境时,能够利用金融资产配置的灵活性降低企业面临的风险(彭俞超等,2018)。目前,学者们主要采用金融资产持有份额和金融渠道获利衡量企业金融资产配置或金融化程度,刘贯春等(2020)运用金融渠道获利度量企业金融化程度,研究发现经济政策不确定性的增加显著提升了企业金融化程度。然而,彭俞超等(2018)利用金融资产持有份额度量企业金融资产配置，研究发现，经济政策不确定性的增加显著抑制了企业金融资产配置，进一步研究发现，经济政策不确定性的增加主要会促使企业减持投机性金融资产配置，增加保值性金融资产配置，企业金融化的主要动机是追逐利润，而非预防性储蓄，邓江花和郭永芹（2021）的研究也支持该结论。朱映惠和邵旭方（2019）的研究指出经济政策不确定性的上升，会增强企业在逐利动机下的金融资产配置。陆婷（2018）研究发现经济政策不确定性显著提升企业短期金融资产配置，其目的是获取利润而非抵御风险，虽然存在与上述结论不一致的情况，但主要是短期和长期金融资产配置的划分与上述的投机性金融资产和保值性金融资产的划分标准存在差异所导致。

2. 产业政策

产业政策对实体经济发展具有重要且直接的作用，对实体部门转型升级具有重要意义。实体部门产业政策能够通过缩小实体企业与金融类行业之间的利润率差异而显著降低实体企业"替代"动机下的金融化程度（韩佳玲和芮明杰，2020），邱洋冬（2020）进一步研究了资质型产业政策对企业金融资产配置的影响，研究发现高新技术企业资质认定政策可以弱化企业的预防性储蓄动机，对高新技术企业的金融化程度产生抑制作用，且认定时间越长，政策作用效果越强。刘帷韬等（2021）研究指出产业政策通过优化企业投资环境和缓解企业融资约束两种渠道降低实体企业金融化程度，且产品市场竞争越激烈，抑制作用越强。韩超和闫明喆（2021）推断预防性储蓄是中国制造业企业金融化的主要动机，通过提供贷款支持和缓解税收负担能够显著抑制制造业企业的金融化趋势。然而，学术界存在与上述结论不一致的研究，王爱俭等（2020）研究认为政策扶持会加剧行业竞争，减少企业投资机会，又会缓解融资约束，提升企业投资意愿，在客观投资不确定性增加和主观投资意愿提升的作用下，企业会选择具有投资替代性的金融资产。步晓宁等（2020）研究2009年出台的十大产业振兴规划对非金融企业资产金融化水平的影响，研究发现通过缓解融资约束渠道，十大产业振兴规划显著提升了非金融企业的金融化程度且呈现逐年增强的趋势。

3. 货币政策

作为政府调控经济的重要手段之一，货币政策深刻地影响宏观经济的运行和微观企业的行为，如货币政策在对经济增长、资产价格、贷款期限等宏观经济要素产生重要影响的同时，也会对微观企业的投融资行为产生较大的影响（张卫国等，2020）。紧缩性货币政策会强化企业对融资约束的预期，激励企业的预防性动机，从而使企业增加预防性金融资产配置，同时，紧缩性货币政策也会通过抑制流动性制约资产价格泡沫，从而弱化企业的投机性金融资产配置，进而抑制金融化（于博和罗玉玲，2021）。蔡艳萍和江春云（2021）的研究表明，紧缩性的货币政策能抑制高新技术企业的金融化程度，且价格型货币政策比数量型货币政策对高新技术企业的金融化程度影响更大。宽松的货币政策具有资金供给效应和投资需求效应，能够显著促进银行信贷较多的企业和内源融资不足的企业的金融资产配置，减少主营业务业绩较好企业的金融资产配置，在宽松货币政策下，高融资约束企业不存在"脱实向虚"，在实业投资中能够获得足够利润的企业也不会选择金融资产配置（李元和王擎，2020）。熊剑和陈栋（2021）进一步研究了差异化利息政策对实体企业金融化的治理效应，研究发现利息优惠能提高实体企业的利润率，有效促进资金向实体经济回流，减少企业金融资产在总资产中的比重，在一定程度上可以抑制实体企业金融化问题。黄贤环和姚荣荣（2021）研究发现贷款利率市场化能够使企业获取较多的长期资金，对企业金融资产配置具有显著的促进作用，且对金融资产配置较少的企业具有更明显的促进作用。

此外，也有少量文献研究融资融券制度、政府补助、国家审计、影子银行和税收政策等因素对企业金融资产配置的影响。在市场压力和融资压力下，融资融券制度会降低相关企业的战略激进度，减少企业长期投资与高风险投资，促使其更多地配置金融资产（刘飞，2021；钱金娥等，2021）；政府补助能够缓解企业的融资约束，减少金融资产配置（田祥宇等，2020；陈冉等，2020）；国家审计能显著降低企业金融化程度（陈文川等，2021），影子银行的发展能够提升企业的现金水平，促进企业实施实业投资，显著抑制短期金融资产配置（黄贤环等，2021）；工业企业的微观税负能显著提高其金融资产配置水平（庞凤喜和刘畅，2019），税收激励具有显著"去金融化"的功能（叶陈刚等，2021）。

（二）内部影响因素

1. 高管特征

高管梯队理论认为，企业的战略选择和经营决策会受到管理者特质的影响（Hambrick 和 Mason，1984；Hambrick，2007）。管理者的不同经历会塑造高管的不同特质，在某一领域具有长期任职经历的高管会形成对该领域的专业知识和选择性认知，更倾向于关注和解读该领域信息（Hitt 和 Tyler，1991），以作出合理决策。具有金融经历的 CEO 在金融方面具有信息处理、机会筛选和资本运作的能力，能够较清晰地认识和承受一定的金融风险，缓解融资约束，增加企业的金融投资和金融化增速（杜勇等，2019；戴泽伟和潘松剑，2019），高管的投行背景具有价值优势，其所在公司的金融投资收益率相对较高（许罡，2018），徐光伟等（2021）的研究进一步指出民营企业具有投行经历的董事长在"套利动机"的激励下，会显著促进企业的长期金融资产配置。烙印理论指出，"敏感期"的个体或组织会形成适应该阶段环境的"烙印"，对个体或组织产生持续影响（Marquis 和 Tilcsik，2013）。高管从军经历会对其打上"英雄主义"和"风险偏好"的烙印，使得管理者在经营过程中倾向于过度自信和偏好风险，导致其低估风险，采用激进战略，提高企业的金融资产配置（于连超等，2019）。高管的一线城市背景使其具有谨慎和认真负责的烙印，在作出投资决策时更加理性，在一定程度上约束了金融投机动机（王宜峰和杨舒茗，2020）。具有海外背景的董事在国际视野、管理理念和知识架构方面的特质有助于企业理性的分析和选择投资，关注企业长期竞争优势的培养，较倾向于投资实体项目，董事积累的海外管理经验及内控方面的知识，有助于提升企业的内控质量，识别和评估金融投资风险，抑制企业金融化（龚光明和肖冰瑜，2020）。

企业的创始人富有企业家精神，在企业经营管理中，消极的自利行为较少，企业普遍存在的代理问题在创始人经营管理的企业里能够得到有效的缓解（Wu 等，2018）。由于在企业的创办阶段和后期发展过程中，企业的创始人付出了很大的努力,在经营企业的过程中,企业创始人一般对企业具有强烈的使命感和责任感,偷懒或怠工等消极行为通常较少,相比于非创始人管理的企业,创始人管理能够显著抑制企业金融资产配置(李文贵和邵毅平,2020)。企业董事高管责任保险的购买有利于转嫁高管诉讼风险和独董的职业风险,弱化法律的威慑力和独董的监督效力,增加企业高管资源配置决策的自利性,使得企业金融化显著加剧(沈璐和陈祖英,2021)。实际控制人境外居留权赋予了实际控制人违规时出境的便利性,加剧了企业的代理冲突、短视行为和过度自信,强化了企业实际控制人对金融资产的偏好(赵彦锋,2021)。

2. 融资约束

融资约束高的企业通常面临相对较高的融资成本,其投资决策模式与非融资约束企业的投资决策模式可能存在着一定的差异,融资约束小的企业从银行等渠道获得资金相对比较容易,在资金充裕和泛金融部门收益率高于实体经济部门的情况下,企业为追求利润最大化而倾向于持有金融资产(张靖璐和杨杰,2021),周弘等(2020)研究也指出实业投资的相对风险越大、金融资产收益率与负债利息率之差越大,企业金融资产占比越大,固定资产收益率与负债利息率之差越小,金融资产占比越大。杨玲和沈中华(2020)的研究指出,融资约束高的公司和成长性好的公司会出于防御性动机通过使用银行贷款持有金融资产,低融资约束公司和低成长性公司会出于投机性动机更多使用银行贷款持有金融资产。沈悦和安磊(2021)研究发现当企业面临较大的外部盈利压力和产品市场竞争压力时,债务约束对企业风险类金融资产持有规模的抑制效应会减弱,对企业增加风险类金融资产持有比重的驱动作用会增强。

3. 公司治理

曹丰和谷孝颖(2021)认为出于自身利益的考虑,国有企业的非国有股东通常有积极性去监督企业的经理人,从而可以压缩企业管理层运用金融资产在会计确认和计量上的灵活性操纵利润的空间,发挥非国有资本优势,改善国有企业主业业绩,弱化企业管理层通过增加金融资产配置进行盈余管理或交易套利等动机,抑制金融化。非国有股东可以通过提升企业主业业绩减少金融资产配置,也可以通过增加创新投资,减少金融资产配置,当非国有股东参与企业董事会治理或为经营型股东时,非国有股东能够发挥制衡作用,减少国有控股股东利益攫取的可能性,降低其道德风险,使其更多考虑企业主业发展(狄灵瑜和步丹璐,2021)。陈祖英和沈璐(2020)的研究表明更多的创新投入是国企混改影响金融资产配置的重要途径,非国有股东的引入能够提升企业的风险感知水平,在决策时通过非国有股东和国有股东不同的风险偏好和利益目标的相互制衡,抑制短视行为,增强企业的研发创新意愿,抑制管理层通过金融资产投资进行套利的机会主义行为。然而,也有学者的研究结论与上述结论不同,叶永卫和李增福(2021)研究认为非国有股东参与治理能够提升企业经理人的努力程度,关注企业长期发展,使得企业经理人有动机利用金融资产的"蓄水池"效应,减少企业未来不确定性和调整成本对实体投资项目产生的不利影响,同时,非国有股东的引入也削弱了国有股权给企业带来的资源效应,强化了企业面临的融资约束,促使企业增加金融资产投资。随着股权多元化程度的提升,非国有股东在经济利益的驱动下会加强对管理层的监督,激发管理层追求短期利益的动机。Seo等(2012)研究指出在短期超额收益率的刺激下,管理者较倾向于投资金融资产进行投机套利,熊爱华和张质彬(2020)也发现在业绩评价压力下,当实体经济低迷时,管理层为了使绩效持续稳定增长,有更大的动机通过配置金融资产提高企业的绩效水平,以达到考核目标的要求。

股权激励是高管激励的一种重要的方式,通过授予企业高管股权可以促使企业高管在企业的经营管理中更加关注企业的长期持续发展。金融资产配置并不足以支撑实体企业的长期发展,且存在加大运营风险的可能,股权激励可以抑制实体企业金融化程度(李鑫等,2021;安磊等,2018)。高管货币薪酬主要与企业当期的绩效挂钩,金融资产投资收益率在短期通常高于实业投资收益率,在逐利动机下,高管会减少研发等长期投资,配置更多的金融资产(Tosi等,2000)。王珊珊(2020)研究发现,不同的高管激励方式在企业金融化与企业未来发展之间产生的调节作用不同,高管薪酬激励能够增强企业金融化对企业未来主业发展的抑制效应,而高管股权激励可以弱化企业金融化对企业未来主业发展的抑制效应，进一步印证了高管薪酬激励和高管股权激励对企业金融化的不同影响。

此外，还有部分学者研究了股权质押、过度负债、企业业绩和同群效应对企业金融资产配置的影响。杜勇和睦鑫（2021）指出控股股东股权质押比例与实体企业金融化呈倒"U"形关系，随着股权质押比例的增加，实体企业金融资产的持有水平先增后减；黄贤环等（2019）发现相对于业绩下滑企业，业绩上升企业更可能出现过度金融化行为；王怀明和王成琛（2020）发现企业主业盈利能力与企业金融化显著负相关；俞毛毛和马妍妍（2020）、许罡和石怀旺（2020）发现中国实体企业的金融化投资行为存在显著的行业同群效应。

三、环保投资的相关研究

（一）外部影响因素

1. 环境管制

现有学者在环境管制与环保投资方面的研究较丰富，有学者直接分析环境管制对环保投资的影响，也有学者进一步细化分析显性环境规制和隐性环境规制、中央环保督察、《中华人民共和国环保法》（以下简称《环保法》）和环保约谈等对环保投资的影响。唐国平等（2013）研究发现企业出于经济效益的考虑，其环保投资通常不会主动迎合政府环境管制的需要，在政府环境管制较宽松的情况下，企业不进行环保投资或少进行环保投资的违规成本相对较低，企业宁愿缴纳环境税费和罚款以减少环保投资额，当环境管制达到较高水平时，企业强化环境治理所需的投资额与不进行环保投资所需承担的环保税费和罚款几乎相当，随着环境规制强度的进一步加强，企业不进行环保投资或少进行环保投资的违规成本相对较高，企业会进行环保投资，强化环境治理。李强和田双双（2016）研究发现，企业环保投资与环境规制之间存在倒"U"形关系，在环境规制达到一定强度后，由于企业实施环保投资的成本与遵守环境规制而产生的收益之间差异加大，企业出于成本效益的考虑，可能会接受相关部门的环境违规处罚而不愿在环境保护方面投入更多的资金。刘传哲等（2019）研究也指出，在企业环保投资呈现倒"U"形的趋势下，环境规制的强度应设定在一个恰当的区间内，在这个恰当的区间内，相关部门通过加大环保执法力度，可以促进企业增加环保投资，使其在环境保护方面积极承担责任。甘远平和上官鸣（2020）研究发现，显性环境规制中的命令控制型环境规制（如环保法律、法规及政策制度等）和激励性环境规制（如排污费、环境税费、政府环境补助等）的强度分别与企业环保投资呈倒"U"形和"U"形关系，而隐性环境规制（如环境投诉等）与企业环保投资规模呈正相关关系。Huang 和 Lei（2021）将环境规制分为指令控制型环境规制、市场主导型和公众参与型环境规制，研究发现，随着指令控制型环境规制强度的加大，企业环保投资呈先增加后减少的趋势，而市场主导型和公众参与型环境规制与企业绿色投资之间存在正相关关系。

沈洪涛和周艳坤（2017）研究指出，由于环保投资在增加企业成本的同时并不能在短期内带来经济效益，企业在面对环保约谈所带来的环境执法监督压力时，往往通过减产进行短期应对，而没有采取增加环保投资的方式进行长期应对。崔广慧和姜英兵（2019）研究发现，新《环境保护法》的实施大大增加了企业的环境治理压力，在短期内，企业实施环保投资的成本与收益远不匹配，其参与环境治理的积极性较低，更可能选择通过缩减生产规模的方式以降低污染排放量的消极合规行为。中央政府的调控对企业选择环境友好型战略会产生积极影响（Sun 和 Feng, 2021），环保督察制度能够促进重污染企业增加环保投资，环保督察制度在实施前一年对重污染企业环保投资具有显著的预期效应，在实施的后一年具有显著的滞后效应，环保督察制度对重污染企业环保投资的影响力度随着时间的推移呈现逐渐减弱的趋势（杜建军等，2020）。杨柳勇等（2020）指出中央环保督察提升企业环保投资的主要机制是以环境处罚力度提升为代表的合规效应，而以政府环保补助为代表的激励效应并不显著，对于行业竞争度较低的企业和督察"回头看"地区的企业，环保督察提升其环保投资的效果更显著。Huang 等（2021）将中国政府开展的低碳城市试点项目作为一个准自然实验，分析环境规制对研发投资的影响，研究发现，低碳城市试点项目的实施使得研发投入占总资产的比例增加了 0.145%，占销售额的比例增加了 0.273%。

2. 政策不确定性

王慧等（2021）研究指出，当外部环境政策变动时，企业中具有环保背景、环保知识和环保经历的高管可以通过以往的环保经验，识别风险，积极寻求环境政策变动带来的发展机遇，调整企业的环保投资行为，增加环保投资，提升企业的可持续发展水平。麻黎黎（2021）研究了经济政策不确定性对企业环保投资行为的影响，研究指出经济政策的不确定性会加大因信息不对称而造成的第一类和第二类代理问题、银行提高贷款条件而带来的融资约束加大问题以及企业出于预防性动机的考虑而产生的现金储备需求增加的问题，这些问题的出现使得企业通常更不愿意进行环保投资。蔡海静等（2020）的主研究结论与麻黎黎（2021）的研究结论一致，在进一步研究中发现，在成长性好和投资机会多的公司中，经济政策的不确定性对环保投资的抑制性更强。Farzin 和 Kort（2000）研究了污染税率增税的幅度和时间不确定性对环保投资的影响，研究发现当增税的时间确定，但增税幅度不确定时，更高的税率预期会促使企业在增税日期之前提高其环保投资。但在增税时，投资路径可能会向上移动，也可能会向下移动，这取决于实际税率是高于还是低于企业的预期税率。相反，在增税时间不确定但增税幅度确定时，受起始税率的影响，对未来某个日期更高税率的预期会激励企业提高环保投资，在增税时，确定的增税幅度会进一步提高公司的环保投资。

3. 媒体关注

良好的绿色形象可以向利益相关者发出积极的信号，提高他们对企业产品或服务的忠诚度和满意度。潘爱玲等（2019）指出重污染企业倾向于采用绿色并购的方式快速获取被并购方的清洁能源和环保技术，并通过发布并购公告向社会传递其积极采取环保措施，承担社会责任的良好形象。企业面对的媒体负面报道越多，越倾向于实施绿色并购，但在重污染企业实施绿色并购后，并没有增加环保投资水平，且信息透明度降低，实施绿色并购仅是重污染企业在媒体压力下转移社会舆论焦点的一种策略工具，并没有进行实质性绿色转型。辛宇（2019）研究指出媒体通过发挥第三方监督的作用影响企业的环保投资行为,媒体通过报道企业的排污和治污行为可以引起社会各界,尤其是相关监督部门的关注,迫于舆论压力,监管部门会加大对企业排污的管理,在监管压力下企业会增加绿色投资,减少污染物排放。另外,消费者环保意识的增强和公众环保诉求的提升,也能促进企业提升环保投资(Liao 和 Shi, 2018; Liu 和 Wu, 2009),王云等(2017)研究指出,社会公众通常对负面信息更敏感,在媒体报道企业环境负面消息后,被报道企业更容易产生负面舆论,企业的形象和声誉在受到严重损害的同时,资本市场也会在较短的时间内作出负面反应,而且在企业存在重大环境事故的情况下,还要面临一系列罚款、赔偿和诉讼,在较长时间内会影响投资者对企业未来收益的预期,对企业价值产生严重的不利影响。

此外,还有学者研究了环境税收、政府补贴、排污权交易政策、腐败监察员的议价能力、领导干部离任审计和融资融券制度等对环保投资的影响。吴勋和王艳(2019)研究表明,环境税收有助于促进企业加大环保投资力度,提升环境质量。卢洪友等(2019)和 Song 等(2020)研究发现,政府实施财政补贴能够增强企业在环境方面的责任意识,显著提升企业的环保投资,Bian 等(2020)的研究进一步指出对消费者进行补贴后企业产生的净排放量高于对制造商进行补贴后企业产生的净排放量。问文等(2015)研究指出排污权交易政策的实施有助于促进企业选择主动型环保投资战略(采纳新环保技术、扩大企业污染处理系统)和应对型环保投资战略(直接购买排污权、减产减排),但企业比较偏好实施应对型环保投资战略。Hong 等(2019)认为,发展中国家通常缺乏适当的激励措施来激励监管机构工作,这导致了共同的道德风险问题,当企业环境违规行为被监察人员发现时,腐败监察员更大的议价能力意味着企业需要支付更大的均衡贿赂,这给了企业更多的环保投资和减排的动力。张琦等(2019)研究指出,在实施领导干部自然资源资产离任审计试点城市,企业环保投资显著增加且主要集中在国有企业;Zeng 等(2020)研究发现对高管实施环境责任审计后,企业环保投资也显著增加。刘艳霞等(2020)研究发现融资融券制度能够促使企业承担较多的环保责任,提高企业环保投资水平。

（二）内部影响因素

1. 高管特征

高管特征对企业环保投资的影响主要包括高管学历、学术经历、私人收益、政治网络、管理层能力、管理层权力和管理者自信等方面的研究。邓彦等（2021）研究指出教育水平能够影响人的价值观，高学历管理层具有自我实现层面的需求和较高的风险承担能力，更关注企业长期发展，环保意识较强，倾向于通过实施环保投资，以提高社会声誉，满足精神层面的需求。苑泽明等（2019）研究指出学术经历会影响高管的职业生涯，具有学术经历的高管在认知事物、逻辑思维和独立决策等方面具有较强的能力，能够深刻意识到环保投资带来的声誉效应和对企业长期发展的价值效应，实施环保投资的积极性较高。田双双等（2016）研究发现具有高额薪酬激励的管理者较关注企业的短期收益，由于环境问题具有长期性和稳定性的特征，在短期内，具有高额薪酬激励的管理者通常将环保投资视为一项负担，投资的积极性不高。Xu和Yan（2020）利用从中国民营企业收集的调查数据，发现政治联系与环境投资显著正相关。李强（2016）指出政府是企业最重要的利益相关者之一，高管政治网络的建立有助于企业获取信息、机会和资源，为形成竞争优势营造顺畅的外部环境，但企业建立和维护高管政治网络也会产生高昂的成本，在企业注重短期业绩考核的情况下，环保投资产生效益的滞后性使得具有政治网络的企业对成本变动比较敏感，环保投资的积极性不高。对于民营企业来说，环境支出是一种维持政治关系的方式，其动机可能是寻租，尽管增加了环境支出，但具有政治关联的民营企业的减排力度不及国有企业（Jiang等，2021）。

李虹等（2017）认为，在企业生产率水平达到一定高度前，管理者通常把企业的经济效益放在首位，管理层能力越强，企业的环保投资规模越低，当企业生产率水平达到一定高度后，管理层能力的增强会提升企业的环保投资规模。田双双等（2015）认为权力配置会对企业环保投资决策产生重要影响，管理层权力越大，对环保投资决策的影响越大，尤其是在高竞争行业，管理层通常更倾向于利用其在企业的权力影响企业的投资决策,将企业资源较多地投入会产生较高经济效益的项目,减少经济效益不明显的环保投资。刘艳霞等(2020)研究认为自信程度较高的管理者往往会低估环境问题的负面影响和环保投资的长期效益,高估企业的环境处理能力和环保投资的短期机会成本,环保投资的积极性不高。另外,高管的服役经历可能会形成亲环境的价值观,如责任、自律、自我牺牲和社区意识,这些会激励他们采取亲环境的行为,在环境保护上投入更多的资源(Gao 等,2021),党籍和地位是政府与企业之间的沟通桥梁和目标协调者,民营企业家的党籍对企业环保投资具有积极影响(Yan 和 Xu,2022)。

2. 公司治理

股权结构是公司治理机制的重要组成部分,机构投资者持股、股权集中度和产权性质等都会对企业环保投资产生影响。祝敏等(2019)研究发现机构投资者具有专业化的分析判断能力,持股比例越高越有动力和能力监督、治理企业,影响管理层的决策,尤其是压力抵制型机构投资者(与目标企业具有投资关系,但无商业联系)的独立性较高,通常具有长期投资理念,关注企业长期利益,且可以通过信号传递效应将企业形象等信号向外界传递,带动更多投资者关注,从而可以制约管理层的短视行为,提升管理层的环保意识,显著促进企业环保投资,而压力敏感型机构投资者(短期持股且与目标企业存在商业联系)关注短期利益,缺乏监督管理层的积极性,更易附和高管决策,对企业环保投资的促进作用不显著。唐国平等(2013)研究指出,在控股股东的主导下,管理层掌握着企业的实际控制权,对企业资源、经营管理和投融资决策具有绝对权力,管理层和控股股东之间存在"利益协同激励效应",由于环保投资在短期内的非经济性,公司大股东与管理层具有"合谋"倾向,开展环境治理与环保投资的意愿不强,环保投资是一种"被动"行为,企业股权制衡度越高或管理层持股比例越大,企业的环保投资规模越小,与民营企业相比,国有企业由于承担了较多的社会责任和环保责任,其环保投资规模较大。Li 等(2020)指出控股股东控制权与现金流权分离对企业环保投资具有负相关关系,管理层持股强化了上述负相关关系,这与控股股东经理人勾结假说相一致。朱莉等(2018)研究发现大股东缺乏环保投资的积极性,股权集中度与环保投资存在显著负相关关系,随着公司上市年限的增加,公司治理机制不断完善,经营决策的规范化程度不断提升,有助于弱化股权集中度与环保投资的负向关系。Bhuiyan(2021)指出拥有性别多样化董事会的公司、拥有较多独立董事的公司、设立环境小组委员会的公司以及设计与环境绩效挂钩的奖金计划的公司的环保投资更高。另外,内控作为企业治理的一项重要措施,可以增强企业的组织合理性,确保企业自觉承担保护自然环境和资源的社会责任,促进国民经济的可持续发展(Yang 等,2020)。

此外,还有学者研究融资约束、资产闲置和企业并购等对企业环保投资的影响,桂荷发(2018)研究指出融资约束会显著抑制企业环保投资,终极控股股东的现金流量权和两权分离度对融资约束与企业环保投资的负向关系分别具有缓解和强化的作用。杨乐(2020)的研究结论也指出融资约束与企业环保投资存在负向关系。Lu(2020)研究发现,从时间效应来看,绿色并购对环保投资具有先减小后增大的"U"形效应,绿色并购通过提高企业并购成本和管理成本抑制环保投资,通过提高企业声誉、环境意识、融资能力和补贴促进企业实施环保投资,水平绿色并购对成长期企业的环保投资有较大影响,纵向绿色并购能显著促进成熟期企业环保投资,而在衰退期,绿色并购抑制环保投资。

四、对外直接投资的相关研究

(一)外部影响因素

1. 政策不确定性

宏观经济政策影响着企业的外部经营环境,当国内宏观经济政策不确定性较高时,企业为了规避国内经济下行的风险,可能会积极实施对外直接投资,以寻求具有稳健收益的投资项目。为了在激烈的竞争市场中获取或维持竞争优势,非国有企业对宏观经济政策不确定性的敏感程度要高于国有企业,在宏观经济政策不确定性高时,其实施对外直接投资的意愿也更强(杨栋旭等,2019)。杜群阳等(2020)研究发现,母国的经济政策不确定性和东道国的经济政策不确定性对制造业企业的对外直接投资会产生不同的影响，母国经济政策不确定性对制造业企业的对外直接投资会产生显著的促进效应，而东道国经济政策不确定性对制造业企业的对外直接投资会产生显著的抑制效应，但在综合考虑母国和东道国的经济政策不确定性的影响下，当母国经济政策不确定性较高时，制造业企业对外直接投资仍是上升的趋势。欧阳艳艳和施养劲（2021）的研究也发现，较高的国内经济政策不确定性会增加市场波动的预测难度，促使企业提高风险规避水平，增加对外直接投资，而较高的国外经济政策不确定性会使企业权衡当期和未来的投资收益，延长观望等待时间，减少对该国的对外直接投资。

汇率通常是企业跨国投资决策的重要考虑因素。刘凯等（2017）研究指出，人民币升值时，在竞争效应（产品的海外竞争力降低）、相对生产成本效应（企业海外生产成本降低）和相对财富效应（企业购买力增强）的刺激下，企业会增加对外直接投资。戴金平和尹相颐（2018）的研究进一步发现，暂时性的人民币汇率水平的变化不会对中国企业的对外直接投资产生显著影响，但在人民币升值期内，企业在人民币升值可能带来的长期财富效应和成本效应的考虑下，会增加对外直接投资，而在人民币预期升值时，企业通常会选择推迟对外直接投资，以等待更好的投资时机。Li和Rengifo（2018）研究发现，人民币汇率的变化对中国的对外直接投资产生了抑制作用，而人民币的升值增加了中国对外直接投资的流动性。陈琳等（2020）认为较大的人民币汇率波动会增加企业对外直接投资的不确定性，企业可能会选择不投资或推迟投资以规避风险或等待更好的投资时机，另外，由于对外直接投资的行业、投资目的地和投资方式不同，人民币汇率波动对不同行业、不同投资目的地和不同投资方式的对外直接投资的影响也不同，较大的人民币汇率波动对高沉没成本行业的对外直接投资、中等收入国家或低收入国家的对外直接投资以及采用绿地投资方式的对外直接投资具有显著的抑制效应。

2. 政治风险与双边关系

政治风险会增加企业经营环境的不确定性，影响跨国公司海外经营目标的实现。国有企业对外直接投资很可能被视为威胁东道国安全和商业利益的一种消极行为（Globerman和Shapiro，2009），面临来自东道国政府的严格审查和公众的抵制等方面的压力（Huang等，2017）。都伟（2016）提出中国企业在非洲的对外直接投资面临的政治风险主要有政权更迭的系统性政治风险、利益冲突型政治风险、第三方干预风险以及投资企业自身原因带来的内生型政治风险。赵青和张华容（2016）指出东道国较高的政治风险会降低中国企业在该国的对外直接投资，中国企业对外直接投资具有一定的政治风险规避特征。友好的双边关系能够大大降低企业在对外直接投资过程中面临的政治风险，促进企业实施对外直接投资。友好双边关系可以通过建立正式外交关系、领导人访问、建立伙伴关系以及友好城市交流等方式进行构建。

杨连星等（2016）指出国家间正式外交关系的建立可以为企业对外直接投资的实施提供实质性的制度安排，正式外交关系建立的时间越长，东道国的投资规制和投资者利益保护制度的完善程度越高，投资企业通过自我调整对东道国制度的适应性会逐渐增强，企业的投资集约边际和投资扩展边际会逐渐提升。闫雪凌和林建浩（2019）认为领导人访问能够增强双边的政治互信，传递双方交好信号，通过高层交流和政治协商的方式可以解决双边可能存在的利益分歧，增强企业对外直接投资的信心，促进企业在领导人访问的国家实施对外直接投资。刘敏等（2018）指出双边伙伴关系是双边外交关系的升级版，随着双边的理解、互信和友谊的增强，双边之间由于政治观点分歧而产生的安全风险会降低，双边伙伴关系建立的时间越长，投资企业对投资当地的文化和制度环境的适应性越强，东道国对投资企业的认同感也越强，从而推动企业在具有双边伙伴关系的国家适当地增加对外直接投资。Sun和Liu（2019）研究也发现建立或升级伙伴关系，至少在短期内对中国企业对外直接投资决策具有积极影响。Zhang等（2020）认为友好城市交流是一种重要的次国家级外交关系，是代表区域政府促进对外直接投资的重要体制工具，地方政府参与友好城市交流的程度越大，越有能力利用这一工具来促进对外直接投资。

此外，还有学者研究了"一带一路"倡议、资本市场开放和金融发展等外部因素对企业对外直接投资的影响。Shao（2020）提出"一带一路"

倡议通过降低东道国对中国投资企业的政策不确定性和政治风险，提升中国企业在共建国家对外直接投资的积极性；杨晓亮等（2020）研究发现资本市场开放能够增强企业的资金流动性和提高企业的生产率，从而有助于提高企业对外直接投资的扩展边际（对外直接数量），但抑制了企业对外直接投资的集约边际（对外直接投资额）；Chen等（2021）考察了绿色保险对企业对外投资决策的影响，研究发现绿色保险显著减少了企业对外直接投资，在市场化程度较高的地区，绿色保险对企业对外直接投资的影响较强，而在"一带一路"国家投资时，绿色保险对企业对外直接投资的影响较弱，绿色保险在影响企业对外直接投资决策方面发挥着越来越重要的作用。

（二）内部影响因素

1. 高管特征

企业高管不同的背景经历塑造了企业高管不同的认知，不同认知的高管在企业发展战略的选择方面也会存在明显的差异。张娆（2015）研究指出，具有海外学习和工作经历的高管具有一定的境外关系网和社会资本优势，有助于企业获取海外信息，客观有效地评估和选择境外市场，在对外直接投资问题（如投资不确定性问题和文化差异问题等方面）处理能力方面具有一定的相对优势，与高管不具有海外背景的企业相比，高管具有海外背景的企业实施对外直接投资的可能性更大。Sun等（2021）的研究进一步指出，海外教育经历有助于企业高管理解国际商业惯例，海外工作经历使企业高管能够更深入地了解国外市场，根据国外市场的社会规范调整产品规格，有效地管理与国外利益相关者的关系，有海外工作经历的企业高管可能比有海外学习经历的企业高管更了解外国的商业惯例、沟通模式和互动方式，很可能对国际市场机会表现出更强的意识，更能在新市场中发现新的机会。Fung等（2020）认为自恋型领导有一种强烈的欲望，希望通过激发人们的敬畏和钦佩来吸引人们的注意，对外直接投资是企业实现增长的有效战略选择，自恋型领导对荣耀的渴望和对企业增长的追求会促使其实施对外直接投资，以此作为吸引公众关注和钦佩以及展示其远见和领导力的一种手段。

2. 融资约束

由于对外直接投资的前期准备时间较长，初期投资金额较大，经营周期长，收益具有较大的不确定性，且由于地理距离较远，债权人的监督成本较高，信息不对称问题相对国内投资较严重，企业获取信贷支持存在一定的难度，债权人会要求企业支付更高的风险溢价，从而使企业对外直接投资面临较高的融资成本，这在一定程度上限制了企业对外直接投资项目的实施（陈胤默等，2018）。王碧珺等（2015）研究发现融资约束不仅显著地抑制民营企业实施对外直接投资的概率，而且对民营企业对外直接投资规模的扩张也具有显著的抑制效应，在进一步研究中发现，由于相对于"贸易型"对外直接投资，"生产型"对外直接投资的投资周期更长，初始投资规模更大，企业在作出"生产型"对外直接投资决策时更谨慎，在企业实施"生产型"对外直接投资后，其投资规模的进一步扩张不再受融资约束的影响。Yan等（2018）研究指出，由于低生产率企业没有达到跨国经营所要求的生产率水平，其实施对外直接投资的意愿并不强烈，融资约束对高生产率企业对外直接投资的负影响大于对低生产率企业对外直接投资的负影响。王忠诚等（2017）研究发现，银行贷款成本是抑制企业对外直接投资的重要因素，企业外源融资规模越大，对企业对外直接投资的抑制效应越显著。

此外，还有学者研究了企业生产率、股权集中度、机构投资者和董事高管责任保险等因素对企业对外直接投资的影响。刘敏等（2019）认为全要素生产率较高的企业实施对外直接投资的可能性较大；龙婷等（2019）研究发现，股权集中度与企业对外直接投资之间的关系呈先上升后下降的趋势，机构投资者持股比例与企业对外直接投资之间呈正向关系；陈红等（2021）研究指出，在代理成本高和诉讼风险大的企业，董责险的认购能够有效发挥监督和激励效应，提升企业实施对外直接投资的概率和投资规模。

五、文献评述

在国家强化金融监管，避免金融"脱实向虚"，强调生态环境保护，促进经济高质量发展,以及培养企业国际竞争力,加快构建新发展格局的背景下,学术界在企业金融资产配置、环保投资和对外直接投资方面进行了大量的研究。学者们认为宏观环境不确定性、产业政策、货币政策、融资融券制度、政府补助、影子银行和税收政策等外部因素和高管特征、融资约束、公司治理、股权质押、过度负债、企业业绩和同群效应等内部因素能够对企业金融资产配置产生影响,环境管制、政策不确定性、媒体关注、环境税收、政府补贴、排污权交易政策、腐败监察员的议价能力、领导干部离任审计和融资融券制度等外部因素和高管特征、公司治理、融资约束、资产闲置和企业并购等内部因素能够对企业环保投资产生影响,政策不确定性、政治风险与双边关系、"一带一路"倡议、资本市场开放和金融发展等外部因素和高管特征、融资约束、企业生产率、股权集中度、机构投资者和董事高管责任保险等内部因素能够对企业对外直接投资产生影响。通过回顾和梳理国内外研究动态与学术观点,可以发现企业金融资产配置、企业环保投资和企业对外直接投资得到了学者们的广泛关注,这在一定程度上体现了学术研究对于企业投资治理的指导价值以及企业投资问题对于学术研究的引领作用。在文献回顾和梳理中,本人发现在企业金融资产配置、企业环保投资和企业对外直接投资方面仍有一些尚未充分探讨的领域,为本书的纵深研究提供了空间,具体体现在以下几个方面。

第一,在企业金融资产配置的外部治理因素方面,陈文川等(2021)从"免疫系统"的角度解释了国家审计对国有企业金融资产配置的抑制作用,对于审计力度在国家审计对国有企业金融资产配置治理中是否会产生强化作用,国家审计对国有企业金融资产配置产生治理效应的作用机理,以及国家审计对国有企业金融资产配置产生的治理效应是否存在时效性等方面并没有涉及。本书进一步研究审计力度对国有企业金融资产配置治理的强化作用,探索国家审计对国有企业金融化治理的作用机理以及国家审计对国有企业金融资产配置的动态治理效应,拓展了国家审计对国有企业金融资产配置治理的研究视角和深度,对规范国有企业金融资产配置、助推国有企业长期可持续发展具有积极意义。

第二,在企业环保投资的外部治理因素方面,张琦等(2019)研究发现领导干部自然资源离任审计对国有企业环保投资具有显著的促进作用，Zeng等（2020）研究发现对高管实施环境责任审计能够显著增加企业的环保投资。领导干部自然资源离任审计和环境责任审计是针对自然资源和环境实施的专门审计业务，在企业环保投资方面理应发挥显著的促进作用。在"国家治理"的理念下，国家审计机关对国有企业实施的年度财务收支审计不仅包括财务收支方面的内容，还包括企业重大决策和管理、政策落实、发展潜力以及廉洁从业等方面的内容，国有企业的年度财务收支审计报告的发布是否能够促进国有企业提升环保投资，现有研究很少涉及。本书研究国家审计机关对国有企业实施的财务收支审计对国有企业环保投资的治理效应，并探索治理效应的作用机理及动态治理效应，从外部监督的视角丰富了企业环保投资的影响因素研究以及国家审计对国有企业的治理研究，对保护生态环境，促进经济社会绿色发展具有积极意义。

第三，在企业对外直接投资的外部治理因素方面，现有学者发现，国家间正式外交关系（杨连星，2016）、领导人访问（闫雪凌和林建浩，2019）、双边伙伴关系（刘敏等，2018；Sun和Liu，2019）和友好城市交流（Zhang等，2020）等因素对企业对外直接投资具有积极影响，鲜有文献从外部监督的视角研究国家审计对国有企业对外直接投资的治理效应。国有企业审计监督是国家审计的重要组成部分，是国有企业的一项重要的外部治理机制，在国家审计服务于国家治理的内在要求下，在国家"走出去"战略的倡导下，本书通过研究国有企业审计监督是否对国有企业对外直接投资产生治理效应，并探索治理效应的作用机理及动态治理效应，从外部监督的视角丰富了企业对外直接投资的影响因素研究以及国家审计对国有企业的治理研究，对提升企业国际竞争力，构建新发展格局具有积极意义。

综上，随着国家审计管理体制的逐步完善、领导层级和地位的不断提高，国家审计在经济社会发展中的重要作用愈发凸显，自2010年审计署公布央企集团审计结果公告后，有相当一部分学者开始关注国家审计对国有企业的治理效应，目前关于国家审计的国有企业治理效应的研究主要集中在国家审计对国有企业绩效、资产保值增值以及生产率等有关企业高质量发展方面的影响，国家审计对国有企业创新投入、非效率投资以及金融衍生品投资等有关企业投资方面的影响，国家审计对国有企业内部治理、资本结构调整、注册会计师审计等方面的影响。本书从企业可持续发展的现实需求出发，聚焦党的十八大报告和十九大报告中国家关注和重视的"实体经济发展""绿色发展"和"'走出去'战略"，从权力治理路径、信息治理路径和政策促进路径研究国家审计对国有企业金融资产配置、环保投资和对外直接投资的影响，以期对实体经济发展、经济社会绿色发展和新发展格局的构建提供些许理论参考和经验证据，同时也为国家审计机关设计更加合理、有效的国有企业审计实施方案提供经验证据。

第三章

制度背景与现状分析

第一节 制度背景

一、国有企业投资体制变迁

新中国成立至党的十一届三中全会之前,在高度集中的计划经济体制下,国有企业仅是政府指令的执行主体,没有投资的自由决策权,政府全面掌握着企业的投资决策权,企业投资资金的主要来源是政府的财政拨款,这种投资体制限制了企业的主观能动性,制约了生产力的发展。党的十一届三中全会后,国有企业投资体制也随着市场经济的发展而不断发生着变化。1978—1983年为投资体制改革的起步阶段,改革主要聚焦在国家基本建设领域,国务院于1979年批准的《关于基本建设投资实行贷款办法的报告》以及《基本建设贷款实行条例》开启了"拨改贷"的序幕,拓宽了投资资金的来源渠道,1983年明确了对投资建设项目实施中央和省级两级管理,政府不再是唯一的投资主体,从投资活动的指挥者开始向投资活动的管理者转变。1984—1991年为投资体制改革的探索阶段,1985年1月开始的"拨改贷"的全面推行,在提升企业对投资资金使用主体地位的同时,也有助于强化贷款企业的经济责任,提升投资效益。原国家计委于1984年8月发布的《关于简化基本建设项目审批手续的通知》以及国务院于同年10月发布的《关于改进计划体制的若干暂行规定》进一步扩大了企业的投资决策权,国务院于1988年7月印发的《关于投资管理体制的近期改革方案》指出,企业有权自主筹措资金和物资,自主选定投资方式和支配应得投资收益,推动国有企业成为一般性建设的投资主体。该阶段的改革措施大大加快了适应社会主义市场经济要求的投资体制的建设步伐。

1992—2003年为投资体制改革的深化阶段。党的十四届三中全会公布的《关于建立社会主义市场经济体制若干问题的决定》中提出不同类型建设项目的投资主体存在差别,公益性项目采用政府投资建设,基础性项目以政府投资为主,竞争性项目采用企业投资建设,同时文件中也明确了不同类型建设项目对应的融资方式。随后,为实施对投资主体的责任和风险约束,原国家计委发布了一系列暂行规定和相关通知,提出项目法人责任制以及资本金制度。该阶段的投资体制改革初步形成了多元化投资主体、多渠道资金来源和多样化投资方式的格局。2004年后投资体制改革进入系统化阶段。国务院于2004年7月颁布的《关于投资体制改革的决定》中对投资主体、投资管理、投资宏观调控和投资监管作出了清晰的规定,是党的十一届三中全会以来较为系统的投资改革方案。该文件指出,要改革项目审批制,规范政府核准制,政府从维护社会公共利益的角度仅对重大项目和限制类项目实施核准,其他项目改为备案制,简化核准手续,扩大大型企业集团的投资决策权,拓宽企业投资的融资渠道,企业可以采用发行股票和可转换债券等方式筹集项目资金。在肯定和保障企业投资自主权的同时,该文件还指出相关部门要加强对企业投资项目的事中和事后监督,对企业投资中的不诚信行为要予以惩处和公开披露,并限制其在一定时期的投资行为。该文件的发布和实施初步形成了政府宏观调控下的企业自主投资的体制和模式。连同之后又公布的一系列文件,如《固定资产贷款管理办法》《关于加强和规范新开工项目管理的通知》《项目融资业务指引》《建筑市场诚信行为信息管理办法》《招标投标违法行为记录公告暂行办法》和《关于推进企业债券市场发展、简化发行核准程序有关事项的通知》等,形成了我国社会主义市场经济投资体制的初期框架。

2013年以后投资体制改革进入全面深化阶段。党的十八届三中全会通过的《中共中央关于全面深化改革若干重大问题的决定》中指出，必须从广度和深度上积极稳妥地推进市场化改革，允许非国有资本参股国有资本投资项目，除了关系国家安全和生态安全的项目以及涉及重大产业布局、战略性资源开发和重大社会公共利益等的项目外，其他项目投资由企业自主依法依规作出决策，政府不再实施审批，进一步确立了企业的投资主体地位。2016年发布的《中共中央、国务院关于深化投融资体制改革的意见》（以下简称《意见》）确定了我国投融资体制改革的顶层设计。《意见》指出，要最小化企业核准投资范围，确立企业投资主体地位，建立企业投资项目管理的负面清单、权力清单和责任清单，并对清单实施动态管理，优化管理流程，规范投资行为，这些意见的提出有助于进一步激发市场活力，提升资源配置效率。新时期投资体制改革主要围绕深化市场化改革、转变经济发展模式和供给侧结构性改革等方面展开。

随着国有企业投资体制改革的不断深化，政府在国有企业投资中逐步用指导性计划代替了原有的指令性计划，行政命令在调节资本要素的配置中的作用逐渐减弱，市场机制和经济杠杆在调节资本要素配置中的作用越来越重要，国有企业投资的自主权逐步得到肯定和保障，国有企业投资的融资渠道逐步拓宽。企业核准投资范围的缩小放松了对相关行业和领域的投资管理程度，减少了政府对企业投资范围和空间的干预，使企业的投资自由度进一步扩大。合理的投资有助于企业有效地使用内外部资源，提升企业的竞争优势，增强自身在不断变化的市场环境中的持续竞争力，以推动企业长期可持续发展。由于国有企业较长的委托代理链条增加了信息的不对称程度，企业投资自由度的扩大可能使企业在投资方面存在"自身利益最大化"和"投资机会主义选择"的行为，如较多的短期投资、最佳投资机会的错失或因安于现状而放弃投资发展等行为，这些行为会阻碍企业长期竞争优势的培养，不利于企业可持续发展，为了提升国有企业投资的科学性和合理性，对其实施有效的监督是必要途径。

二、国资监管体制变迁

新中国成立至党的十一届三中全会之前，我国国资监管体制处于计划经济体制下的直接管理阶段。新中国成立后，经过三年的经济恢复期，我国进入有计划的大规模经济建设期。1953—1957 年，中央政府通过行政性指令计划对国有资产统一代为行使使用权、收益权和处置权，建立了由政府直接管理的集权式国资监管体制。1958—1977 年，国资监管体制经历了放权（1958 年）、集权（1962 年）再到放权（1970 年）的调整，但政府对国有企业实施直接管理的方式没有发生实质性改变。该阶段高度集中的国资监管体制影响了国有资产流动的合理性和组合的有效性，不利于经济资源的优化配置。1979—1987 年，国家实施了一系列放权让利的措施，国资监管体制改革也以扩大企业自主权为主要特征，通过实施利改税、利税分流和实行经济责任制将生产经营权和利润分配权下放给国有企业，这些措施的实施在一定程度上激发了国有企业活力，促进了国有企业发展，但由于计划经济的根基并未在经济体制改革中被触及，国资监管体制仍采用政府直接管理的模式。1988—1997 年为国资监管体制转型的初步阶段。1988 年，具有专职从事国有资产管理职能的国有资产管理局成立，迈出了在政府层面分离社会资产管理和经济管理职能的重要一步，开启了中央高度集权的国资监管体制改革的探索之路。在国有资产管理局成立期间制定了一系列有关资产管理的法律法规，开展了产权登记、评估资产和清产核资等基础工作，探索了国资管理和经营的新思路、新方法，积极推动了国有资产的有效监管。党的十四届三中全会首次明确了政资分开的概念，提出对国有资产实施国家统一所有、政府分级监管和企业自主经营的监管体制。

1998—2002 年，国有资产管理进入分散监管阶段。1998 年国有资产管理局撤销，由财政部、国家经贸委、人事部和大型企业工委、稽查特派员公署分别承担国有资本金基础管理、国有企业改革和管理、国有企业主要经营者的任免和考核以及国有企业财务检查与监督工作。主管机械、内贸、化工和煤炭等多个行业内国有企业的政府专业经济部门改组为国家经贸委下属的局级单位，不再直接管理国有企业。党的十五届四中全会提出授权经营的概念，将国有资产授权给企业集团、大型企业和控股公司经营。2003—2012 年，国有资产监管体制进入分级监管阶段。在党的十六大提出的分级行使国有资产出资者所有权的思路下，国务院国资委、省（自治区、直辖市）国资委和市国资委成立，代表国有资产的出资人履行各自范围内的出资人职责，具有管人、管事和管资产的权利，有力地调动了地方政府实施国资监管的积极性和有效性。国务院于2003年发布的《企业国有资产管理暂行条例》和2008年第十一届全国人大常委会第五次会议通过的《企业国有资产法》为企业的国有资产监管提供了法律依据。国有资产经营公司的设立构成了三级国有资产监督运营体系，有力地推动了国有企业的市场化运营。2013年以后国有资产监管进入以"管资本"为主的新阶段，开始关注国有资产的整体功能，注重提升企业的发展质量，国务院于2015年10月发布的《关于改革和完善国有资产管理体制的若干意见》中指出，按照国有企业的类别和功能界定对其进行分类监管，重点关注国有资本布局的合理性、资本运作的规范性、资本回报和资本安全等方面。

国资监管体制改革是经济体制改革的重要组成部分，应在推动政企、政资分开和国有企业成为独立市场主体中发挥重要作用。国资委成立后形成了多种监督机制并存和多元监督主体参与的国资监督体系，这种监督体系在实践中存在由于监督主体的职责划分不明确而出现的多头监督、重复监督和监督不力等现象以及由于不同监督主体的监督目标和内容未有效整合而出现的监督效果不佳的情况。在管人管事管资产的国资监管体制下，监管机构按照行政化方式管理国有企业，过多过细的管理约束了企业生产经营的自主性，同时监管机构的过度干预也使国有企业承担了较多的政策性任务，在一定程度上增加了企业负担，不利于提升企业的经营效率。在以管资本为主的国资监管体制下，监管机构不直接干预企业的日常经营活动，由其授权放权的国有资本投资运营公司对相关企业履行出资人管理职责，这种国资监管模式在一定程度上提升了国资委托代理链条中各参与主体权利配置的合理性以及责任划分的明确性，有助于国有企业以独立的市场主体的身份自主运营。

三、审计监督及其对国有企业治理的发展历程

《宪法》（1982年）和《审计法》（1994年）赋予审计机关监督国有

企业运用国有资本从事生产经营的职责。不同时期国有企业改革的目标和重点不同,为了更好地服务于国有企业发展,审计机关对国有企业实施审计的目标和重点也不同,其对国有企业治理功能的发挥也存在差别。在改革开放初期,随着放权让利、承包经营等一系列措施的实施,国有企业的经营自主权逐步扩大,但一些国有企业存在内部管理约束机制缺陷,经济效益不高,会计账目杂乱不实,伪造盈利指标,过于关注短期业绩等问题,这一时期开展的国有企业审计主要是以查错纠弊为主要方式的财务收支审计和违纪专项审计,以发现被审计国有企业财务收支和经营管理中的违法违规行为,增强财务信息的真实性,保障被审计国有企业资产的安全完整。该时期的国有企业审计监督通过督促企业纠正错弊,提升企业财务信息的质量,但偏重于资金审计,注重真实性和合法性审计,对企业管理决策的宏观性关注不足,缺少从体制、机制上深入分析企业存在问题的根源,对国有企业治理功能的发挥有限。党的十四大以后国有企业改革和发展的速度显著加快,随着国有企业公司制和股份制改革的深入,国有企业董事会和管理层控制企业决策权的程度越来越大,在出资人缺位和较长的委托代理链条下,国有资产在折股和出售时存在估价偏低的情况,同时还存在无偿分配给个人的情况,导致国有资产流失严重,另外,管理层出于晋升和个人收入的考虑,存在粉饰和操纵财务报表的动机。在《股份制试点企业审计暂行规定》(1992年)、《全民所有制工业企业转换经营机制审计监督规定》(1993年)以及《审计法》(1994年)的相继发布下,国有企业审计重点转向对国有企业资产、负债和损益的真实性、合法性和效益性的审计。该时期的国有企业审计监督在较大程度上提升了被审计国有企业会计信息的透明度和质量,有助于治理层和其他利益相关者充分了解企业的财务和经营状况,提升企业董事会决策的科学性,促进企业国有资产保值增值。此外,审计机关针对审计中发现的企业在会计核算、经营管理、财务风险管理等方面存在的问题,提出整改建议,发挥国有企业治理功能。

随着国有企业改革的深入、国资委的成立以及对国有企业负责人绩效考核的实施,国有企业审计的目标趋于多元化,如通过分析企业财务助其脱困，帮助企业防止高管腐败、发现体制机制问题以减少企业改革道路上的阻碍以及评价企业目标实现情况等，这对审计内容的全面性和系统性提出了更高的要求。《国有企业及国有控股企业领导人员任期经济责任审计暂行规定》是国有企业审计转向以经济责任审计为重点的标志性文件。《党政主要领导干部和国有企业领导人员经济责任审计规定》指出，审计的重点涉及企业财务收支情况、企业内控制度情况以及出资人管理和监督职责履行情况等，该文件的实施细则中又进一步将国有企业领导人员经责审计内容细化为12项，丰富的审计内容有助于国有企业审计多元化目标的实现，从而更好地服务于国有企业改革和发展的顺利实施。该时期的国有企业审计监督在提高企业财务信息透明度和质量的同时，通过全面评价国有企业领导干部的经济责任和综合能力，对国有企业领导干部形成有效的监督和激励，促使其关注企业的长期发展指标及其经济行为后果，加强和改善经营管理，减少国有企业经营中的短期行为。随着国有企业全面深化改革的实施，国有企业运营过程中暴露出的问题数量多，且复杂度高，如国有资产的隐匿和低估、非国有资产和债务的夸大、管理不善、决策失误和违规、损失浪费、政策执行问题和环境保护问题等，这些问题的数量和复杂度对国有企业审计提出了更高的要求，在国家审计"全覆盖"总体战略的引领下，国有企业审计监督在2015年也开始步入"全覆盖"审计阶段，审计监督对象覆盖面和审计监督内容覆盖面大大提升，审计威慑力逐步增强。该时期国有企业审计监督的高审计对象覆盖面和高审计内容覆盖面加大了国有企业被审计的概率、已审国有企业再次被审计的可能性以及高管机会主义行为被发现的可能性，增加了国有企业高管的舆论压力和政治成本（杨贺和郑石桥，2015），从而有助于提升国有企业自我高水平管理的意识和被审计国有企业对审计建议的采纳率，抑制国有企业高管的机会主义行为。

在国家审计服务国家治理的理念下，国有企业审计监督的内容不仅包括国有企业的财务收支情况，还包括国有企业重大决策和管理、政策落实、发展潜力以及廉洁从业等方面的内容，国有企业审计监督的有效实施能够制约和监督被审计国有企业运营中的权力运行，提高被审计国有企业信息披露质量，促进被审计国有企业贯彻执行国家政策。随着国家审计在国资监督方面的地位和作用的巩固和加强，审计监督成为国有企业的一种常态化的外部监督机制，监督内容的全面性和系统性不断提升，监督对象覆盖面不断扩大，在国有企业治理中发挥着越来越显著的作用。

第二节　国有企业金融资产配置的现状分析

一、国有企业金融资产配置的总体发展概况

根据CSMAR数据，2009年我国上市公司（非金融房地产类，下同）平均金融资产持有量约为1.54亿元，2018年约为5.25亿元，国有上市公司（非金融房地产类，下同）平均金融资产持有量2009年约为2.19亿元，2018年上升为10.58亿元，民营上市公司（非金融房地产类，下同）2009年和2018年平均金融资产持有量分别约为0.64亿元和2.94亿元[①]。从年平均金融资产持有量来看，国有上市公司高于上市公司和民营上市公司，各类上市公司年平均金融资产持有量的变动趋势情况如图3-1所示，2009—2018年基本呈增长趋势，2013—2017年增长速度较快，2018年增长速度放缓。从平均金融资产占比来看[②]，国有上市公司高于上市公司和民营上市公司，各类上市公司年平均金融资产占比的变动趋势情况如图3-2所示，2009—2013年基本呈下降趋势，但2013年后又基本呈增长趋势，国有上市公司在2018年平均金融资产占比稍有回落。2009—2018年国有上市公司的年平均金融资产持有量和年平均金融资产持有比例均大于民营上市公司。

---

① 2009—2017年平均金融资产持有量按照各类上市公司的交易性金融资产、发放贷款及垫款、可供出售金融资产、衍生金融资产、持有至到期投资和投资性房地产之和除以各类上市公司的数量计算，2018年平均金融资产持有量按照各类上市公司的交易性金融资产、衍生金融资产、投资性房地产、债权投资、其他债权投资和其他权益工具投资之和除以各类上市公司的数量计算。

② 平均金融资产占比用上市公司的金融资产总额占总资产比值的平均值衡量。

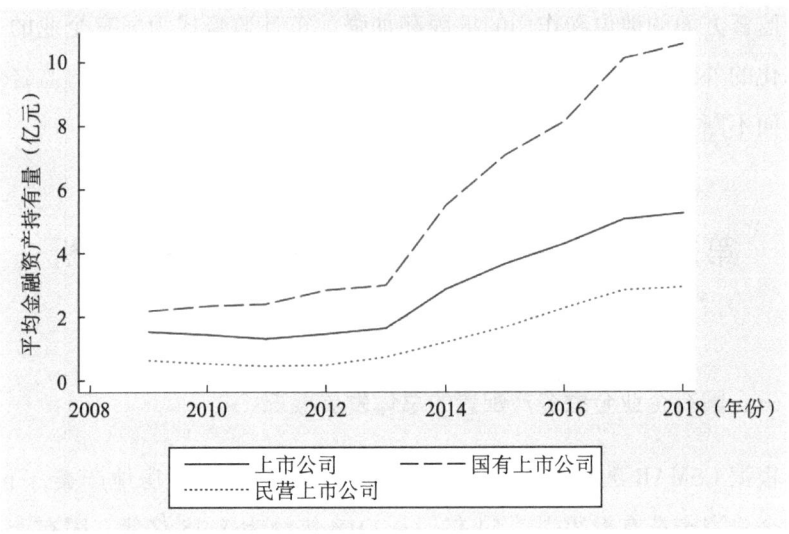

图 3-1 年平均金融资产持有量趋势

数据来源：根据 CSMAR 数据库整理，下同。

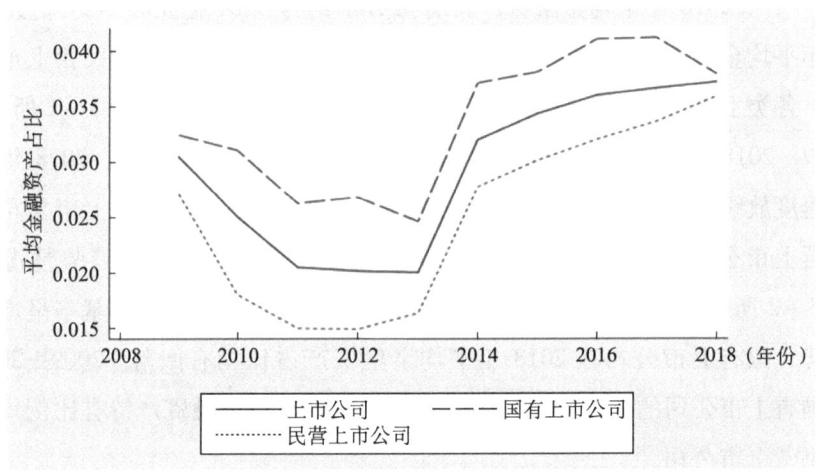

图 3-2 年平均金融资产占比趋势

国有上市公司的年平均金融资产持有量和年平均金融资产占比均高于上市公司和民营上市公司，一方面可能是由于国有企业拥有资金和资源方面的绝对优势，有较多的闲余资金可以投资于金融资产，另一方面可能是由于在国有企业较长的委托代理链条下，存在较严重的代理问题，企业管理层为了获取较高的短期薪酬,往往倾向于将资金投资于利润率高的金融活动。2013年之前各类上市公司的年平均金融资产持有量增长速度较慢,各类上市公司的年平均金融资产占比基本呈下降趋势,其主要原因可能是受到2008年金融危机的影响,金融市场面临较高的风险,企业对金融资产投资持谨慎态度,2013年后各类上市公司的年平均金融资产持有量和各类上市公司的年平均金融资产占比的增长幅度较大的原因可能是由于金融危机过后,国家实行宽松的制度政策,允许企业利用闲置的资金投资于具有较好流动性和安全性的金融产品。2018年各类上市公司年度平均金融资产持有量增长速度放缓以及国有上市公司平均金融资产持有量稍有回落可能是受国家提出的金融服务实体经济发展的宏观导向的影响。

二、国有企业金融资产配置的差异化发展趋势分析

(一) 不同类型金融资产配置的发展趋势分析

本部分借鉴彭俞超等(2018)和陈文川等(2021)的做法,将金融资产分为投机性金融资产(包括交易性金融资产、可供出售金融资产、其他债权投资和其他权益工具投资)和保值性金融资产(包括衍生金融资产、发放贷款及垫款净额、持有至到期投资、投资性房地产和债权投资)。据CSMAR数据,2009年我国国有上市公司投机性金融资产平均持有量约为1.34亿元,2018年约为5.84亿元,国有上市公司保值性金融资产平均持有量2009年约为0.85亿元,2018年上升为4.74亿元,如图3-3所示,国有上市公司投机性金融资产持有量在2013年后一直位于保值性金融资产持有量的上方。如图3-4所示,国有上市公司投机性金融资产占比在2009—2013年呈下降趋势,2014—2017年呈上升趋势,在2017年达到0.02569,2018年有所回落,但总体上处于较高水平,与投机性金融资产占比的波动趋势相比,国有上市公司保值性金融资产占比在2009—2018年的波动较平缓,基本维持在0.015左右,国有上市公司投机性金融资产占比在2014年前低于保值性金融资产占比,在2014年后超过了保值性金融资产占比。由上述分析可知,国有上市公司增加金融资产配置的投机性动机强于保值性动机,可能是由于国有上市公司面临的融资约束和竞争压力

较小，企业利用金融资产的强变现能力和低调整成本缓解企业在市场环境不确定性下的融资约束的动机不足。

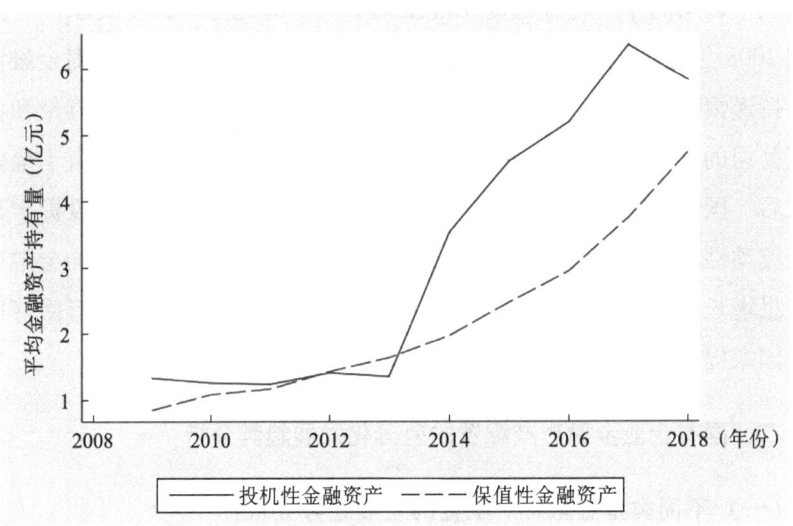

图3-3 平均金融资产持有量趋势

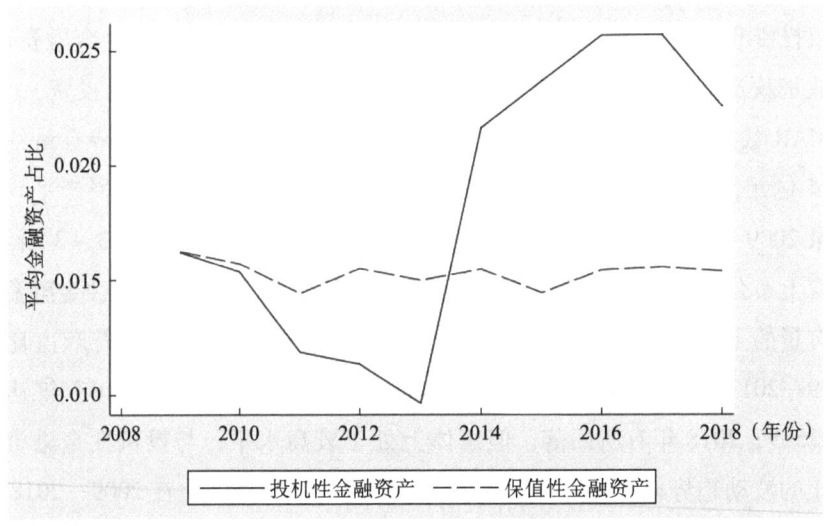

图3-4 平均金融资产占比趋势

（二）不同规模企业的金融资产配置发展趋势分析

本部分按照企业总资产的年度行业均值将国有上市公司分为大规模国

有上市公司和小规模国有上市公司，图3-5显示了不同规模国有上市公司的平均金融资产占比的发展趋势。大规模国有上市公司平均金融资产占比在2009—2013年呈下降趋势，从2009年的0.018下降到2013年的0.013，2014年和2015年呈上升趋势且上升幅度较大，2016—2018年又有所下降，但这三年的平均金融资产占比均维持在0.024以上。小规模国有上市公司平均金融资产占比在2009—2013年基本也呈下降趋势，从2009年的0.035下降到2013年的0.027，2014—2017年呈上升趋势且2014年的上升幅度较大，2018年有所下降，但平均金融资产占比仍维持在0.04以上。从大规模国有上市公司平均金融资产占比与小规模国有上市公司平均金融资产占比的对比情况来看，2009—2018年小规模国有上市公司的平均金融资产占比均显著高于大规模国有上市公司的平均金融资产占比。可能由于小规模国有上市公司相对于大规模国有上市公司获取融资的便利性较差，且融资成本高，其更倾向于配置金融资产以增强企业资产的流动性，另外，小规模国有上市公司的管理层相对于大规模国有上市公司的管理层的风险容忍度相对较高。

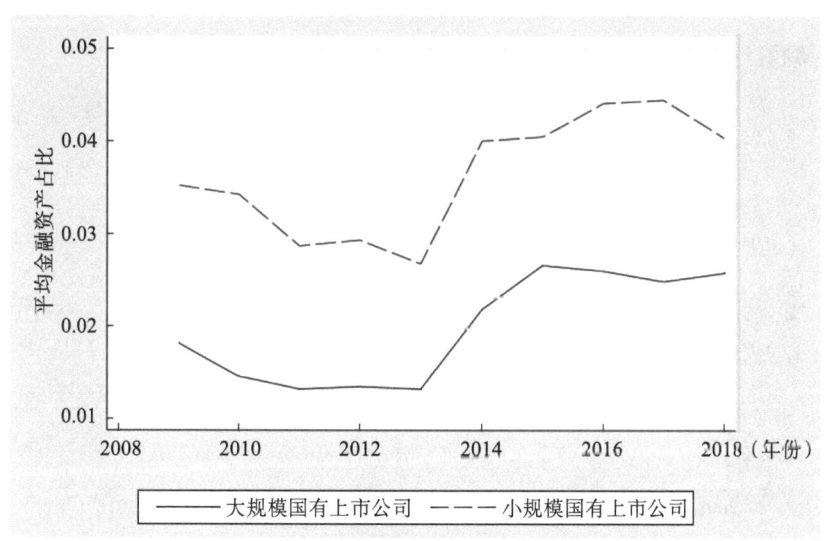

图3-5 不同规模企业的平均金融资产占比发展趋势

(三) 不同行业企业的金融资产配置发展趋势分析

本部分借鉴鲁桐和党印 (2014) 的做法,按照生产要素中固定资产和研发支出的重要程度,将国有上市公司分为劳动密集型国有上市公司、资本密集型国有上市公司和技术密集型国有上市公司三类。图 3 - 6 显示不同行业的国有上市公司平均金融资产占比的发展趋势,劳动密集型国有上市公司平均金融资产占比在 2009—2013 年呈下降趋势,从 2009 年的 0.036 下降到 2013 年的 0.027,2014—2016 年呈上升趋势,且上升幅度较大,2017—2018 年又有所下降,但仍高于 0.04;资本密集型国有上市公司平均金融资产占比在 2009—2013 年基本也呈下降趋势,从 2009 年的 0.038 下降到 2013 年的 0.029,2014 年有较大幅度的上升,2016 年达到最高 0.043,之后又有所下降,2014—2018 年维持在 0.037 以上;技术密集型国有上市公司的平均金融资产占比在 2009—2013 年呈上下波动变化的状态,维持在 0.017—0.024 之间,2014—2017 年呈上升趋势,维持在 0.029—0.034 之间,2018 年有所下降且低于 0.03。总体上看,技术密集型国有上市公司平均金融资产占比低于劳动密集型国有上市公司和资本密集型国有上市公司的平均金融资产占比。可能由于技术密集型国有上市公司在国家政策的支持下,有较多的发展机会,融资约束也较小,企业配置金融资产的动机不足。

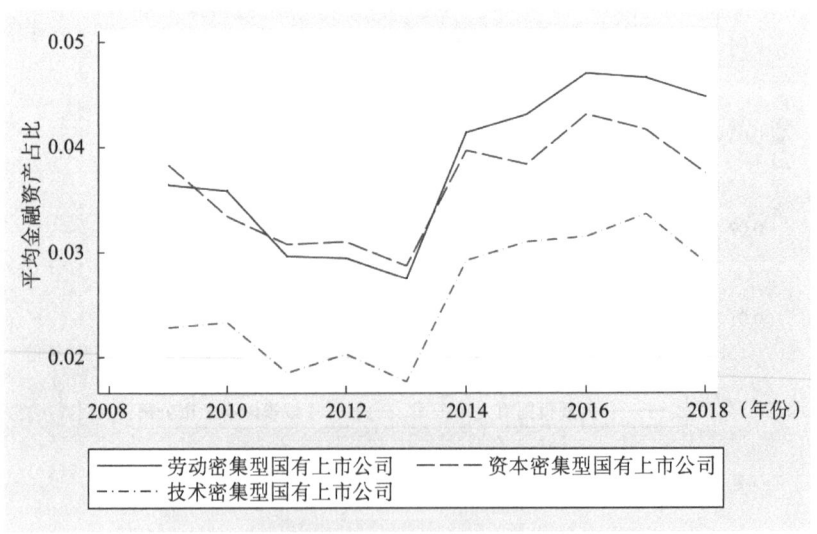

图 3 - 6　不同行业企业的平均金融资产占比发展趋势

(四) 不同地区企业的金融资产配置发展趋势分析

借鉴崔广慧和姜英兵 (2019) 的做法,本部分根据《中国统计年鉴》将国有上市公司按照其注册地所在区域,分为东部地区国有上市公司、中部地区国有上市公司和西部地区国有上市公司。图 3-7 显示不同地区的国有上市公司平均金融资产占比的发展趋势,东部地区国有上市公司平均金融资产占比在 2009—2013 年基本呈下降趋势,从 2009 年的 0.044 下降到 2013 年的 0.034,2014—2016 年又有较大幅度的提升,从 2014 年的 0.048 上升到 2016 年的 0.053,2017 年和 2018 年有一定幅度的下降,但都维持在 0.047 以上。中部地区和西部地区国有上市公司平均金融资产占比在 2009—2013 年都有小幅的上下波动,中部地区基本维持在 0.014—0.020,西部地区波动区间在 0.010—0.016,2014—2018 年中部地区国有上市公司平均金融资产占比的波动趋势与东部地区基本都呈先上升后下降的趋势,但西部地区国有上市公司平均金融资产占比一直是呈上升趋势。从总体上看,东部地区国有上市公司平均金融资产占比远高于中部地区和西部地区国有上市公司平均金融资产占比,中部地区和西部地区国有上市公司平均金融资产占比之间的差距不大。可能由于东部地区经济比较活跃,金融市场比较发达,使其平均金融资产占比远高于中西部地区的国有上市公司。

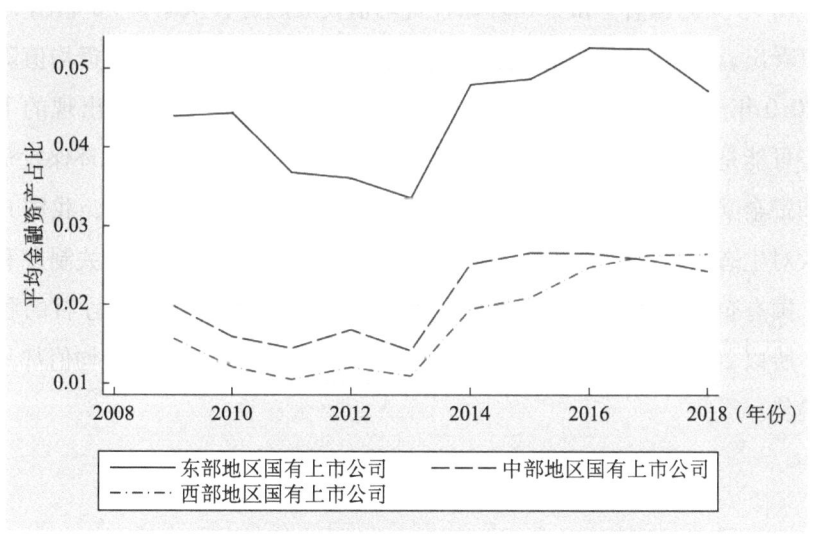

图 3-7 不同地区企业的平均金融资产占比发展趋势

第三节 国有企业环保投资的现状分析

一、国有企业环保投资的总体发展概况

生态环境保护对经济的可持续发展和人类社会的可持续发展都发挥着至关重要的作用。作为市场经济的主要参与者、资源的耗费者和污染的产生者，企业应承担解决其在运营过程中产生的生态环境问题的责任以及优化企业所在地域生态环境的责任，发挥治理和优化生态环境的主力作用。国有企业是推动国民经济发展的重要力量，在生态环境治理和优化中发挥着引领作用。据 CSMAR 数据，本部分筛选出国有上市公司在建工程明细项目中含有环保、废水、废渣、废气、除尘、垃圾、油改气、风电、扬尘、减排、绿化、脱硫、光伏、锅炉改造、煤改气、新能源、生态修复、回收利用、尾气处理、循环利用、回填、水处理、酸雾、脱销、废弃物、循环经济和水源改造等关键词的项目，将其对应的在建工程本期增加额作为企业当期的环保投资总额。图 3-8 为国有上市公司环保投资总额发展趋势，图 3-9 为国有上市公司环保投资均值发展趋势，从图 3-8 和图 3-9 可以看出，2009—2018 年国有上市公司环保投资总额和环保投资均值除了在 2010 年出现下降趋势外，其他年份均呈上升趋势，2010 年出现的下降趋势可能是因为 2008 年金融危机使企业经济效益下降，企业的环保投资动力和资金受到一定程度的制约，自 2011 年"十二五"规划后，我国开始加大对生态环境的保护程度，出台了保护生态环境的一系列相关制度和政策，国有企业的"公共性"特征，使其具有天生的响应国家号召的积极性，所以 2011—2018 年国有上市公司环保投资总额和环保投资均值都呈上升趋势。

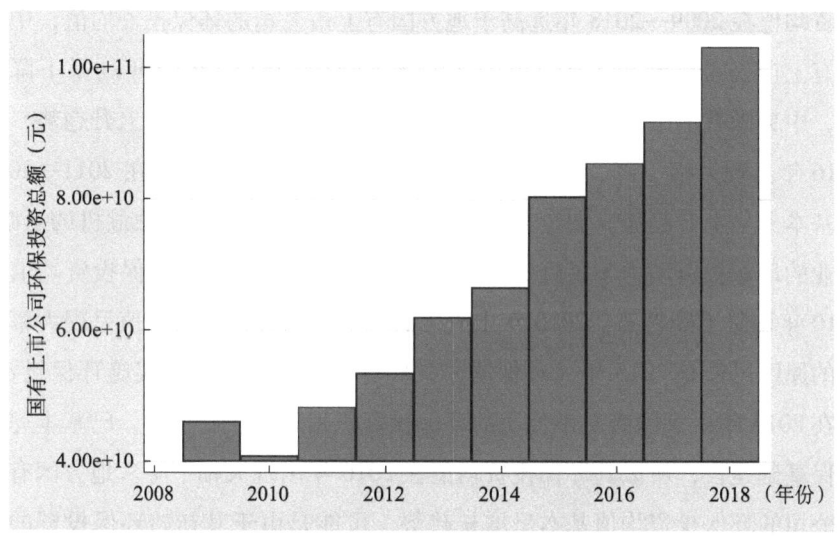

图 3-8 环保投资总额发展趋势

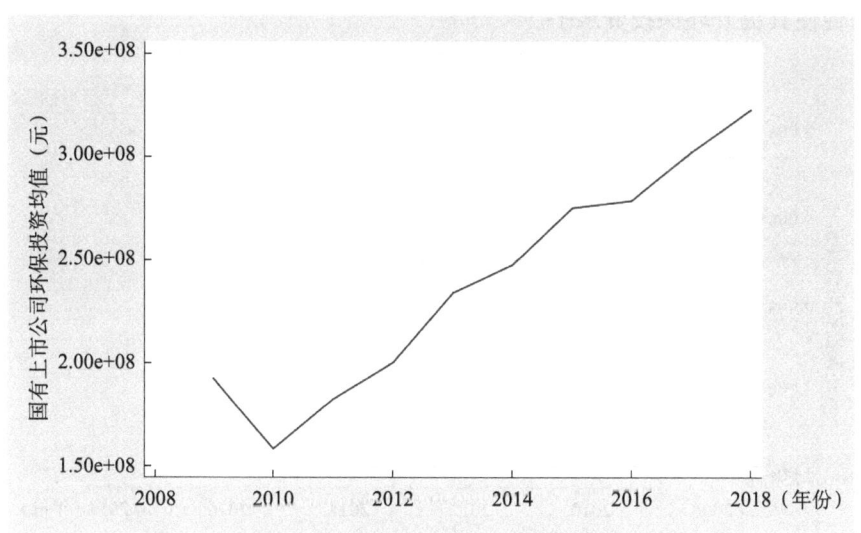

图 3-9 环保投资均值发展趋势

二、国有企业环保投资的差异化发展趋势分析

(一) 不同监督管理主体企业的环保投资发展趋势分析

图 3-10 显示的是中央国有上市公司环保投资均值和地方国有上市公司环保投资均值的发展趋势,从图中可以看出,中央国有上市公司的环保

投资均值在 2009—2018 年远高于地方国有上市公司的环保投资均值,中央国有上市公司和地方国有上市公司的环保投资均值在 2010 年均呈下降趋势,中央国有上市公司的环保投资均值在 2011—2015 年均呈上升趋势,在 2016 年出现大幅下降,地方国有上市公司的环保投资均值在 2011—2018 年基本上呈上升趋势。如上文所述,可能由于受 2008 年金融危机的影响,企业的环保投资动力不足且资金受限使得两类上市公司的环保投资均值在 2010 年均呈下降趋势。2016 年中央国有上市公司环保投资均值呈现大幅下降的原因可能是 2015 年《环保法》的实施促使企业进一步实施环保投资,且在 2015 年中央国有上市公司的环保投资积累到了较高程度,已基本完成环保基础建设,所以其环保投资均值在 2016 年出现大幅下降。地方国有上市公司的环保投资均值基本呈增长趋势,可能是由于其初始环保投资的积累程度不高,在国家环保制度和政策的实施下,企业的内在动力和外在压力促使其提升环保投资水平。

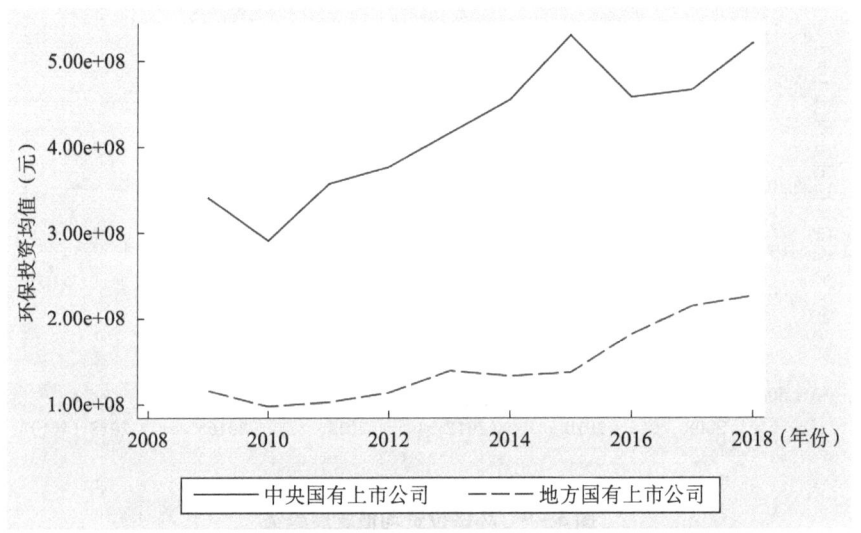

图 3-10 不同监督管理主体企业的环保投资均值发展趋势

(二) 不同地区企业的环保投资发展趋势分析

借鉴上文的做法,本部分将国有上市公司按照其注册地所在区域分为东部地区国有上市公司、中部地区国有上市公司和西部地区国有上市公司。为了增强数据的可比性，本部分将中部地区和西部地区实施环保投资的国有上市公司数量进行合并，使其实施环保投资的国有上市公司数量与东部地区实施环保投资的国有上市公司数量几乎相当。图 3-11 显示不同地区国有上市公司环保投资均值的发展趋势，从总体上来看，东部地区国有上市公司的环保投资均值在 2009—2018 年均高于中西部地区国有上市公司的环保投资均值。东部地区国有上市公司环保投资均值除了在 2010 年有所下降外，在 2011—2018 年呈上升趋势，中西部地区国有上市公司环保投资均值在 2010—2012 年出现上下波动后，在 2013—2018 年基本也呈上升趋势，其中 2015 年上升的幅度相对较大。可能由于东部地区的市场化水平和信息透明度较高，人们的环保意识也较强，企业实施环保投资可以在竞争市场中传递好的信息，提升企业的竞争优势，而企业不实施环保投资可能会产生较大的负面影响，从而使企业实施环保投资的压力和积极性并存，企业实施环保投资的均值相对较高。中西部地区的市场化水平、信息透明度以及人们的环保意识与东部地区相比较弱，企业实施环保投资的压力和积极性有限，企业环保投资均值相对较低。中西部地区国有上市公司环保投资均值在 2010—2012 年的波动和 2015 年的较大幅度的上升可能是由于 2011 年"十二五"规划的发布和 2015 年新《环保法》的实施，推动了中西部地区环保投资积累相对较低的企业加大环保投资。

（三）不同行业企业的环保投资发展趋势分析

随着公众环保意识的增强，环境保护的范畴逐渐扩大，实施环保投资不再局限于重污染行业的企业，非重污染行业的企业也具有实施环保投资的意愿。本部分在筛选在建工程明细项目时，采用相对较广泛意义上的环保投资关键词统计企业环保投资总额，除了传统意义上的环保投资关键词外，还包括"循环经济""水源改造""修复""循环利用"等，这种统计方法计算出的环保投资额也是较广泛意义上的环保投资。本部分根据 2008 年发布的《上市公司环保核查行业分类管理名录》中关于重污染行业企业范围的划分，将国有上市公司分为重污染行业国有上市公司和非重污染行业国有上市公司，分别统计计算两类公司 2009—2018 年的环保投资均值。图 3-12 显示不同行业的国有上市公司环保投资均值的发展趋势，重污染

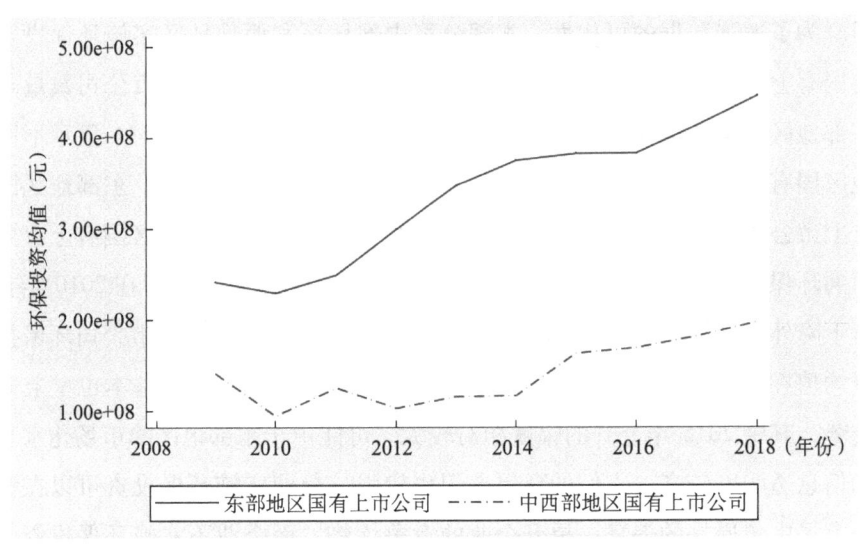

图 3-11 不同地区企业的环保投资均值发展趋势

行业国有上市公司环保投资均值在 2010 年出现较大幅度的下降,该情况与上文分析的不同地区国有上市公司环保投资均值的发展趋势一致,可能是受到 2008 年金融危机的影响所致,之后重污染行业国有上市公司环保投资均值在 2011—2017 年一直呈上升趋势,2018 年稍有回落,而非重污染行业国有上市公司环保投资均值在 2010—2018 年呈现出波动上升的趋势。重污染行业国有上市公司可能在相关环保法规和制度的要求下以及外部舆论的监督下,存在实施环保投资的压力,使其环保投资均值在 2011—2018 年基本呈现持续上升的趋势,而非重污染行业国有上市公司环保投资均值在 2011 年和 2015 年出现波动情况与上文中西部地区国有上市公司的环保投资均值波动情况相似,可能是由于 2011 年"十二五"规划的发布和 2015 年《环保法》的实施对非重污染行业国有上市公司 2011 年和 2015 年的环保投资产生显著的促进作用。

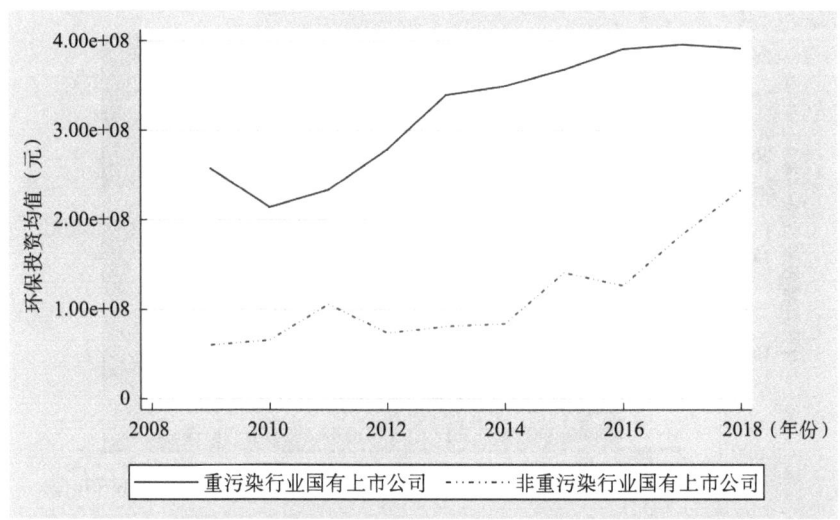

图 3-12 不同行业企业的环保投资均值发展趋势

第四节 国有企业对外直接投资的现状分析

一、国有企业对外直接投资的总体发展概况

根据历年《中国对外直接投资统计公报》，2009—2018年国有企业对外直接投资存量占对外直接投资总存量的比例一直处于下降趋势，从2009年的69.2%下降到2018年的48%，但与其他投资主体的历年对外直接投资存量占比相比，国有企业对外直接投资存量在我国对外直接投资总存量中仍占较大比重，国有企业在我国对外直接投资中发挥着主力军作用。据CSMAR数据，本部分计算了国有上市公司对外直接投资数量和对外直接投资增速①，图3-13显示国有上市公司对外直接投资数量的发展趋势，图3-14显示国有上市公司对外直接投资增速的变化趋势。国有上市公司

---

① 对外直接投资数量用国有上市公司在海外控制、共同控制和重大影响的公司数量之和衡量；对外直接投资增速用国有上市公司当年对外直接投资数量减去上年对外直接投资数量后，除以上年对外直接投资数量衡量。

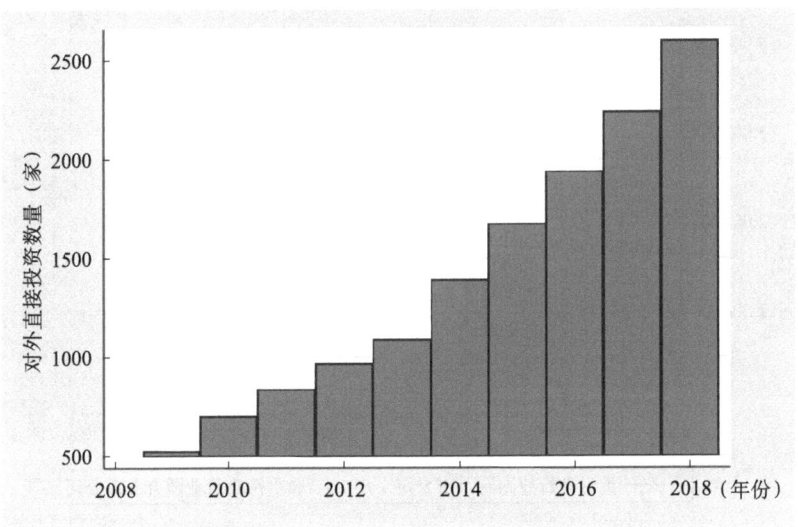

图3-13　对外直接投资数量发展趋势

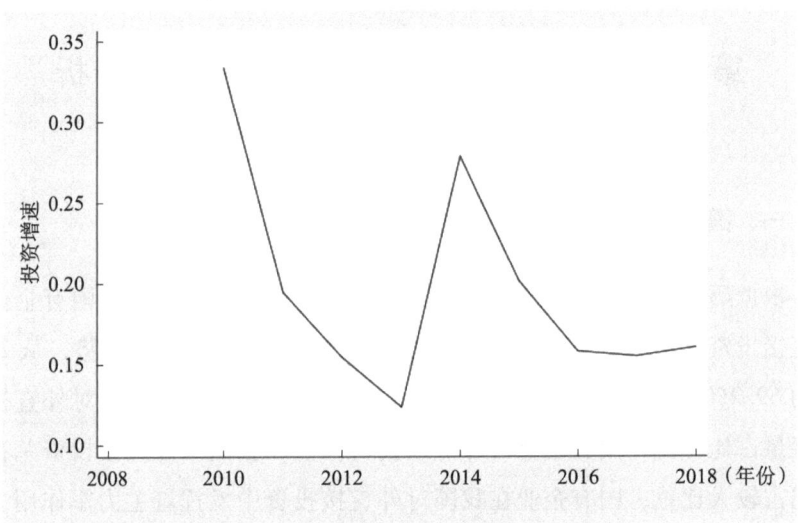

图3-14　对外直接投资增速变化趋势

对外直接投资数量在2009—2018年一直处于上升趋势，从2009年的527家增加到2018年的2601家，增加了约5倍。国有上市公司对外直接投资增速在2009—2013年一直处于下降趋势，2014年较2013年有较大幅度的上升，2015年和2016年又有较大幅度的下降，可能是在2013年"一带一路"倡议提出后,国有企业作为中国特色社会主义的"顶梁柱",在对外直接投资方面发挥重要的引领作用,使其2014年对外直接投资数量产生较大的增长幅度,在2015年中共中央、国务院发布的《关于深化国有企业改革的指导意见》下,国有企业监管制度不断完善,国有资产保值增值责任落实更加到位,使得国有企业对外直接投资的增速放缓。

二、国有企业对外直接投资的差异化发展趋势分析

(一) 不同地区企业对外直接投资的发展趋势分析

借鉴上文的做法,本部分将国有上市公司按照其注册地所在区域分为东部地区国有上市公司、中部地区国有上市公司和西部地区国有上市公司。由于中部地区国有上市公司和西部地区国有上市公司在2009—2018年对外直接投资数量较少,本部分将中部地区和西部地区国有上市公司对外直接投资数量进行合并,将其与东部地区国有上市公司对外直接投资数量进行对比分析。图3-15显示不同地区国有上市公司对外直接投资数量发展趋势,东部地区国有上市公司对外直接投资数量在2009—2018年远高于中西部地区国有上市公司对外直接投资数量。由于东部地区基础设施建设较完善,配套政策较齐全,其对外开放程度长期以来都高于中西部地区,广东和上海等东部地区在国家试点政策下积极把握机会实施对外开放,对东部其他地区和中西部地区的对外直接投资发挥了带动作用,另外,东部地区较高的经济发展水平使该地区的企业吸收利用资金的能力较强,在较高的市场化程度下,企业通过扩大对外直接投资规模可以获得成本优势。

(二) 不同上市年龄企业对外直接投资发展趋势分析

本部分将企业上市年龄自然对数的年度均值作为划分国有上市公司上市年龄长短的标准,将企业分为上市年龄大的国有上市公司和上市年龄小的国有上市公司,然后分年度加总两类国有上市公司对外直接投资数量,绘制不同企业对外直接投资数量发展趋势,如图3-16所示。从图中可以看出,2009—2018年上市年龄大的国有上市公司的对外直接投资数量高于上市年龄小的国有上市公司的对外直接投资数量,2015年两类公司的对外直接投资数量较接近。由于对外直接投资面临的不确定性较大,上市时间

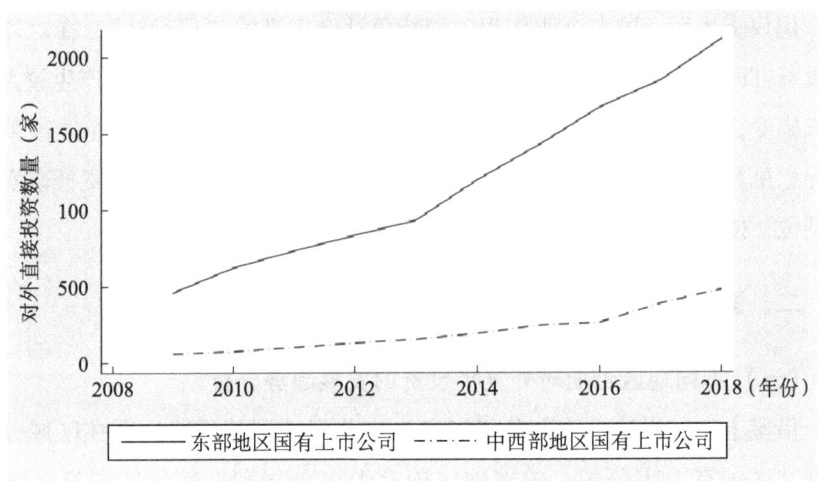

图 3-15 不同地区企业对外直接投资数量发展趋势

短的企业积累的运营经验以及维护和更新资源的能力有限,其在对外直接投资决策方面较谨慎,而上市时间较长的企业积累了丰富的运营经验,其资源获取能力和环境适应能力较强,风险承担水平较高,有较强的信心应对对外直接投资的高不确定性,在对外直接投资决策方面可能更关注投资机会的获得。

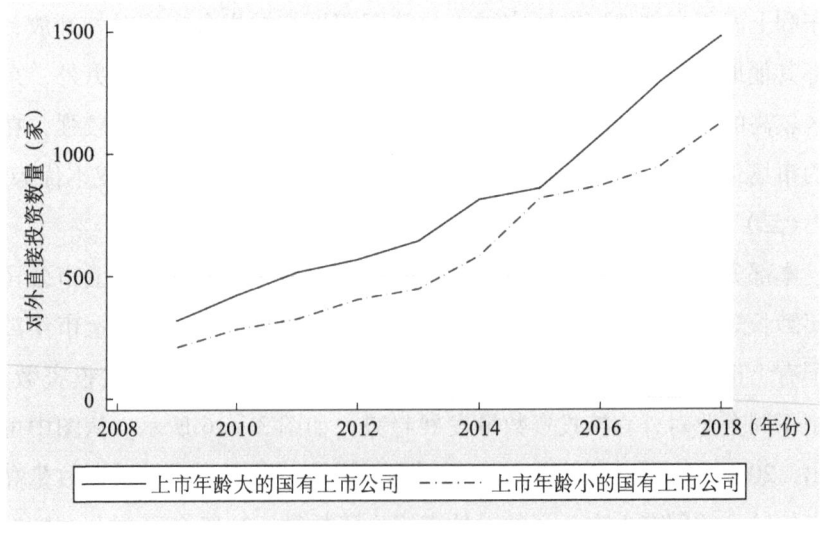

图 3-16 不同上市年龄企业对外直接投资数量发展趋势

（三）不同行业企业对外直接投资发展趋势分析

借鉴上文的做法，本部分按照生产要素中固定资产和研发支出的重要程度，将国有上市公司分为劳动密集型国有上市公司、资本密集型国有上市公司和技术密集型国有上市公司三类。图 3－17 显示不同行业企业对外直接投资数量的发展趋势，从图中可以看出，技术密集型国有上市公司对外直接投资数量及其上升的幅度高于劳动密集型国有上市公司和资本密集型国有上市公司，劳动密集型国有上市公司对外直接投资数量及其上升幅度高于资本密集型国有上市公司。由于对外直接投资是企业克服技术壁垒并获取国外先进技术的重要途径，企业通过信息技术扩散效应、人才流动效应和模仿效应等方式可以吸收国外先进技术、科研成果、管理理念和高素质人才等，从而提升自身的创新能力，所以技术密集型国有上市公司有较高的积极性实施对外直接投资，2015 年党的十八届五中全会中"创新理念"的提出，进一步助推了技术密集型国有上市公司对外直接投资战略的实施。另外，通过实施对外直接投资可以在全球范围内寻找低成本生产要素，实现全球资源的优化配置，同时也可以开拓海外市场，提升产品的市场需求。由于可以在海外寻求较低成本的劳动力并开拓市场，劳动密集型国有上市公司往往会考虑实施对外直接投资战略。

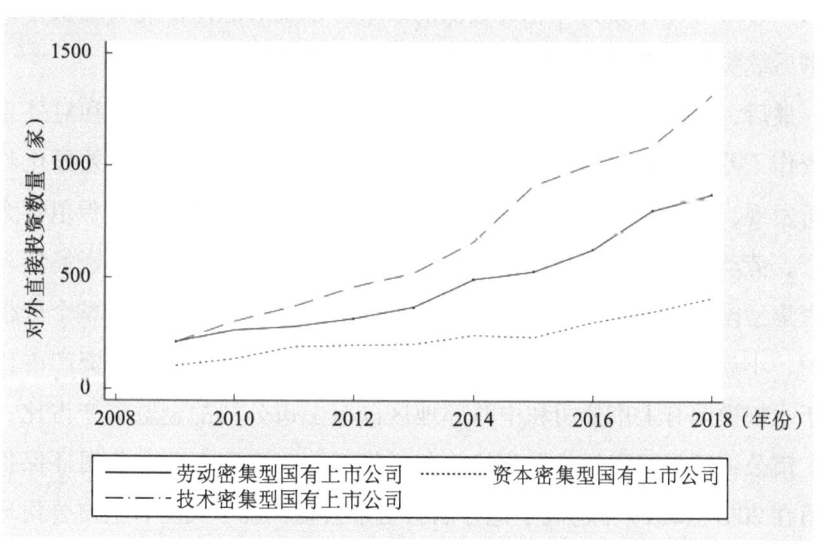

图 3－17　不同行业企业对外直接投资数量发展趋势

第五节 本章小结

首先，本章阐述和分析了我国国有企业投资体制变迁、国资监管体制变迁以及审计监督及其对国有企业治理的发展历程，厘清了不同阶段我国国有企业具有投资决策权和收益支配权的关键领域，国资监管的主要监管模式以及国有企业审计监督的目标、重点及其对国有企业的治理功能，突出了我国国有企业经营自主权逐步扩大、国资监管权力逐步下放、国有企业审计监督目标和重点逐渐多元化及其对国有企业治理功能日益强化的特点，为后续实证研究的开展作了重要的制度基础铺垫。

其次，本章对国有上市公司金融资产配置、环保投资和对外直接投资的总体概况进行了统计分析，根据统计结果了解到国有上市公司年均金融资产持有量和年均金融资产占比均高于民营上市公司和上市公司（国有和民营）；国有上市公司年环保投资均值除了在2010年出现下降外，2011—2018年均呈上升趋势，但2016年的上升速度要小于其他年度的上升速度；国有上市公司对外直接投资增速在2014年大幅上升后，2015年大幅下降，2016—2018年基本维持在相对较低的水平。本章对总体情况的现状分析为本书后续实证研究的必要性提供了初步的研究铺垫。

最后，本章分别对国有上市公司金融资产配置、环保投资和对外直接投资作了差异化发展趋势分析。国有上市公司金融资产配置的差异化趋势分析发现，在2014年后国有上市公司的投机性金融资产远高于保值性金融资产，劳动密集型国有上市公司的平均金融资产占比高于资本密集型和技术密集型国有上市公司的平均金融资产占比，在2009—2018年整个分析区间内，小规模国有上市公司和东部地区的国有上市公司的金融资产占比远高于大规模国有上市公司和中西部地区国有上市公司的金融资产占比；国有上市公司环保投资的差异化趋势分析发现，中央国有上市公司环保投资均值在2009—2018年均高于地方国有上市公司，但中央国有上市公司环保投资均值在2010年和2015年分别存在较大幅度的向下和向上波动的情况，东部地区国有上市公司环保投资均值远高于中西部地区国有上市公司环保投资均值,重污染行业的环保投资均值在 2016—2018 年的上升幅度很小,非重污染行业的环保投资均值在 2016—2018 年有较大幅度的上升;国有上市公司对外直接投资的差异化趋势分析发现,东部地区的国有上市公司、上市年龄大的国有上市公司和技术密集型国有上市公司的对外直接投资高于中西部地区国有上市公司、上市年龄小的国有上市公司和资本劳动密集型的国有上市公司。本章对国有上市公司金融资产配置、环保投资和对外直接投资的差异化趋势分析为本书后续的实证研究提供了方向性引导。

第四章

国家审计影响国有企业治理的机制和路径

第一节 国家审计影响国有企业治理的机制

国有企业是国有资产的重要组成部分,是国家实施宏观调控和推动产业发展的重要力量,国有企业的可持续发展关系到国民经济的稳定发展和人民根本利益的实现。国家审计是国有企业的重要外部监督机制,在国家审计服务于国家治理的内在要求下,国有企业审计监督应从"国家治理"的角度服务于国有企业治理,规范和促进国有企业发展。国家审计具有高权威性、强独立性和精专业性的特征,这些特征使得国家审计机关在对国有企业实施审计时能够更好地发挥揭示功能、抵御功能和预防功能,促使被审计国有企业在机制、制度和管理等方面不断完善,国有企业治理的完善有助于激发企业的创新活力,增强企业的国际竞争力,促进企业更多地履行社会责任,使其在新时期推进国家治理体系和治理能力现代化建设中发挥重要的作用。

一、国家审计的特征与国有企业治理

国家审计的特征不仅内生于国家审计的本质,也外生于国家审计的环境,在体现国家审计所具有的自然属性的同时,也反映国家审计所具有的显著社会属性(尹平和戚振东,2010),国家审计的高权威性、强独立性和精专业性特征既相互联系,也相互支撑,是国家审计在主责主业中充分

发挥作用的关键要素。

(一) 国家审计的高权威性及其治理效用

权威性是国家审计机关有效实施审计监督权的必要条件（吴秋生和上官泽明，2016）。国家审计的高权威性体现在法律保障、证据获取和审计处理等方面。在法律保障方面，我国法律体系中处于较高地位的《宪法》和《审计法》赋予了国家审计机关监督国有企业运用国有资本从事生产经营的权力和职责。《宪法》赋予国家审计机关对国有企业进行依法审计的权力，并将国家审计监督制度确立为国家财经管理的基本制度，在《宪法》确立国家审计监督制度的基础上，《审计法》对国家审计机关的职责、权限、审计程序以及相关的法律责任作出了具体、细化的规定，是对国家审计监督制度作出的较全面的法律论述。《宪法》和《审计法》从法律层面对国家审计的权威性提供了有力的保障。在审计证据获取方面，国家审计机关具有强制检查权，国家审计机关在获取有关审计事项的审计证据时，被审计国有企业不得拒绝、拖延和谎报，对于被审计国有企业在提供资料的过程中存在情节严重的情况可以依法追究责任，在对审计事项的有关问题进行调查时，相关单位（如公安、监察和税务等机关以及被审计国有企业的供应商、客户等）和个人应当支持、协助审计工作。在审计处理上，国家审计机关具有审计处理权，有权对查处的被审计国有企业的问题实施行政处理或移送处理，对于被审计国有企业拒不执行审计处理建议的情况，国家审计机关有权采取措施强制执行对被审计国有企业的审计结果。法定的高权威性是国家审计促进国有企业治理的前提。

(二) 国家审计的强独立性及其治理效用

独立性是国家审计的根本特征（李季泽，2002）。国家审计的强独立性体现在组织、人员、工作安排和经费来源等方面。在组织上，审计署是国家审计的最高执行机构，由国务院总理直接领导，审计署与被审计国有企业不存在隶属关系，审计监督权的行使也不受其他社会团体、行政机关和个人的影响，国家审计机关负责人的任免依照法定程序进行，除非存在违法、失职或其他与任职条件不符的情况，否则不得随意撤换国家审计机关的负责人；在人员上，《审计法》要求国家审计机关的人员如与被审计国有企业的负责人或主管人员存在近亲属关系,或与被审计国有企业存在经济利益关系,或与被审计国有企业、被审计国有企业的负责人或主管人员之间存在可能影响审计工作公正性的利害关系时,应予以回避,以使审计项目组成员能够客观公正地开展审计工作;在工作安排上,国家审计机关的年度审计工作重点的确定、年度审计项目计划的制定以及具体审计方案的编制不受被审计国有企业的影响,国家审计机关按照年度审计项目计划组成审计项目组,对被审计国有企业独立开展审计工作,独立实施审计程序并得出审计结论;在经费来源上,国家审计机关的经费来源于国家财政资金的支持,与被审计国有企业之间不存在审计费用依附的情况,从而使国家审计机关在开展审计工作时不受被审计国有企业的限制,独立客观地对被审计国有企业实施审计监督。法定的强独立性是国家审计促进国有企业治理的基础。

(三) 国家审计的精专业性及其治理效用

国家审计的精专业性主要体现在对审计专业素质要求的复合型及审计思维方式的综合性等方面。审计署对外公布的央企集团审计结果公告虽然以"财务收支审计结果公告"命名,但审计内容已从传统的企业财务收支方面的问题扩展到企业重大决策和管理、政策落实、发展潜力以及廉洁从业等方面的问题,审计内容的拓展对审计人员的专业性也提出了更高的要求。与社会审计和内部审计相比,国家审计特有的政策跟踪审计、经济责任审计、绩效审计和资源环境审计等业务类型使国家审计人员在审计国有企业财务收支、重大决策和管理、政策落实、发展潜力以及廉洁从业等方面时具有特殊的专业知识、经验积累和职业判断能力,能够从宏观和微观视角深入了解被审计国有企业及其环境,较全面地识别和评估被审计国有企业在财务收支、重大决策和管理、政策落实、发展潜力以及廉洁从业等方面的重大风险领域,制定恰当的审计计划并实施更有针对性的进一步审计程序,以发现被审计国有企业在上述方面存在的重大问题。针对审计中发现的重大问题,国家审计机关能够根据特有的专业知识、经验积累以及对被审计国有企业的了解,提出有建设性的整改建议。审计队伍的精专业性是国家审计促进国有企业治理的保证。

二、国家审计在国有企业治理中的功能

国家审计是国有企业的一种有力的外部监督机制,在国有企业治理中发挥着揭示功能、抵御功能和预防功能。国家审计的揭示功能是国家审计发挥抵御功能和预防功能的前提和基础,国家审计的抵御功能和预防功能是国家审计揭示功能的延伸和拓展,没有国家审计机关发现和揭露被审计国有企业存在的问题,国家审计的抵御功能和预防功能也难以发挥作用,没有国家审计的抵御功能和预防功能,国家审计在国有企业治理中的作用将大打折扣。

(一) 揭示功能

国家审计在国有企业治理中的揭示功能是指国家审计机关通过实施有效的审计程序,客观地收集被审计国有企业的相关证据,发现并揭露被审计国有企业在财务收支、重大决策和管理、政策落实、发展潜力以及廉洁从业等方面的问题,在声誉机制和信息传递机制的作用下,促使被审计国有企业改进制度缺陷和管理漏洞,及时评估和应对企业风险,落实国家政策,提升企业发展质量。发现并揭露被审计国有企业存在的问题是国家审计机关依法审计的法定职责,体现了政府工作的高透明度及政府解决问题的决心(吴秋生和郭檬楠,2018)。国家审计机关通过对外发布被审计国有企业审计结果公告的方式,将审计过程中发现的被审计国有企业存在的违法违规行为、管理问题以及运营问题呈现在"阳光下",在舆论压力和企业声誉的考虑下,被审计国有企业有意愿整改国家审计机关发现的问题,以降低国家审计机关披露的问题对企业声誉产生的不利影响。审计结果公告的发布也增强了投资方与被审计国有企业之间、被审计国有企业的控股股东与非控股股东之间以及委托方与被审计国有企业管理者之间的信息透明度,审计结果公告中披露的问题在信号传递的作用下会影响到资本市场和消费市场,引起被审计国有企业的股价、投资关系和市场份额的不利变化,为了稳定企业的市值、投资关系以及市场份额,被审计国有企业会积极整改国家审计机关披露的相关问题,向市场传达企业的正面信息。

(二) 抵御功能

国家审计在国有企业治理中的抵御功能是指国家审计机关通过对被审计国有企业的深入了解和分析,针对发现的被审计国有企业在财务收支、重大决策和管理、政策落实、发展潜力以及廉洁从业等方面的问题提出合理且有针对性的整改建议,并追踪被审计国有企业落实整改,促使被审计国有企业进一步健全企业制度,规范内部管理,完善风险预警机制,减少政策落实过程中的障碍,提升企业发展质量。在对被审计国有企业提出整改建议方面,国家审计机关特有的专业性使其能够深入分析在审计过程中发现的被审计国有企业存在问题的深层次原因,在制度设计、内部管理和机制完善等方面提出适合被审计国有企业具体情况的整改建议,为被审计国有企业及时纠偏提供重要且有用的信息和决策依据,帮助被审计国有企业更有效地推进问题整改工作,切实提升被审计国有企业的治理水平。在追踪被审计国有企业问题整改方面,国家审计机关在当期的审计工作结束后,通过进一步跟踪被审计国有企业,持续关注国家审计机关提出的审计建议的采纳落实情况,或通过二次审计、三次审计等"回头看"的方式,追查被审计国有企业在前一次、前两次审计后对国家审计机关提出问题的整改情况,以促使被审计国有企业积极回应国家审计机关的审计结果。

(三) 预防功能

国家审计在国有企业治理中的预防功能是指国家审计机关凭借其高权威性、强独立性和精专业性的特征,对被审计国有企业和未被审计国有企业的潜在违规行为发挥震慑作用,预防和预警被审计国有企业和未被审计国有企业风险隐患发生的功能。对于被审计国有企业来说,随着国家审计机关对被审计国有企业相关责任人问责力度的加大,被审计国有企业相关责任人的政治成本和契约成本增加,慑于严重的问责后果,其责任意识和危机意识增强,在其违规行为可能被国家审计机关问责的压力下,会提高自身的能力,规范自身的经济行为,积极参与企业治理,避免重复问题的发生,并弱化了后期实施机会主义行为的动机。对于未被审计的国有企业来说,国家审计机关对被审计国有企业较大的问责力度增加了未被审计国有企业的风险感知,提高了其对类似问题的预期成本,理性且具有自利动机的企业高管在实施机会主义行为时，会考虑机会主义行为所产生的成本和效益，减少类似行为的发生。另外，未被审计的国有企业也可以从被审计国有企业的问题中汲取经验，反思和修正企业运营中的制度缺陷和管理漏洞，提升企业的治理水平，增强企业的风险预防和预警能力，从制度设计和管理规范上减少与被审计国有企业类似问题发生的机会。

三、国家审计在国有企业治理中的定位

刘家义审计长在 2014 年全国审计会议上提出，国家审计是实现国家治理现代化的基石和重要保障，扩展了国家审计的内涵，将对国家审计的认识从经济监督范畴扩展到政治和社会领域，从微观受托经济责任关系扩展到宏观经济社会运行和公共权力运行范畴。服务国家治理是国家审计的内在要求（陈英姿，2012），国家审计工作的开展要在国家治理的框架内进行，服从和服务于国家治理的大局。国有企业是国有资产的重要组成部分，是国家实施宏观调控和推动产业发展的重要力量，国有企业的可持续发展关系到国民经济的稳定发展和人民根本利益的实现，国有企业治理有助于加快企业市场化改革步伐、激发企业创新活力、增强企业国际竞争力和促进企业更多地履行社会责任，是新时期推进国家治理体系和治理能力现代化建设的重要环节。国有企业审计监督是国家审计的重要组成部分，是国有企业的一项重要的外部治理机制，在国家审计服务于国家治理的内在要求下，国有企业审计监督要从"国家治理"的角度服务于国有企业治理，规范和促进国有企业发展。

在"国家治理"的理念下，国家审计机关对国有企业实施的审计不仅包括财务收支方面的内容，还包括企业重大决策和管理、政策落实、发展潜力以及廉洁从业等方面的内容。国家审计机关通过对被审计国有企业的财务收支情况及有关经济活动的真实性、合规性和合法性实施监督，有助于规范和约束被审计国有企业的经营活动，提升被审计国有企业财务信息的可靠性，使被审计国有企业的财务信息能够真实地反映被审计国有企业的财务状况和经营成果；国家审计机关通过对被审计国有企业重大决策和管理情况实施审计，能够就被审计国有企业重大决策程序的规范性和内部

管理的合理性进行监督,发现被审计国有企业违规决策和盲目决策问题以及内部管理缺陷,促进被审计国有企业规范重大决策程序,提升内部管理水平;国家审计机关通过关注被审计国有企业对国家政策的贯彻落实情况,能够就国家出台的相关政策在被审计国有企业的实施情况开展监督,及时发现政策执行中的体制、机制、制度及管理方面的问题,形成政策执行和再决策的反馈机制,减少被审计国有企业贯彻落实国家政策的外部和内部障碍;国家审计机关通过对被审计国有企业发展潜力方面的关注,可以发现被审计国有企业在核心竞争力培养和经济增长点的稳定有效性等方面存在的潜在问题,督促企业及时调整,提升企业的发展潜力;国家审计机关通过对被审计国有企业廉洁从业方面的关注,能够发挥腐败治理的作用,提高被审计国有企业资金、资源的使用和配置效率。

第二节 国家审计影响国有企业治理的路径

在国家审计的高权威性、强独立性和精专业性下,审计机关能够通过权力治理、信息治理和政策促进对被审计国有企业治理产生影响。在权力治理方面,国家审计除了直接制约和监督被审计国有企业运营中的权力运行外,还可以提升董事会效能和监事会效能,董事会对企业的经营管理具有广泛的决定权,董事会职能的有效发挥对企业未来的发展方向和发展动力具有重大的积极影响,监事会监督董事会和经理层的行为,监事会职能的有效发挥有助于规范董事会和经理层的行为,在一定程度上保证企业经营正常有序有规则地进行。在信息治理方面,国家审计在提高被审计国有企业信息披露质量的同时,还可以提升被审计国有企业股东的决策参与度和社会公众的监督效力,企业股东参与企业决策是其权利保护的前提和基础,股东通过积极参与企业决策能够防止不利于自身利益和公司发展的决策通过,社会公众的监督能够给企业管理层带来无形的压力,促使其规范自己的行为。在政策促进方面,国家审计可以促进被审计国有企业贯彻执行国家政策,并提高国家政策在被审计国有企业的运行效率,国家政策的贯彻执行以及国家政策的运行效率是国家审计在"国家治理"理念下,服务于国有企业治理的重要体现。

一、权力治理路径

(一) 直接制约和监督企业运营中的权力运行

对权力的制约和监督是国家审计的本质和法定职责。一方面,国家设置审计机关专门实行审计监督制度,是制约公权力的一种制度安排,无论国家审计机关是否对国有企业实施审计以及国有企业是否愿意接受审计,其都是国家审计机关监督的对象,随时都可能接受国家审计机关的审计,如果发现不恰当的权力行使过程和不良的结果,相关负责人将被追究责任。在国家审计的高权威性、强独立性和精专业性下,审计监督的制度安排客观上能够制约国有企业运营中的权力运行,弱化国有企业高管过度行权、以权谋私或不作为等动机。另一方面,国家审计机关通过实施审计程序发现和报告被审计国有企业在决策作出过程、决策实施过程以及内部管理中的不合规行为,确认和纠偏被审计国有企业运营中的权力错用和滥用等问题,对被审计国有企业的权力运行实施有效监督。如国家审计机关针对发现的被审计国有企业存在的重大决策未经集体讨论确定,重大决策的审批程序不符合相关规定,重大决策的执行没有按照项目计划合理实施等问题,在机制和制度上提出整改建议,督促被审计国有企业整改。此外,国家审计机关对被审计国有企业在决策作出过程、决策实施过程和内部管理中相关责任人存在过度使用权力和滥用权力等行为追究责任,增加了责任人的违规成本,强化了对被审计国有企业权力的监督。

(二) 提升国有企业董事会效能

董事会在企业内部治理中处于中枢地位,具有代表股东参与企业战略决策及监督企业经理层执行董事会决议等职责,国家审计机关在审计国有企业的过程中关注企业的决策管理和发展潜力等方面的事项,如企业重大事项是否经过集体决策,企业科技投入是否符合监管部门的要求,企业产能利用是否合理及企业的经济增长点情况等,针对审计中发现的上述问题,国家审计机关对被审计国有企业提出审计建议并要求企业整改。在国家审计的高权威性和强威慑力下，国有企业中的行政型董事和经济型董事都会出于自身利益的考虑（政治晋升或经济利益）重视国家审计机关审计过程中发现的企业在决策管理和发展潜力等方面的问题①，促使企业董事会在企业运营中积极发挥决策和监督职责，对于企业重大事项保证实施集体决策的科学性和合理性，对企业发展战略的制定和实施提供资源和决策支持，同时识别企业高管的不作为、慢作为和过度风险规避的情形。

（三）提升国有企业监事会效能

监事会效能的有效发挥对企业完善公司治理和持续稳健发展具有重要意义。企业董事会和高级管理层及其成员的履职情况、企业战略执行情况、企业财务决策及活动、企业风险管理及内控情况等方面通常包括在监事会会议的议事内容中，企业监事会应严格按照法律和相关要求扎实做好对企业董事会、高管层及其成员的履职监督，并同时积极实施企业风险、财务和内控监督。由于监事会不参与企业的经营管理，在信息的获取方面可能会受到一定的限制，从而影响监督职能的有效发挥。国家审计的高权威性、强独立性和精专业性使其在对国有企业实施审计的过程中，能够深入了解被审计国有企业及其环境，发现企业在财会核算、决策与管理和廉洁从业等方面的问题，这些问题的发现可以作为企业监事会实施监督工作的重要信息来源以弥补其对企业信息获取的局限性，使企业监事会发挥内部治理的作用，督促企业相关部门或人员及时从制度和执行层面解决问题。

二、信息治理路径

（一）提高国有企业信息披露质量

国有企业高管在任务指标驱动、个人经济利益驱动或个人发展的驱动下，可能会在企业信息披露的真实性、完整性和及时性等方面存在机会主义行为，而企业信息披露质量是企业信息使用者作出恰当决策的前提和条

---

① 行政型董事是指来源于企业党组成员或国资委从其他政府部门选调或直接委派的董事，经济型董事是指来源于企业管理层或外部人才市场并具有丰富管理经验和专业背景的董事。

件，国家审计机关的高权威性、强独立性和精专业性，使其能够独立的对被审计国有企业实施有效的审计程序，收集充分、适当的审计证据，发现被审计国有企业在财务信息披露和非财务信息披露方面存在的问题，并提出有针对性的整改建议。在国家审计的强制整改权、直接处罚权和移送处理权下，国家审计机关发现的被审计国有企业的财务和非财务信息披露问题及提出的整改建议能够引起被审计国有企业的重视，促使其及时整改，并遏制后期被审计国有企业在信息披露方面的机会主义行为。国家审计机关对被审计国有企业信息披露机会主义行为的有效治理，可以提升被审计国有企业的信息披露质量，使企业的信息披露能够反映企业的真实情况，降低企业投资者因信息不对称而带来的投资风险，提升股东对企业高管的经营和投资行为监督的有效性。

（二）提升国有企业股东决策参与度

企业股东是资本市场的重要参与者，股东权益保护关系到企业发展资金的筹集和证券市场的健康发展。国有企业运营中存在的两类代理问题会对股东权益产生负面影响，企业股东可以通过积极参与企业决策来维护自身的权益，然而信息不对称和参与决策的成本可能会影响企业非控股股东的积极性，使其在权益保护方面处于劣势。随着资本市场的成熟，非控股股东的权益意识逐渐提高，审计机关对国有企业的审计结果公告增加了企业的信息透明度，审计结果公告中披露的问题会因影响企业的社会声誉和市场表现而引起非控股股东的关注，股东大会是股东参与企业决策的重要机制，网络投票平台的快速发展为非控股股东参与股东大会提供了便利，降低了非控股股东行使投票权的成本，经过国家审计的企业股东有较强的意愿参加股东大会，关注企业问题的整改和潜在问题的优化处理，防止不利于自身利益和公司发展的决策通过，引导管理层更加关注企业的长远利益。

（三）提升社会公众的监督效力

一个组织的良好运转离不开自上而下和自下而上的监督合力，自下而上监督的缺乏会大大降低自上而下监督的效力。国有企业的"公共性"特征使得社会公众对国有企业实施监督具有一定的理论和现实意义，社会公众的监督与国家审计能够形成监督合力,助推国有企业健康发展。一般情况下,当社会公众处于信息劣势地位时,其监督国有企业的积极性会受到限制,国家审计结果公告的发布为社会公众提供了国有企业的相关信息,如国家审计机关发现的被审计国有企业存在的问题,被审计国有企业对以往问题的整改情况以及问责情况等,是社会公众了解国有企业的可靠信息来源,提升了社会公众参与国有企业监督的热情和积极性。一方面社会公众通过关注和跟踪被审计国有企业问题的后续处理及整改情况,发挥社会舆论监督的效力,促使被审计国有企业及时整改问题,以维护企业的社会声誉;另一方面社会公众可以向审计机关提供所知悉的被审计国有企业的新情况、新问题和新线索,通过丰富审计机关的信息来源,进一步发挥社会公众的监督效力。同时,社会公众也可以针对审计公告制度实施中存在的问题对国家审计机关提出改进建议,使其更符合民意,从而形成良性循环(刘静,2015)。

三、政策促进路径

(一) 促进国家政策的贯彻执行

国家政策的贯彻执行关系到国家经济的长期发展和社会的稳定和谐。国有企业是中国特色社会主义的重要物质基础和政治基础,具有积极贯彻执行相关国家政策的责任。《国务院关于加强审计工作的意见》中指出,"审计具有促进国家重大决策部署落实的保障作用"。国家审计机关在对国有企业财务收支情况实施审计的同时,会关注国有企业对国家宏观经济政策与决策部署的贯彻执行情况,对于未执行或执行不到位的情况在审计结果公告中一并对外披露,同时通过深入了解被审计国有企业政策落实的职责分工和相应的工作机制、政策落实的内设机构以及制定的政策落实的具体措施和配套措施,发现阻碍政策落实的深层次问题并提出整改建议,在国有企业党委(党组)的领导下,被审计国有企业会根据审计机关提出的建议积极实施整改,以进一步规范企业政策落实的职责分工,合理设计相应的工作机制和内设机构,提升政策落实的具体措施和配套措施与企业具体情况的适配度,减少或消除企业在关键环节阻碍国家政策落实的内部障碍，促进国家政策的贯彻执行，进一步发挥国有企业在经济发展和社会稳定和谐中的作用。

（二）提高国家政策的运行效率

政策的运行效率可以用政策执行过程中所花费的时间和资金以及产生的政策效果等因素进行衡量。在政策执行过程中所花费的时间和资金一定的情况下，政策执行产生的效果与政策目的的契合度越高，政策运行的效率越高，或者在政策执行效果一定的情况下，政策执行过程所花费的时间和资金越少，政策运行效率越高。审计机关在对国有企业实施财务收支审计时，会关注企业在财务管理、重大决策和内部管理等方面的问题，如超范围列支成本费用问题、重大事项未经集体决策问题、重复建设问题等，在国家审计的高权威性、强独立性和精专业性下，审计机关发现和披露的这些问题及提出的对策能够督促被审计国有企业及时整改，以规范企业的财务管理、决策程序和内部管理，从而有利于提高企业在政策执行过程中的资金拨付、资金使用和相关账务处理的规范程度，减少政策执行过程中所涉及的部门数量和层级，同时也有利于减少政策执行过程中相关责任人员的机会主义行为，提高政策执行效果与政策目的的契合程度。

第三节　当前国有企业审计监督的总体情况分析

2016年12月中央全面深化改革领导小组第三十次会议审议通过的《关于深化国有企业和国有资本审计监督的若干意见》（以下简称《意见》）中明确指出，国有企业的审计监督要不留死角，该审计的内容都应纳入审计范围，严格审计程序，推动审计发现问题的整改和问责到位。近几年来，审计机关加强了对国有企业的监督，着力发现国有企业存在的普遍性、倾向性和典型性问题以及体制制度方面的缺陷，并积极提出建议，以增强国有企业的发展活力和抗风险能力，促进国有资产的保值增值。从2010—2018年审计署发布的央企集团审计结果公告的总体情况来看，审计单位覆盖率提升，审计内容覆盖面较广，审计查出的问题列示较详细，对部分审计对象披露了问责信息①。

一、审计单位覆盖率情况分析

高的审计单位覆盖率增加了国有企业在今后接受审计的概率,企业高管在预期自身的机会主义行为被发现和处罚的可能性较大的情况下,会相应地约束自己的机会主义行为和违规程度(杨贺和郑石桥,2015)。审计署自 2010—2018 年在审计署网站公布了 2009—2017 年所审计的央企集团 2008—2016 年的财务收支审计报告,如表 4-1 所示,审计署在 2009—2015 年审计的央企集团数量低于 20 家(含金融和保险企业),审计单位覆盖率(用审计央企数量除以被审计年度央企集团总数衡量)除了 2009 年在 6.33% 外,其余年份在 13% 左右,审计署在 2016 年和 2017 年审计央企集团的数量分别为 20 家和 38 家,审计单位覆盖率分别为 18.87% 和 37.25%,审计单位数量和审计单位覆盖率均较 2015 年以前有较大的提升,审计署可能在 2016 年《意见》的指导下积极发挥国有企业审计监督职能,扩大了国有企业审计单位覆盖率,对审计的国有企业和未审计国有企业都会产生较大的震慑作用,促使其规范经营行为,维护资产安全。

表 4-1　审计署 2009—2017 年审计央企集团的审计对象覆盖情况汇总

被审计年份	审计实施年份	审计公告年份	审计央企集团数量(家)	审计央企集团数量占比(%)
2008	2009	2010	9	6.33
2009	2010	2011	19	13.95
2010	2011	2012	17	13.34
2011	2012	2013	13	11.11
2012	2013	2014	14	11.96
2013	2014	2015	17	15.04
2014	2015	2016	15	13.39
2015	2016	2017	20	18.87
2016	2017	2018	38	37.25

---

① 相关数据根据 2010 年后审计署公布的中央企业集团审计结果公告整理所得。网页链接:https://www.audit.gov.cn/n5/n25/index.html。

二、审计内容覆盖情况分析

审计内容覆盖面的扩大可以提升审计机关了解被审计国有企业高管受托责任履行情况的全面性,使企业存在问题被发现的概率加大,增强审计的威慑力。审计署2009—2017年审计央企集团的内容包括财会核算、决策与管理、政策落实、工程项目投资、廉洁从业和发展潜力等方面,表4-2汇总了审计署2010—2018年发布的被审计央企集团审计结果公告中包含上述各项内容的央企集团数量,从表4-2的汇总情况来看,审计结果公告中列示财会核算、决策与管理两项内容的被审计央企集团数量基本上占当年全部被审计央企集团数量的100%,表明审计署在审计每一家央企集团时,财会核算、决策与管理基本上是必审内容;政策落实情况的审计在2017年达到100%,2017年审计署对外公布的央企集团审计结果公告中单独汇总列示被审计央企集团政策落实方面的问题,其他年份未单独列示;工程项目投资的金额往往较大,通常是审计人员的重点关注对象,列示情况与被审计单位的性质有关;廉洁从业的审计在2015—2018年的审计结果公告中单独列示,且列示比例达到100%,反映了我国近几年来对腐败问题的高度关注;发展潜力的审计在2015年和2016年的审计结果公告中单独列示,所以这两年的列示比例也较高,其他年份有关发展潜力的信息分散在公告中。总体上来看,审计署对央企集团每年审计内容的关注点可能有不同的倾向性,但审计内容覆盖面基本上呈逐步扩大的态势。

表4-2　审计署2009—2017年审计央企集团的内容覆盖情况汇总

被审计年份	审计实施年份	审计公告年份	财会核算	决策与管理	政策落实	工程项目投资	廉洁从业	发展潜力
2008	2009	2010	9	9	6	1	0	0
2009	2010	2011	19	19	3	14	0	5
2010	2011	2012	16	17	8	7	0	7
2011	2012	2013	13	13	12	7	0	11
2012	2013	2014	14	14	11	8	0	6
2013	2014	2015	17	17	14	6	16	17

续表

被审计年份	审计实施年份	审计公告年份	财会核算	决策与管理	政策落实	工程项目投资	廉洁从业	发展潜力
2014	2015	2016	15	15	6	11	15	13
2015	2016	2017	20	20	20	17	20	7
2016	2017	2018	38	38	25	32	38	6

三、审计发现问题数量及问责情况分析

审计机关发现被审计央企集团及其下属企业存在的问题越多，暴露出其在会计核算、内部管理、重大财务或非财务决策方面存在的缺陷越多，越有助于督促企业从制度和决策层面深入分析原因，同时在国家审计的强问责力度下，责任人的责任意识和危机意识增强，参与公司治理的积极性提升，从而有助于企业重视和解决国家审计机关发现的问题。表4-3汇总了审计署2009—2017年审计央企集团发现问题的数量及问责情况，审计发现问题数量均值用审计署当年发布的央企集团审计结果公告中审计问题数量之和除以当年发布的央企集团审计结果公告的总数量衡量，披露审计移送数量占比用当年发布的央企集团审计结果公告中披露移送信息的数量除以当年发布的央企集团审计结果公告的总数量衡量。从表4-3可以看出，2015—2018年审计署公告发现被审计央企集团的问题数量均值明显多于2010—2014年审计署公告的被审计央企集团的问题数量均值，反映了政府工作的透明度及解决问题的决心增强；2015—2017年审计署审计央企集团的审计结果公告中披露移送信息的数量占比显著高于2010—2013年审计署审计央企集团的审计结果公告中披露移送信息的数量占比，反映了审计工作加大了企业相关责任人政治成本和契约成本，增强了审计工作的威慑力。2018年审计署审计央企集团的审计结果公告中披露移送信息的数量占比为0，可能是随着审计工作威慑力的增强，出于对政治成本和契约成本的考虑，企业高管工作的谨慎性增强，责任意识和红线意识提升了。

表4–3 审计署2009—2017年审计央企集团发现问题的
数量及问责情况汇总

被审计年份	审计实施年份	审计公告年份	审计发现问题数量均值	披露审计移送数量占比（%）
2008	2009	2010	8.67	77.78
2009	2010	2011	11.68	52.63
2010	2011	2012	13.11	35.29
2011	2012	2013	12.23	61.54
2012	2013	2014	16	100
2013	2014	2015	20.06	94.12
2014	2015	2016	26.87	100
2015	2016	2017	30.8	100
2016	2017	2018	24.16	0

第五章

国家审计与国有企业金融资产配置的实证研究

第一节 问题提出

新时期中国经济社会发展面临许多新的课题。在国内国际需求增长速度趋缓、产能过剩现象凸显的情况下,实体经济投资回报率出现了趋势性下降,大量实业资本纷纷进入金融和房地产等投资回报率较高的泛金融行业,寻找新的利润增长点。根据CSMAR数据,2009—2018年国有非金融类上市公司年平均金融资产持有量和年平均金融资产持有比例均高于民营非金融类上市公司。现有研究发现,企业较多的金融资产配置会影响企业技术创新(段军山和庄旭东,2021;Lee等,2020),减少企业实物资本投资(Barradas 和 Lagoa,2017),抑制全要素生产率的提升(Miao等,2022),影响核心业务未来增长潜力(Xu 和 Xuan,2021),损害未来主业业绩(杜勇等,2017),降低企业价值(戚聿东和张任之,2018)。党的十八大报告指出,"健全促进宏观经济稳定、支持实体经济发展的现代金融体系","牢牢把握发展实体经济这一坚实基础,实行更加有利于实体经济发展的政策措施";党的十九大报告指出,"建设现代化经济体系,必须把发展经济的着力点放在实体经济上","深化金融体制改革,增强金融服务实体经济能力";第十三届全国人大二次会议再次强调应"引导金融支持实体经济",这体现了国家对企业金融化问题和实体经济发展的关注和重

第五章 国家审计与国有企业金融资产配置的实证研究

视。开展企业金融化治理研究对优化企业金融资产配置，提升金融服务实体经济发展的能力，做实做强实体经济具有积极意义。

国有企业是中国特色社会主义的重要物质基础和政治基础，我国《宪法》和《审计法》赋予审计机关监督国有企业运用国有资本从事生产经营的职责。国家审计能够促进国有企业内控制度的完善（池国华等，2019），有效降低盈余管理程度（陈宋生等，2013），提升风险承担水平（王美英等，2019），缓解或降低过度投资（王兵等，2017），提高创新投入和创新产出（褚剑等，2018），抑制金融衍生品投机交易和场外交易（刘芳和王美英，2021），提高全要素生产率（郭金花和杨瑞平，2020），提升企业价值（马东山等，2019），促进企业高质量发展（董志愿和张曾莲，2021）。那么国家审计能否对国有企业金融资产配置产生治理效应呢？又是通过什么途径产生治理效应呢？

本章基于2009—2018年审计署公布的央企集团审计结果公告，研究国家审计对国有企业金融资产配置的治理效应以及审计力度对国有企业金融资产配置治理的强化作用。本章的边际贡献在于：（1）现有文献主要从公司治理的视角研究企业金融资产配置的治理，较少文献从外部监管的视角研究企业金融资产配置的治理。陈文川等（2021）研究了国家审计对国有企业金融化的影响，本章进一步分析了审计力度对国有企业金融资产配置治理的强化作用，发现审计监督内容覆盖面越大以及对相关责任人的问责力度越大，国家审计对国有企业金融资产配置的治理效应越显著，从而丰富了国家审计对国有企业金融资产配置治理的相关研究。（2）现有文献较少涉及国家审计对国有企业金融资产配置治理的作用机理，本章从监事会效能和股东决策参与度两个方面检验了国家审计对国有企业金融资产配置治理的作用机制，有助于深入理解国家审计对国有企业金融资产配置治理的内在机理，从而丰富了对国家审计的国有企业治理效应的认识。（3）现有文献较少涉及国家审计对国有企业金融资产配置治理的动态效应，本章研究发现国家审计在审计介入当年和审计介入后三年对国有企业金融资产配置具有显著的治理效应，在审计介入后第四年治理效应不再显著，这为审计机关设计更加合理有效的审计实施方案提供了经验证据。

第二节 理论分析与研究假设

受托责任理论认为，受托人具有运用受托的资金和资源尽职完成委托人托付的责任，并通过向委托人报告的方式，请求解除受托责任。Lee（1993）认为，受托责任产生了审计，审计是监督受托经济责任履行情况的有效手段。从受托责任理论运用的现实环境看，受托责任在履行过程中可能存在代理失灵而导致受托责任履行不到位（损害委托人利益）的情况，审计通过对代理人进行监督，可以评价代理人履行受托责任的全面性和有效性。公共管理理论认为，政府公共部门应当整合社会各种力量，强化政府治理能力，关注政府绩效和公共服务质量，提高公共福利与公共利益。公共管理理论既强调公共权力履行公共职能的必要性，也强调对公共权力的监督和规范。国有企业具备"公共性"和"公共权力"等特征，我国《宪法》和《审计法》赋予审计机关监督国有企业（受托人）运用国有资本从事生产经营并向本级人民代表大会常务委员会（代表委托人，人民是委托人）提出审计报告的法定职责，是政府在国家公共管理中有效发挥核心治理作用的重要方式和路径。国有企业高管作为代理人对企业拥有较大的控制权，但受到的监督和制约却往往不足（应千伟等，2020）。由于金融和房地产等泛金融行业的投资回报率较高，且投资期限短，对业绩提升明显，企业管理层具有较强的动机投资金融资产，以弥补主业业绩不足或利用金融资产在会计处理上的灵活性进行盈余管理，但较多的金融资产配置会对企业的长期可持续发展产生不利影响。国家审计是对经济权力监督的过程，是保证和促进受托经济责任有效履行的一种特殊的经济控制（蔡春和李江涛，2009），国家审计通过对国有企业实施经济权力监督发挥对金融资产配置的治理效应。

首先，国家审计可以发现企业金融资产配置中的权力运用问题并提出整改建议，对金融资产配置问题直接纠偏。根据中共中央办公厅和国务院办公厅印发的《关于进一步推进国有企业贯彻落实"三重一大"决策制度

第五章　国家审计与国有企业金融资产配置的实证研究

的意见》和国资委发布的《关于切实加强金融衍生业务管理有关事项的通知》中的相关规定，审计机关会重点关注被审计国有企业与金融资产配置相关的业务管理、风险控制和资金管理等关键环节。国家审计的高权威性、强独立性和精专业性使其能够获取充分且适当的审计证据以判断企业在金融资产配置的关键环节是否存在权力运用问题，如企业大额金融资产配置是否经过集体决策，金融资产配置过程中的审批程序是否符合相关规定等。国家审计在揭示问题的同时还具有纠偏功能，针对审计中发现的金融资产配置的权力运用问题，审计机关从相关制度规范出发，提出整改建议并督促企业整改。如审计署 2013 年第 9 号公告显示，中国商飞公司 2011 年新增理财业务未按规定报经董事会或股东会集体讨论决定，审计署要求其整改。作为企业投资者监督权的执行主体之一，监事会有职权要求董事和高管纠正其损害企业利益的行为。在国家审计的警示效应下（李青原和马彬彬，2017），审计发现的企业金融资产配置中的权力运用问题及提出的整改建议能够引起监事会的重视，促使其发挥监事会效能，要求企业董事和高管及时纠正问题，减少不合规配置的金融资产。

其次，国家审计发现的其他公司治理问题和内控缺陷及提出的整改建议，有助于提升公司治理水平和内控质量，规范企业后期的金融资产配置行为。国家审计的高权威性、强独立性和精专业性使其能够深入国有企业的业务流程中，清晰地了解企业的公司治理状况和内控运行情况，及时发现并揭示问题，深入分析并有针对性地提出建设性建议，督促企业整改。如审计署 2017 年第 18 号公告显示，中国石化集团所属中化美洲集团公司 2002—2015 年未按要求召开董事会会议；2016 年第 17 号公告显示，中铝公司本部及下属 80 多家企业在信息系统的授权访问、互联互通和数据接口等方面存在问题。监事会具有监督董事和高管执行公司职务行为的职权，随着国家审计对国有企业进行监督的地位和作用不断强化（王美英等，2019），审计发现的其他公司治理问题和内控缺陷可以作为监事会实施监督职能的重要信息来源，以缓解其由于参与企业经营管理的有限性而带来的信息不对称问题，从而推动企业提高公司治理水平，改善内控质量，规范和约束权力运用，避免因权力过于集中而引发决策失误或决策短视等现象，提高企业投资的合理性，约束企业的金融资产配置行为，减少不合规配置的机会。

最后，审计结果公告的发布提高了股东的决策参与度，弱化了企业高管不合规配置金融资产的动机。审计机关对国有企业的审计结果公告增加了企业的信息透明度，审计结果公告中披露的问题会对企业及相关控股公司的社会声誉产生负面影响（潘俊等，2020），对相关控股上市公司的市场表现也会产生不利影响（陈宋生等，2014），使股东利益受损。知情和参与决策分别是股东权利保护的前提和基础（杜朝运和马娟，2020），互联网的发展和网络投票制度的出现降低了非控股股东行使投票权的成本，经过国家审计的企业股东有较强的意愿参加股东大会，关注企业问题的整改和潜在问题的优化处理，防止不利于自身利益和公司发展的决策通过，弱化企业高管不合规配置金融资产的动机。

基于上述分析，本章提出以下假设：

H_{5-1}：国家审计能抑制国有企业的金融化趋势，对国有企业金融资产配置发挥治理效应。

国家审计对国有企业金融资产配置治理效应的发挥离不开自身的监督力度，国家审计力度的加大增强了国家审计的威慑力，使得央企及其控股公司在金融资产配置决策和审批等方面的权力运用问题被发现和问责的概率增加，有助于抑制高管的机会主义行为，增强企业高质量发展的意识。国家审计力度的加大可以体现在审计监督内容覆盖面的扩大以及对相关责任人问责力度的增强等方面。审计力度越大，企业高管配置不合规金融资产的动机越弱、机会越少。

一是审计监督内容覆盖面的扩大弱化了企业高管配置不合规金融资产的动机。随着审计监督内容覆盖面的扩大，审计机关可以更加全面地了解国有企业高管受托责任的履行情况（郭檬楠和吴秋生，2019），提高企业问题被揭露的概率，强化国家审计对企业高管的心理威慑作用，使其清楚意识到违法违规行为处于被监视的环境中，被发现和揭露的可能性很大，从而弱化企业高管通过配置不合规的金融资产实现高回报或进行盈余管理的动机。

二是审计监督内容覆盖面的扩大也减少了企业高管配置不合规金融资产的机会。审计监督内容覆盖面越大,审计机关发现被审计国有企业存在问题的领域越广,在会计处理、内部管理、重大财务或非财务决策等方面提出的整改建议也更有深度,从而有助于被审计国有企业从制度和决策层面深入分析原因,从多个方面(如会计核算和内部治理等)进行问题整改,减少企业高管通过配置不合规的金融资产实现高回报或进行盈余管理的机会。

三是对相关责任人问责力度的增强进一步弱化了企业高管配置不合规金融资产的动机。审计机关将审计中发现的违法违规线索移送相关部门进一步处理,能够增加相关责任人的政治成本和契约成本,增强责任人的责任意识和危机意识(陈宋生等,2013),对等权力和责任,加大相关责任人不敢违的威慑力,促使其提高自身能力并积极参与公司治理,重视和解决审计发现的问题,减少重复问题的发生,进一步弱化企业高管利用不合规的金融资产配置实现高回报或进行盈余管理的动机。

基于上述分析,本章提出以下假设:

H_{5-2}:国家审计力度越大,国家审计对国有企业金融资产配置的治理效应越显著。

第三节 研究设计

一、样本选择与数据来源

审计署自2010年至2018年对外发布了所审计的央企集团财务收支审计报告,由于审计介入年度为审计公告年度的上一年,本章以2009—2018年为样本期间,将实际控制人或直接控股股东为央企的A股上市公司作为研究对象,剔除金融行业公司、ST和*ST公司以及数据缺失的样本,最终获得2966个样本观测值。国家审计的相关数据根据审计署网站公布的央企集团财务收支审计报告手工收集,其他数据来自CSMAR数据库,采用

STATA15.0 进行数据处理和分析。

二、变量定义

(一) 企业金融资产配置程度

本章借鉴杜勇等（2017）、曹丰和谷孝颖（2021）的研究，用企业金融资产与总资产之比衡量企业金融资产配置程度，金融资产包括交易性金融资产、发放贷款及垫款、可供出售金融资产、衍生金融资产、持有至到期投资、投资性房地产、债权投资、其他债权投资和其他权益工具投资①。

(二) 国家审计介入前后虚拟变量

由于国家审计对国有企业产生治理效应具有一定的滞后性，审计署介入央企审计时审计的是介入年度上一年的财务收支报告，本章将审计署审计过的央企控股上市公司在审计介入年度及以后年度的 AUDITJR_TR 赋值1，审计介入年度前赋值0。如果存在央企多次被审计署审计的情况，审计介入年度取第一次审计介入的时间，同时将从未经审计署审计的央企控股上市公司的 AUDITJR_TR 赋值0。

(三) 审计力度

本章用审计监督内容覆盖面（SHJJDFG）和审计问责力度（SHFYS）两个指标衡量审计力度（AUDITJR_LD）。审计监督内容覆盖面（SHJJDFG）根据审计署审计央企的结果公告中披露问题所涵盖的种类数量进行衡量；审计问责力度（SHFYS）根据审计署审计央企的结果公告中是否披露相关移送信息进行衡量，如果有移送信息则为1，否则为0。

(四) 控制变量

参考相关文献，本章还控制了可能影响企业金融资产配置程度的如下变量：公司规模（SIZE）、资产负债率（LEV）、营业收入增长率（GROWTH）、总资产收益率（ROA）、总资产周转率（TATR）、固定资产占比（GDZCBZ）、现金回收率（CASHRATIO）、公司年龄（AGE2）、前十

---

① 在计算2018年企业金融资产配置程度时，根据会计准则修订内容调整金融资产配置的计算项目。

第五章 国家审计与国有企业金融资产配置的实证研究

大股东持股比（TOP10）、独董占比（INDEPR）、董事会规模（BROADSIZE）和两职合一（LZHY）。此外，本章还控制了个体和年度固定效应。本章的变量定义和说明具体如表 5-1 所示。

表 5-1　　　　　　　　主要变量定义与说明

变量名称	变量符号		变量说明
企业金融资产配置程度	FINA		交易性金融资产、发放贷款及垫款、可供出售金融资产、衍生金融资产、持有至到期投资、投资性房地产、债权投资、其他债权投资和其他权益工具投资之和除以年末总资产
国家审计介入前后虚拟变量	AUDITJR_TR		审计介入年度及以后年度赋值1，审计介入年度前赋值0，如果存在央企多次被审计署审计的情况，审计介入年度取第一次审计介入的时间，同时将从未经过审计署审计的央企控股上市公司赋值0
审计力度	AUDITJR_LD	SHJJDFG	审计介入当年及以后年度均用审计署审计央企的结果公告中披露问题所涵盖的种类（财会核算、决策与管理、政策落实、工程项目投资审计、廉洁从业和发展潜力）数量衡量
		SHFYS	审计介入当年及以后年度均用审计署审计央企的结果公告中是否披露相关移送信息进行衡量，如果有移送信息则为1，否则为0
公司规模	SIZE		年末总资产的自然对数
资产负债率	LEV		年末负债总额/年末总资产
营业收入增长率	GROWTH		（当年营业收入-上年营业收入）/上年营业收入
总资产收益率	ROA		净利润/年末总资产
总资产周转率	TATR		营业收入/年末总资产
固定资产占比	GDZCBZ		固定资产净额/年末总资产
现金回收率	CASHRATIO		经营活动现金流量净额/年末总资产
公司年龄	AGE2		公司上市年限的自然对数
前十大股东持股比	TOP10		前十大股东持股数量/总股数

续表

变量名称	变量符号	变量说明
独董占比	INDEPR	独董人数/董事会总人数
董事会规模	BROADSIZE	董事会人数的自然对数
两职合一	LZHY	董事长和总经理两职合一时为1，否则为0

三、模型设定

为检验假设 H_{5-1} 和假设 H_{5-2}，本章参考曹丰和谷孝颖（2021）、柳光强和王迪（2021）、陈文川等（2021）学者的研究，构建模型（5-1）和模型（5-2），模型（5-1）为多期 DID 模型。

$$FINA = a_0 + a_1 AUDITJR\_TR + \sum CONTROLS + \sum FIRM + \sum YEAR + \varepsilon \quad (5-1)$$

$$FINA = \beta_0 + \beta_1 AUDITJR\_LD + \sum CONTROLS + \sum FIRM + \sum YEAR + \partial \quad (5-2)$$

模型（5-1）中 AUDITJR_TR 的系数用于度量国家审计对国有企业金融资产配置治理的净效应。为了缓解遗漏变量等情况造成的内生性问题，在回归模型中控制公司和年度固定效应，回归时在公司层面进行聚类处理。

第四节 实证结果分析

一、描述性统计

表 5-2 显示描述性统计结果，企业金融资产配置程度（FINA）的均值为 0.024，最大值和最小值分别为 0.378 和 0，表明央企控股上市公司的金融资产配置程度存在较大的差距。国家审计介入前后虚拟变量（AUDITJR_TR）的均值为 0.349，表明有 34.9% 的样本观测值经过国家审计，经过国家审计的样本观测值并不多。审计监督内容覆盖面（SHJJDFG）的均值为

第五章　国家审计与国有企业金融资产配置的实证研究

2.206，中位数为 3，最大值和最小值分别为 6 和 0，表明审计署审计央企的审计监督内容覆盖面整体不高且存在较大差异；审计问责力度（SHFYS）的均值为 0.396，表明经审计署审计的央企控股的上市公司观测值中发生审计移送的占 39.6%。SIZE 的均值为 22.85，LEV 的均值为 0.509，平均来说，央企控股上市公司的规模较大，负债水平适中。其他变量的统计结果与现有文献基本一致，在此不再赘述。

表 5-2　　　　　　　　　　描述性统计结果

变量	观测值	均值	标准差	最大值	最小值	p25	p50
FINA	2966	0.024	0.056	0.378	0	0	0.005
AUDITJR_TR	2966	0.349	0.477	1	0	0	0
SHJJDFG	1821	2.206	2.082	6	0	0	3
SHFYS	1821	0.396	0.489	1	0	0	0
SIZE	2966	22.850	1.649	27.460	19.900	21.720	22.600
LEV	2966	0.509	0.204	0.896	0.067	0.361	0.523
GROWTH	2966	0.151	0.395	2.607	-0.482	-0.032	0.097
ROA	2966	0.031	0.049	0.177	-0.166	0.011	0.029
TATR	2966	0.686	0.478	2.604	0.075	0.374	0.567
GDZCBZ	2966	0.266	0.206	0.808	0.002	0.103	0.209
CASHRATIO	2966	0.042	0.067	0.232	-0.153	0.004	0.040
AGE2	2966	2.473	0.584	3.258	0.693	2.197	2.639
TOP10	2966	0.590	0.158	0.941	0.229	0.484	0.589
INDEPR	2966	0.371	0.060	0.625	0.333	0.333	0.333
BROADSIZE	2966	2.216	0.194	2.708	1.609	2.197	2.197
LZHY	2966	0.061	0.239	1	0	0	0

注：SHJJDFG 和 SHFYS 的观测值数量为经审计的央企控股的上市公司 2009—2018 年的数量。

二、基本回归结果分析

表 5-3 报告了国家审计对国有企业金融资产配置治理效应的回归结果及审计力度对国有企业金融资产配置治理强化作用的回归结果，第（1）、第（2）列均显示国家审计（AUDITJR_TR）与企业金融资产配置程度（FINA）显著负相关，第（2）列的回归系数为 -0.0074，在 5% 的水平上显著。这说明经过国家审计的样本企业金融资产配置程度比未经过国家审

计的样本低 0.74%，占样本公司整体金融资产配置水平的 30.83%（0.0074/0.024），反映了国家审计（AUDITJR_TR）对企业金融资产配置程度（FINA）的影响具有经济显著性。以上结果表明，国家审计能够发现企业金融资产配置中的权力运用问题以及其他公司治理问题和内控缺陷，促使企业监事会有效发挥监督效能，使企业及时纠正现有金融资产配置中的问题，约束金融资产配置行为。同时，审计结果公告的发布提升了股东的决策参与度，弱化了企业高管不合规配置金融资产的动机，最终使得被审计国有企业持有金融资产的比重下降，国家审计对国有企业金融资产配置发挥了治理效应，从而验证了本章的研究假设 H_{5-1}。表 5-3 的第（3）、第（4）列为模型（5-2）的回归结果，自变量分别为审计监督内容覆盖面（SHJJDFG）和审计问责力度（SHFYS）。实证结果显示，审计监督内容覆盖面和审计问责力度均与企业金融资产配置程度（FINA）显著负相关，即审计监督内容覆盖面越大以及对相关责任人问责力度越大，国家审计对国有企业金融资产配置的治理效应越显著。这表明国家审计力度的加大增强了国家审计的威慑力，使得企业存在的问题被发现、整改和问责的概率增加，弱化了企业高管通过配置不合规金融资产实现高回报或进行盈余管理的动机，同时也减少了企业高管配置不合规金融资产的机会，从而验证了本章的研究假设 H_{5-2}。

表 5-3　　　　国家审计、审计力度与国有企业金融资产配置

变量	模型（5-1）		模型（5-2）	
	（1） FINA	（2） FINA	（3） FINA	（4） FINA
AUDITJR_TR	-0.0064** (-2.20)	-0.0074** (-2.51)		
SHJJDFG			-0.0011*** (-2.63)	
SHFYS				-0.0045*** (-2.61)
SIZE		-0.0009 (-0.26)	-0.0010 (-0.31)	-0.0010 (-0.30)

续表

变量	模型 (5-1)		模型 (5-2)	
	(1)	(2)	(3)	(4)
	FINA	FINA	FINA	FINA
LEV		-0.0259*	-0.0242**	-0.0230*
		(-1.81)	(-1.98)	(-1.88)
GROWTH		-0.0005	-0.0001	-0.0003
		(-0.31)	(-0.09)	(-0.17)
ROA		-0.0190	-0.0007	-0.0001
		(-0.70)	(-0.04)	(-0.00)
TATR		-0.0005	-0.0023	-0.0025
		(-0.07)	(-0.44)	(-0.47)
GDZCBZ		-0.0564***	-0.0307*	-0.0300*
		(-3.31)	(-1.87)	(-1.85)
CASHRATIO		-0.0114	0.0011	0.0018
		(-0.84)	(0.13)	(0.21)
AGE2		-0.0071	0.0040	0.0033
		(-1.10)	(0.78)	(0.63)
TOP10		-0.0427**	-0.0150	-0.0155
		(-2.03)	(-0.99)	(-1.03)
INDEPR		-0.0238	-0.0079	-0.0089
		(-0.71)	(-0.56)	(-0.61)
BROADSIZE		0.0027	0.0063	0.0063
		(0.27)	(0.86)	(0.86)
LZHY		0.0040	0.0030	0.0030
		(1.37)	(0.75)	(0.74)
常数项	0.0222***	0.1157	0.0550	0.0562
	(9.39)	(1.47)	(0.78)	(0.78)
公司	是	是	是	是
年度	是	是	是	是
样本数	2966	2966	1821	1821
Adj_R^2	0.048	0.080	0.072	0.072

注：括号内为 t 值；*、** 和 *** 分别表示在 10%、5% 和 1% 的水平上显著，回归分析时采用稳健标准误，下表同。

三、稳健性检验

(一) 平行趋势检验

本章构建的模型 (5-1) 为多期 DID 模型,运用该模型的前提是审计组和控制组在审计前企业的金融资产配置程度不存在显著性差异。参考柳光强和王迪 (2021) 等的研究,设置如下动态模型 (5-3) 进行检验,其中,AUDITJR_2、AUDITJR_1、AUDITJR0、AUDITJR1、AUDITJR2、AUDITJR3 和 AUDITJR4 分别代表审计署审计介入央企的前两年、前一年、审计当年、审计后一年、后两年、后三年和后四年。

$$FINA = \gamma_0 + \gamma_1 AUDITJR\_2 + \gamma_2 AUDITJR\_1 + \gamma_3 AUDITJR0 + \gamma_4 AUDITJR1 + \gamma_5 AUDITJR2 + \gamma_6 AUDITJR3 + \gamma_7 AUDITJR4 + \sum CONTROLS + \sum FIRM + \sum YEAR + \varphi \quad (5-3)$$

从表 5-4 平行趋势检验结果来看,在审计署审计介入的前两年回归系数不显著,而在审计署审计介入的当年及后三年回归系数显著为负,通过平行趋势检验。从审计介入后的动态效应可以看出,国家审计在审计介入当年和审计介入后三年对国有企业金融资产配置产生显著的抑制效应,在第四年抑制效应不显著,这可能是由于国家审计的非连续性使得其对国有企业金融资产配置的治理效应随时间的推移而逐渐减弱。

表 5-4　　　　　稳健性检验:平行趋势检验

变量	(1) FINA	(2) FINA
AUDITJR_2	-0.0047	-0.0034
	(-1.41)	(-1.07)
AUDITJR_1	-0.0041	-0.0035
	(-0.90)	(-0.77)
AUDITJR0	-0.0083*	-0.0085*
	(-1.78)	(-1.83)
AUDITJR1	-0.0095*	-0.0101**
	(-1.84)	(-1.97)

续表

变量	(1) FINA	(2) FINA
AUDITJR2	−0.0111*	−0.0116*
	(−1.83)	(−1.92)
AUDITJR3	−0.0119*	−0.0124*
	(−1.73)	(−1.82)
AUDITJR4	−0.0128	−0.0134
	(−1.41)	(−1.50)
SIZE		−0.0009
		(−0.25)
LEV		−0.0258*
		(−1.80)
GROWTH		−0.0005
		(−0.29)
ROA		−0.0184
		(−0.67)
TATR		−0.0007
		(−0.10)
GDZCBZ		−0.0560***
		(−3.31)
CASHRATIO		−0.0111
		(−0.82)
AGE2		−0.0073
		(−1.10)
TOP10		−0.0431**
		(−2.04)
INDEPR		−0.0240
		(−0.71)
BROADSIZE		0.0027
		(0.26)
LZHY		0.0040
		(1.34)
常数项	0.0230***	0.1162
	(9.80)	(1.46)
公司	是	是
年度	是	是
样本数	2966	2966
Adj_R^2	0.050	0.082

(二) 更改样本区间

由于受 2008 年金融危机的影响，2009—2012 年企业的金融资产持有量呈下降态势。在 2013 年经济进入结构转型期后，许多实体企业大量投资金融资产以缓解利润下滑的困境，为了排除 2009—2012 年企业金融资产持有量普遍下降趋势对实证结果的影响，更改样本区间为 2013—2018 年。表 5-5 第（1）至第（3）列显示，国家审计（AUDITJR_TR）和审计力度（AUDITJR_LD）的回归系数均显著为负，表明在排除 2008 年金融危机的影响后，国家审计（AUDITJR_TR）对国有企业金融资产配置的治理效应及审计力度（AUDITJR_LD）对国有企业金融资产配置治理的强化作用仍然显著。

表 5-5　　　　　　　稳健性检验：更改样本区间

变量	(1) FINA	(2) FINA	(3) FINA
AUDITJR_TR	-0.0068**		
	(-2.58)		
SHJJDFG		-0.0015**	
		(-2.52)	
SHFYS			-0.0056**
			(-1.99)
SIZE	-0.0029	-0.0010	-0.0010
	(-0.59)	(-0.25)	(-0.25)
LEV	-0.0113	-0.0234*	-0.0223*
	(-0.72)	(-1.91)	(-1.84)
GROWTH	-0.0004	0.0001	-0.0001
	(-0.26)	(0.05)	(-0.07)
ROA	-0.0477*	-0.0145	-0.0152
	(-1.66)	(-0.80)	(-0.84)
TATR	0.0028	-0.0148*	-0.0151*
	(0.22)	(-1.68)	(-1.68)
GDZCBZ	-0.0555***	-0.0513***	-0.0499***
	(-3.50)	(-2.90)	(-2.87)

第五章　国家审计与国有企业金融资产配置的实证研究

续表

变量	(1) FINA	(2) FINA	(3) FINA
CASHRATIO	-0.0059	-0.0055	-0.0048
	(-0.41)	(-0.58)	(-0.51)
AGE2	-0.0104	0.0046	0.0024
	(-1.43)	(0.72)	(0.38)
TOP10	-0.0421	-0.0124	-0.0129
	(-1.50)	(-0.57)	(-0.58)
INDEPR	-0.0249	0.0110	0.0104
	(-0.86)	(0.55)	(0.52)
BROADSIZE	0.0048	0.0042	0.0038
	(0.63)	(0.45)	(0.42)
LZHY	0.0042	0.0043	0.0041
	(1.50)	(1.04)	(1.01)
常数项	0.1501	0.0572	0.0628
	(1.36)	(0.71)	(0.76)
公司	是	是	是
年度	是	是	是
样本数	1815	1104	1104
Adj_R^2	0.096	0.102	0.101

(三) 更换自变量

本章将模型 (5-1) 中按照审计介入年度赋值的 AUDITJR_TR 更换为按照审计结果公告年度赋值的 AUDITGG_TR，即审计署发布央企集团审计结果公告当年及以后年度赋值 1，公告之前年度赋值 0。模型 (5-2) 的自变量更换为审计公告年度审计力度 (AUDITGG_LD)，用审计公告年度监督内容覆盖面 (SHJJDFG_GG) 和审计公告年度问责力度 (SHFYS_GG) 两个指标衡量。表 5-6 第 (1) 至第 (3) 列显示，AUDITGG_TR 和 AUDITGG_LD 的回归系数仍然显著为负，表明在进一步考虑了国家审计的国有企业治理效应的滞后性后，国家审计 (AUDITGG_TR) 对国有企业金融资产配置的治理效应及审计力度（AUDITGG_LD）对国有企业金融资产配置治理的强化作用仍然显著。

表5-6 稳健性检验：更换自变量

变量	(1) FINA	(2) FINA	(3) FINA
AUDITGG_TR	-0.0061**		
	(-2.05)		
SHJJDFG_GG		-0.0017**	
		(-2.33)	
SHFYS_GG			-0.0069**
			(-2.33)
SIZE	-0.0011	-0.0011	-0.0012
	(-0.32)	(-0.34)	(-0.35)
LEV	-0.0249*	-0.0230*	-0.0224*
	(-1.75)	(-1.88)	(-1.84)
GROWTH	-0.0003	-0.0001	-0.0001
	(-0.20)	(-0.05)	(-0.06)
ROA	-0.0198	-0.0016	-0.0013
	(-0.73)	(-0.09)	(-0.07)
TATR	-0.0007	-0.0023	-0.0024
	(-0.09)	(-0.44)	(-0.46)
GDZCBZ	-0.0564***	-0.0304*	-0.0298*
	(-3.30)	(-1.86)	(-1.83)
CASHRATIO	-0.0118	0.0007	0.0005
	(-0.86)	(0.09)	(0.06)
AGE2	-0.0072	0.0039	0.0035
	(-1.11)	(0.76)	(0.68)
TOP10	-0.0424**	-0.0145	-0.0148
	(-2.02)	(-0.97)	(-1.01)
INDEPR	-0.0242	-0.0083	-0.0098
	(-0.72)	(-0.58)	(-0.67)

续表

变量	(1) FINA	(2) FINA	(3) FINA
BROADSIZE	0.0026	0.0061	0.0060
	(0.26)	(0.83)	(0.82)
LZHY	0.0041	0.0031	0.0031
	(1.39)	(0.77)	(0.76)
常数项	0.1200	0.1211	0.1225
	(1.52)	(1.53)	(1.54)
公司	是	是	是
年度	是	是	是
样本数	2966	1821	1821
Adj_R^2	0.079	0.069	0.070

（四）Heckman 两阶段检验

本章采用 Heckman 两阶段模型对基准检验结果进行再检验，在选择模型中加入 SIZE、LEV、GROWTH、ROA、TATR、GDZCBZ、CASHRATIO、AGE2、TOP10、INDEPR、BROADSIZE、LZHY 和 TOBINQ 等对是否经过国家审计（AUDITJR_TR）这一变量进行回归，将计算出的逆米尔斯比率（IMR）代入修正模型以检验控制是否经过国家审计（AUDITJR_TR）的选择偏误后，国家审计（AUDITJR_TR）与企业金融资产配置程度（FINA）的关系。表 5-7 的第（1）、第（2）列显示，在控制国家审计（AUDITJR_TR）的选择偏误后，国家审计（AUDITJR_TR）与企业金融资产配置程度（FINA）仍然显著负相关。

（五）安慰剂检验

本章将审计署审计央企的介入时间提前两年，虚拟国家审计变量 AUDITJR_XN，然后将其替代国家审计变量 AUDITJR_TR。如果国家审计确实能显著抑制企业金融资产配置程度，那么用虚拟的国家审计变量 AUDITJR_XN 回归时将无法观测到企业金融资产配置程度被显著抑制。表

5-7 的第（3）列显示 AUDITJR_XN 的回归系数不再显著，这表明国家审计对企业金融资产配置程度的降低确实发挥了重要的作用。另外，为了进一步确保研究结论的可靠性，本章随机假定审计署审计央企的介入时间重复进行 1000 次，并代入模型（5-1）中重新进行检验。从图 5-1 国家审计对国有企业金融资产配置治理效应的抽样检测伪系数分布情况来看，AUDITJR_XN的系数分布在 0 附近，远离基准检验中 AUDITJR_TR 的回归系数 -0.0074。这表明国家审计对国有企业金融资产配置的抑制作用并非随机因素导致的，进一步证实了国家审计（AUDITJR_TR）与企业金融资产配置程度（FINA）降低之间的因果关系。

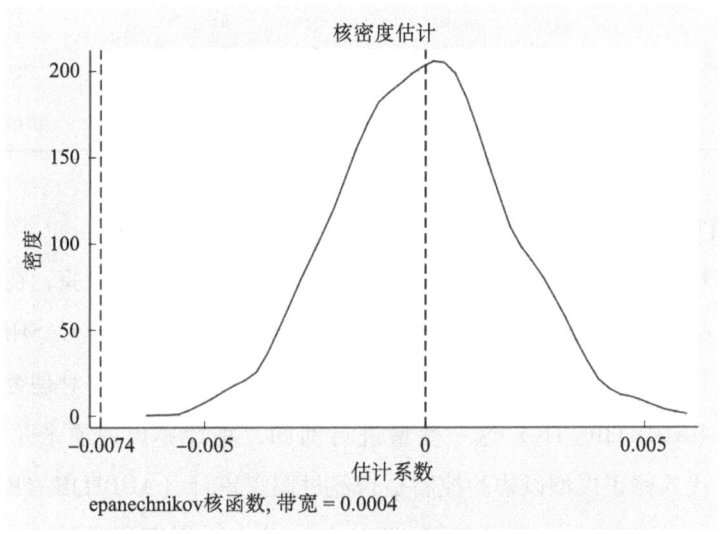

图 5-1　抽样检测伪系数分布情况

（六）PSM 检验

为进一步降低审计组和未审计组之间的特征差异，本章采用倾向得分匹配法将经过审计的央企控股上市公司样本和未经过审计的央企控股上市公司样本进行逐年 1:1 近邻匹配，将 ROA、GROWTH、TATR、TOP1 和 AGE2 作为特征变量，使用匹配后的央企控股上市公司样本进行回归分析，实证结果如表 5-7 第（4）列所示，匹配后国家审计（AUDITJR_TR）对企业金融资产配置程度（FINA）的治理效应仍然显著。

(七) 更改回归模型

由于被解释变量企业金融资产配置程度（FINA）为大于等于零的数，属于受限被解释变量，为了进一步检验国家审计（AUDITJR_TR）对企业金融资产配置程度（FINA）产生治理效应的稳健性，本章用 Tobit 模型对样本数据再次进行拟合回归。回归结果如表 5 - 7 第（5）列所示，国家审计（AUDITJR_TR）对企业金融资产配置程度（FINA）的治理效应仍然显著。

表 5 - 7　　　　稳健性检验：Heckman 两阶段检验、安慰剂检验、PSM 检验和更改回归模型

变量	（1）Heck1 AUDITJR_TR	（2）Heck2 FINA	（3）安慰剂检验 FINA	（4）PSM 检验 FINA	（5）Tobit 模型 FINA
AUDITJR_TR		-0.0072**		-0.0106**	-0.0082***
		(-2.46)		(-2.25)	(-3.74)
AUDITJR_XN			-0.0019		
			(-0.57)		
IMR		-0.0374			
		(-1.23)			
SIZE	0.2132***	-0.0063	-0.0010	0.0018	0.0009
	(9.08)	(-0.99)	(-0.22)	(0.31)	(0.44)
LEV	-0.6873***	-0.0075	-0.0132	-0.0277	-0.0271***
	(-4.34)	(-0.36)	(-0.91)	(-1.29)	(-3.32)
GROWTH	-0.0618	0.0012	-0.0014	-0.0027	-0.0003
	(-0.93)	(0.65)	(-0.71)	(-0.95)	(-0.14)
ROA	-3.5430***	0.0717	0.0189	-0.0382	-0.0250
	(-5.67)	(1.03)	(0.71)	(-0.79)	(-1.22)
TATR	0.1368***	-0.0042	0.0051	0.0054	0.0001
	(2.60)	(-0.53)	(0.72)	(0.38)	(0.02)
GDZCBZ	0.5319***	-0.0702***	-0.0527**	-0.0710***	-0.0691***
	(3.90)	(-3.54)	(-2.58)	(-3.04)	(-6.95)
CASHRATIO	0.6789	-0.0300	-0.0182	-0.0225	-0.0127
	(1.53)	(-1.31)	(-1.27)	(-0.99)	(-1.08)

续表

变量	(1) Heck1 AUDITJR_TR	(2) Heck2 FINA	(3) 安慰剂检验 FINA	(4) PSM 检验 FINA	(5) Tobit 模型 FINA
AGE2	0.6176***	-0.0263	-0.0083	-0.0235**	0.0002
	(10.95)	(-1.38)	(-1.19)	(-2.25)	(0.05)
TOP10	1.2206***	-0.0726**	-0.0348	-0.0715**	-0.0532***
	(6.26)	(-2.28)	(-1.60)	(-2.21)	(-4.85)
INDEPR	0.3599	-0.0336	-0.0021	-0.0454	-0.0113
	(0.74)	(-0.91)	(-0.06)	(-0.70)	(-0.58)
BROADSIZE	0.0409	0.0013	0.0044	-0.0107	0.0037
	(0.28)	(0.12)	(0.40)	(-0.56)	(0.52)
LZHY	0.1023	0.0015	0.0070	0.0075	0.0035
	(0.96)	(0.49)	(1.45)	(1.52)	(1.04)
TOBINQ	0.0319				
	(1.21)				
常数项	-7.6494***	0.3469	0.0896	0.1435	0.0201
	(-12.52)	(1.50)	(0.91)	(1.25)	(0.37)
公司	是	是	是	是	是
年度	是	是	是	是	是
样本数	2966	2966	2059	1782	2966
Pseudo R^2/ Adj_R^2	0.070	0.082	0.082	0.107	—

四、机制检验

如上文所述,国家审计发现的企业金融资产配置的权力运用问题、其他公司治理问题和内控缺陷及提出的整改建议,有助于督促企业监事会发挥监督效能,促使企业纠正金融资产配置中的权力运用问题,提升公司治理水平和内控质量。同时,审计结果公告的发布提升了股东的决策参与度,弱化了企业高管不合规配置金融资产的动机。由此可知,监事会效能和股东决策参与度可能是国家审计发挥国有企业金融资产配置治理效应的两种机制，下面分别进行检验。

（一）国家审计提升企业监事会效能的治理路径

监事会是公司治理体系中的监督机构，具有监督董事、高管并要求其纠正损害公司利益行为的职权。监事会成员的身份依赖、监事会对企业的财务依赖以及参与企业经营的有限性导致监事会存在独立性不足和信息不对称等问题（施天涛，2020），影响监事会效能的发挥，使其在实施监督行动方面缺乏足够的动因和激励，制衡乏力。在国家审计的警示效应下，审计机关发现的企业在金融资产配置中的权力运用问题及提出的整改建议，能够引起监事会的重视，促使其发挥监事会效能，要求企业董事和高管及时纠正不当行为，减少现有不合规配置的金融资产；随着国家审计对国有企业监督的地位和作用的不断强化，审计机关揭示的企业存在的其他公司治理问题及内控缺陷可以作为监事会实施监督职能的重要信息来源，缓解其由于参与企业经营管理的有限性而带来的信息不对称问题，使其及时了解企业在公司治理和内控方面的相关信息，强化对企业重大决策行为的过程监督，对董事会形成有力的外部制衡，抑制机会主义行为，提升公司治理水平，改善内控环境，规范企业投资决策程序，进而减少企业未来不合规配置金融资产的机会。因此，本章预测国家审计会提升企业监事会效能，减少现有不合规配置的金融资产和未来不合规配置金融资产的机会，从而对企业金融资产配置产生治理效应。

（二）国家审计提升企业股东决策参与度的治理路径

企业管理者与股东之间以及控股股东与非控股股东之间的双重代理问题会对非控股股东的利益产生较大的不利影响，以往非控股股东出于自身持股比例低以及对参与决策成本的考虑，通常寄希望于其他股东的监督行为或者通过卖出股票的消极应对方式以减少自身利益被侵占的可能。移动互联网的发展拓宽了非控股股东的信息获取渠道，便利了非控股股东沟通协作的成本，网络投票制的实施使非控股股东的行权摆脱了地域和时间的限制且操作程序简捷，大大降低非控股股东的行权成本。随着资本市场的成熟，非控股股东的权益意识逐渐提高，国家审计发现和披露企业金融资产配置的权力运用问题和其他公司治理问题及内控缺陷会引起非控股股东的关注。股东大会是股东参与企业决策的重要机制,网络投票平台的快速发展为非控股股东参与股东大会提供了便利。知情和参与决策是股东权益保护的基础,经过国家审计的企业股东有较强的意愿参加股东大会,关注企业对现有问题的整改和对潜在问题的优化处理。股东大会出席会议股份比例的增加也可以产生股权制衡作用,阻止对企业长期发展不利的决议通过,引导管理层更加关注企业的长远利益。较多的金融资产配置会影响企业核心业务的未来增长潜力,损害主业业绩,降低企业价值,因此,本章预测国家审计会提升股东决策参与度,进而对企业金融资产配置产生治理效应。

本章构建模型(5-4)和模型(5-5)检验监事会效能(JSHHHY)和股东决策参与度(CHGDCG)的中介效应,用监事会会议次数衡量监事会效能,用出席股东大会的持股比例衡量股东决策参与度。在检验监事会效能的中介效应时,模型(5-4)的控制变量在模型(5-1)控制变量的基础上,添加了股东人数(LNGDRSH)和高管人数(GGRSH);模型(5-5)在模型(5-1)的基础上添加监事会效能(JSHHHY)中介变量。在检验股东决策参与度的中介效应时,模型(5-4)的控制变量在模型(5-1)控制变量的基础上,添加了股东人数(LNGDRSH)、高管人数(GGRSH)、股东大会会议次数(GDDHY)、董事会会议次数(DSHHY)和董事持股比例(DSHCHG);模型(5-5)在模型(5-1)的基础上,添加股东决策参与度(CHGDCG)中介变量,由于CHGDCG与TOP10存在一定的共线性,模型(5-5)中的控制变量不包括TOP10。具体模型构建如下:

$$MEDIA = \lambda_0 + \lambda_1 AUDITJR\_TR + \sum CONTROLS + \sum FIRM + \sum YEAR + \mu \tag{5-4}$$

$$FINA = \rho_0 + \rho_1 AUDITJR\_TR + \rho_2 MEDIA + \sum CONTROLS + \sum FIRM + \sum YEAR + \upsilon \tag{5-5}$$

在模型(5-4)、模型(5-5)中,MEDIA为中介变量,分别代表JSHHHY和CHGDCG,回归结果如表5-8所示。表5-8的第(1)列显示,国家审计(AUDITJR_TR)的回归系数显著为正,表明国家审计能够显著提升企业监事会效能,第(2)列中监事会效能(JSHHHY)的系数为负并不显著,但第(2)列的 SOBEL 检验结果显示 Z 值为 -3.513,P 值为 0.0004,中介效应成立。表 5-8 的第(3)列显示,国家审计(AUDITJR_TR)的回归系数显著为正,表明国家审计能够显著提升股东决策参与度,第(4)列中股东决策参与度(CHGDCG)的回归系数为负并不显著,但第(4)列的 SOBEL 检验结果显示 Z 值为 -2.418,P 值为 0.0156,中介效应成立。以上结果表明,监事会效能和股东决策参与度是国家审计发挥国有企业金融资产配置治理效应的有效作用路径。

表 5-8　机制检验

变量	(1) JSHHHY	(2) FINA	(3) CHGDCG	(4) FINA
AUDITJR_TR	0.0586***	-0.0073**	0.0078*	-0.0069**
	(2.81)	(-2.54)	(1.75)	(-2.34)
JSHHHY		-0.0002		
		(-0.46)		
CHGDCG				-0.0161
				(-0.92)
SIZE	0.0538**	-0.0009	0.0198***	-0.0025
	(2.53)	(-0.24)	(3.32)	(-0.72)
LEV	-0.0879	-0.0260*	-0.0275	-0.0211
	(-1.09)	(-1.81)	(-1.37)	(-1.50)
GROWTH	0.0245	-0.0005	-0.0230***	-0.0016
	(1.64)	(-0.29)	(-3.83)	(-0.88)
ROA	0.0800	-0.0189	0.0524	-0.0185
	(0.44)	(0.69)	(1.60)	(-0.69)
TATR	0.0032	-0.0005	0.0078	0.0002
	(0.08)	(-0.06)	(1.00)	(0.03)
GDZCBZ	-0.1521*	-0.0566***	0.0287	-0.0555***
	(1.69)	(-3.32)	(1.33)	(-3.28)
CASHRATIO	-0.0555	-0.0115	0.0106	-0.0118
	(-0.54)	(-0.84)	(0.52)	(-0.86)
AGE2	-0.0247	-0.0072	-0.0757***	-0.0044
	(-0.56)	(-1.11)	(-6.98)	(-0.77)

续表

变量	(1) JSHHHY	(2) FINA	(3) CHGDCG	(4) FINA
TOP10	0.0591	−0.0427**	0.5948***	
	(0.47)	(−2.03)	(15.69)	
INDEPR	−0.2033	−0.0240	−0.0515	−0.0201
	(−0.96)	(−0.72)	(−1.11)	(−0.59)
BROADSIZE	0.0336	0.0028	−0.0128	0.0020
	(0.47)	(0.28)	(−0.84)	(0.20)
LZHY	0.0041	0.0040	−0.0075	0.0037
	(0.13)	(1.37)	(−1.08)	(1.27)
LNGDRSH	−0.0118		0.0035	
	(−0.53)		(0.66)	
GGRSH	0.0045		0.0005	
	(1.18)		(0.57)	
GDDHY			−0.0024**	
			(−2.05)	
DSHHY			−0.0003	
			(−0.59)	
DSHCHG			0.3865***	
			(3.50)	
常数项	—	0.1152	−0.0939	0.1250
		(1.46)	(−0.79)	(1.56)
公司	是	是	是	是
年度	是	是	是	是
样本数	2939	2966	2966	2966
Adj_R^2	—	0.081	0.440	0.074
SOBEL Z−value		−3.513		−2.418
SOBEL P−value		0.0004		0.0156

注：第（1）列为面板 POISSON 回归结果，回归时自动剔除了 27 个未成组样本观测值。

五、进一步研究

（一）国家审计、金融资产配置动机与国有企业金融资产配置

企业持有金融资产的动机主要有"蓄水池"动机和"逐利"动机。在"蓄水池"动机下，金融资产的强变现能力和低调整成本可以缓解企业在市场融资环境不确定性下的融资约束，助推主业发展。由于国有企业面临的融资约束和竞争压力较小，企业进行金融资产配置的"逐利"动机要强于"蓄水池"动机。在"逐利"动机下，企业通过配置金融资产获取短期超额回报率的行为会挤出企业未来的主业投资，影响可持续发展。审计机关通过实施审计程序能够发现国有企业不合规配置的金融资产，如未经过集体讨论决定的金融资产配置、违规出借的资金和违规发放的委托贷款等，这些不合规配置的金融资产更多是国有企业出于获取短期超额回报的目的而配置的资金，因此，本章推测国家审计主要可以抑制国有企业在"逐利"动机下的金融资产配置。

本章用 SA 指数衡量企业面临的融资约束①，用投资收益与净利润之比衡量企业的"逐利"动机，根据 SA 指数和投资收益与净利润之比的年度行业均值划分企业融资约束高低组和"逐利"动机高低组，对模型(5-1)进行分组回归。表 5-9 的第（1）列和第（2）列显示，在上期融资约束高组和上期融资约束低组，国家审计（AUDITJR_TR）的回归系数分别在 10% 和 5% 的水平上显著为负，表 5-9 第（3）列和第（4）列显示，在上期"逐利"动机强组，国家审计（AUDITJR_TR）的回归系数在 1% 的水平上显著为负，在上期"逐利"动机弱组，国家审计（AUDITJR_TR）的回归系数不显著。以上回归结果表明国家审计主要可以抑制企业"逐利"动机下的金融资产配置。

---

① SA = $-0.737 \times \text{SIZE} + 0.043 \times \text{SIZE}^2 - 0.04 \times \text{AGE}$，SIZE 和 AGE 分别代表企业规模和企业成立年龄。

表5-9　　　国家审计、金融资产配置动机与国有企业金融资产配置

变量	（1） 融资约束高 FINA	（2） 融资约束低 FINA	（3） "逐利"动机强 FINA	（4） "逐利"动机弱 FINA
AUDITJR_TR	-0.0071* (-1.77)	-0.0104** (-2.58)	-0.0152*** (-2.62)	-0.0033 (-1.15)
SIZE	0.0043 (0.72)	-0.0007 (-0.12)	-0.0018 (-0.25)	-0.0002 (-0.03)
LEV	0.0016 (0.08)	-0.0441* (-1.89)	-0.0177 (-0.75)	-0.0101 (-0.51)
GROWTH	-0.0057 (-1.62)	0.0013 (0.51)	0.0001 (0.02)	-0.0025 (-1.31)
ROA	0.0403 (1.64)	-0.0576 (-1.46)	-0.0387 (-0.93)	0.0105 (0.39)
TATR	-0.0151* (-1.79)	0.0092 (0.76)	0.0016 (0.16)	0.0044 (0.35)
GDZCBZ	-0.0527** (-2.11)	-0.0531** (-2.09)	-0.0917*** (-2.76)	-0.0496** (-2.42)
CASHRATIO	-0.0135 (-0.57)	-0.0103 (-0.52)	-0.0273 (-1.28)	-0.0115 (-0.57)
AGE2	-0.0162 (-1.37)	-0.0077 (-0.76)	-0.0249* (-1.76)	-0.0103 (-1.14)
TOP10	-0.0192 (-0.81)	-0.0196 (-0.93)	-0.0965** (-2.43)	-0.0232 (-0.80)
INDEPR	-0.0146 (-0.41)	-0.0046 (-0.11)	-0.0704 (-1.24)	-0.0092 (-0.23)
BROADSIZE	-0.0001 (-0.01)	-0.0046 (-0.33)	-0.0043 (-0.26)	0.0071 (0.84)
LZHY	0.0023 (0.66)	0.0041 (0.83)	-0.0037 (-0.87)	0.0053 (1.18)
常数项	-0.0064 (-0.06)	0.1126 (1.00)	0.2590* (1.68)	0.0589 (0.53)

第五章 国家审计与国有企业金融资产配置的实证研究

续表

变量	(1) 融资约束高 FINA	(2) 融资约束低 FINA	(3) "逐利"动机强 FINA	(4) "逐利"动机弱 FINA
公司	是	是	是	是
年度	是	是	是	是
样本数	1148	1283	884	1547
Adj_R²	0.124	0.115	0.141	0.093

(二) 国家审计、公司治理特征与国有企业金融资产配置

股权制衡度的增加能够增强企业内部牵制，提高企业决策合理性，减少企业高管的短视行为。对董事会成员实施股权和薪酬激励在一定程度上能够调动董事的工作积极性，使其勤勉地履行监督和决策职责，减少企业配置不合规金融资产的机会。在股权制衡度低和董事会成员激励不足的情况下，企业高管的短视化行为受到的约束有限，企业配置不合规金融资产的机会较多。在国家审计的高权威性、强独立性和精专业性下，审计机关发现的企业金融资产配置问题、其他公司治理问题和内控缺陷以及提出的整改建议能够引起企业监管部门的重视，及时督促相关部门整改，减少企业现有不合规配置的金融资产以及未来不合规配置金融资产的机会。因此，本章预测在股权制衡度低、董事持股比例低和董事薪酬低的企业，国家审计对其金融资产配置的治理效应更显著。

本章用第二至第十大股东持股比例、董事持股比例和前三名董事薪酬的年度行业均值作为划分股权制衡度高低组、董事持股比例高低组和董事薪酬高低组的标准，对模型 (5-1) 进行分组回归。表 5-10 的第 (2)、第 (4) 和第 (6) 列显示，在股权制衡度低组、董事持股比例低组和董事薪酬低组，国家审计 (AUDITJR_TR) 的回归系数显著为负；表 5-10 的第 (1)、第 (3) 和第 (5) 列显示，在股权制衡度高组、董事持股比例高组和董事薪酬高组，国家审计 (AUDITJR_TR) 的回归系数不显著。以上回归结果表明，国家审计对股权制衡度低、董事持股比例低和董事薪酬低的企业的金融资产配置具有显著的治理效应。

表 5-10　　　　国家审计、公司治理特征与国有企业金融资产配置

变量	（1）股权制衡度高 FINA	（2）股权制衡度低 FINA	（3）董事持股比例高 FINA	（4）董事持股比例低 FINA	（5）董事薪酬高 FINA	（6）董事薪酬低 FINA
AUDITJR_TR	-0.0084	-0.0100**	0.0040	-0.0104***	-0.0008	-0.0145***
	(-1.54)	(-2.51)	(0.91)	(-3.05)	(-0.24)	(-3.16)
SIZE	-0.0030	-0.0022	-0.0029	-0.0027	-0.0008	0.0045
	(-0.65)	(-0.39)	(-0.43)	(-0.68)	(-0.12)	(1.01)
LEV	0.0022	-0.0587**	0.0151	-0.0317*	-0.0165	-0.0508**
	(0.14)	(-2.38)	(0.97)	(-1.80)	(-0.86)	(-2.47)
GROWTH	-0.0018	0.0010	0.0040	-0.0016	0.0002	-0.0001
	(-1.02)	(0.29)	(1.22)	(-0.78)	(0.17)	(-0.03)
ROA	0.0105	-0.0552	-0.0676	-0.0062	-0.0287	0.0036
	(0.35)	(-1.19)	(-1.55)	(-0.20)	(-0.80)	(0.12)
TATR	-0.0013	0.0004	-0.0129	0.0039	0.0056	-0.0119
	(-0.13)	(0.03)	(-1.37)	(0.44)	(0.65)	(-1.34)
GDZCBZ	-0.0588**	-0.0491**	-0.0402	-0.0576***	-0.0427**	-0.0597**
	(-2.41)	(-1.99)	(-1.13)	(-3.03)	(-2.29)	(-2.27)
CASHRATIO	0.0104	-0.0177	0.0251*	-0.0232	0.0094	-0.0302
	(0.58)	(-0.87)	(1.94)	(-1.35)	(0.81)	(-1.23)
AGE2	-0.0125	-0.0039	0.0025	-0.0093	-0.0012	-0.0137
	(-0.98)	(-0.49)	(0.26)	(-1.23)	(-0.22)	(-1.15)
TOP10	-0.0541	-0.0322	-0.0089	-0.0392	-0.0400	-0.0781***
	(-1.21)	(-1.38)	(-0.35)	(-1.61)	(-1.52)	(-3.32)
INDEPR	-0.0093	-0.0411	0.0514	-0.0558*	-0.0363	-0.0319
	(-0.21)	(-1.33)	(1.54)	(-1.74)	(-0.67)	(-0.91)
BROADSIZE	0.0075	-0.0002	0.0272**	-0.0096	0.0033	-0.0133
	(0.49)	(-0.02)	(2.09)	(-0.95)	(0.30)	(-0.87)
LZHY	0.0017	0.0076	-0.0009	0.0050	0.0020	0.0023
	(0.54)	(1.35)	(-0.21)	(1.27)	(0.64)	(0.50)
常数项	0.1478	0.1576	0.0199	0.1982**	0.0889	0.0848
	(1.53)	(1.48)	(0.14)	(2.12)	(0.64)	(1.23)

第五章 国家审计与国有企业金融资产配置的实证研究

续表

变量	(1) 股权制衡 度高 FINA	(2) 股权制衡 度低 FINA	(3) 董事持股 比例高 FINA	(4) 董事持股 比例低 FINA	(5) 董事 薪酬高 FINA	(6) 董事 薪酬低 FINA
公司	是	是	是	是	是	是
年度	是	是	是	是	是	是
样本数	1409	1557	795	2171	1523	1443
Adj_R^2	0.088	0.103	0.110	0.096	0.075	0.122

(三) 国家审计、公司信息透明度与国有企业金融资产配置

机构投资者在资金持有规模和专业技术能力等方面的优势，使其具有较高的解读和运用信息的能力。投资规模大的机构投资者通常有较强的动机收集、分析和处理持股企业的信息，利用大股东的身份对企业的信息披露决策实施一定程度的影响，助推企业信息披露质量的提高和信息流动性的提升。分析师通过全面解读企业已披露信息和深度挖掘未披露信息，提高企业的信息透明度，分析师关注度越高，企业的不良投资信息越容易被市场感知，产生的负面影响越大，为了规避风险，企业的投资行为也会更谨慎。而在机构投资者持股比例低和分析师关注度低的企业，由于信息透明度相对不高，企业短视化行为受到的外部约束较少，国家审计发现和披露的企业在金融资产配置方面的问题提高了企业短视化行为的信息透明度，有助于增强企业投资行为面临的外部约束。因此，本章预测在机构投资者持股比例低的企业和分析师关注度低的企业，国家审计对其金融资产配置的治理效应更显著。

本章用机构投资者持股比例的年度行业均值作为划分机构投资者持股比例高低的标准，用分析师跟踪数量和研报关注度的年度行业均值作为划分分析师关注度高低的标准，分组回归结果如表 5–11 所示。在机构投资者持股比例低组、分析师跟踪数量少组和研报关注度低组，国家审计（AUDITJR_TR）的回归系数显著为负；在机构投资者持股比例高组、分析师跟踪数量多组和研报关注度高组，国家审计（AUDITJR_TR）的回

归系数不显著。以上回归结果表明，对于机构投资者持股比例低的企业和分析师关注度低的企业，国家审计对其金融资产配置具有显著的治理效应。

表 5–11　　国家审计、公司信息透明度与国有企业金融资产配置

变量	(1) 机构投资者持股比例高 FINA	(2) 机构投资者持股比例低 FINA	(3) 分析师跟踪数量多 FINA	(4) 分析师跟踪数量少 FINA	(5) 研报关注度高 FINA	(6) 研报关注度低 FINA
AUDITJR_TR	-0.0024	-0.0158***	-0.0006	-0.0095***	0.0013	-0.0103***
	(-0.70)	(-3.11)	(-0.17)	(-2.67)	(0.34)	(-3.13)
SIZE	-0.0040	0.0029	0.0009	-0.0042	-0.0020	-0.0016
	(-1.14)	(0.48)	(0.17)	(-0.90)	(-0.40)	(-0.40)
LEV	-0.0182	-0.0449*	0.0040	-0.0268	-0.0122	-0.0295
	(-1.07)	(-1.82)	(0.18)	(-1.34)	(-0.55)	(-1.54)
GROWTH	-0.0020	0.0002	0.0014	-0.0014	0.0037*	-0.0016
	(-0.71)	(0.10)	(0.72)	(-0.63)	(1.67)	(-0.77)
ROA	-0.0386	-0.0037	0.0494	-0.0175	0.0032	-0.0335
	(-1.30)	(-0.10)	(1.14)	(-0.57)	(0.09)	(-1.19)
TATR	-0.0010	0.0027	-0.0085	0.0075	-0.0049	0.0129
	(-0.27)	(0.15)	(-0.93)	(0.65)	(-0.43)	(1.34)
GDZCBZ	-0.0092	-0.0731***	-0.0445**	-0.0681***	-0.0391*	-0.0605***
	(-0.85)	(-3.03)	(-2.05)	(-2.83)	(-1.71)	(-2.64)
CASHRATIO	0.0049	-0.0195	0.0026	-0.0005	-0.0270	0.0080
	(0.35)	(-0.91)	(0.15)	(-0.03)	(-1.15)	(0.50)
AGE2	-0.0057	-0.0147	-0.0070	-0.0034	-0.0025	-0.0016
	(-0.54)	(-1.28)	(-0.87)	(-0.37)	(-0.29)	(-0.19)
TOP10	-0.0206	-0.0684*	-0.0677**	-0.0199	-0.0666**	-0.0164
	(-0.91)	(-1.96)	(-1.99)	(-0.96)	(-2.08)	(-0.86)
INDEPR	-0.0119	-0.1030	-0.0069	-0.0300	-0.0215	-0.0221
	(-0.59)	(-1.42)	(-0.18)	(-0.95)	(-0.46)	(-0.74)
BROADSIZE	0.0057	-0.0223	-0.0069	0.0112	0.0047	0.0002
	(0.78)	(-1.09)	(-0.47)	(0.90)	(0.44)	(0.02)

第五章　国家审计与国有企业金融资产配置的实证研究

续表

变量	(1) 机构投资者 持股 比例高 FINA	(2) 机构投资者 持股 比例低 FINA	(3) 分析师 跟踪 数量多 FINA	(4) 分析师 跟踪 数量少 FINA	(5) 研报 关注度 高 FINA	(6) 研报 关注度 低 FINA
LZHY	0.0014	0.0086	-0.0009	0.0064	0.0016	0.0038
	(0.36)	(1.60)	(-0.19)	(1.42)	(0.31)	(0.87)
常数项	0.1439**	0.1536	0.0855	0.1497	0.1336	0.1062
	(2.04)	(1.24)	(0.78)	(1.50)	(1.11)	(1.15)
公司	是	是	是	是	是	是
年度	是	是	是	是	是	是
样本数	1616	1350	1427	1539	1299	1667
Adj_R^2	0.063	0.133	0.065	0.124	0.072	0.107

第五节　本章小结

本章利用2009—2018年审计署公布的央企集团审计结果公告，研究了国家审计对国有企业金融资产配置的治理效应以及审计力度对国有企业金融资产配置治理的强化作用，结果发现：国家审计对国有企业金融资产配置具有显著的治理效应，审计监督内容覆盖面越大以及对相关责任人的问责力度越大，国家审计对国有企业金融资产配置的治理效应越显著；通过实施平行趋势检验、更换自变量、更换样本区间、Heckman两阶段检验、安慰剂检验、PSM检验和更换回归模型后，本章的研究结论仍然成立。动态效应检验发现，国家审计在审计介入当年和审计介入后三年对国有企业金融资产配置具有显著的治理效应，审计介入后第四年对国有企业金融资产配置的治理效应不再显著；机制检验表明，企业监事会效能和股东决策参与度是国家审计对国有企业金融资产配置产生治理效应的有效作用路径；进一步研究表明，国家审计显著抑制逐利动机下的金融资产配置，在股权制衡度低、董事持股比例低、董事薪酬低和信息透明度低的企业，国家审计对其金融资产配置的治理效应更显著。

  本章的研究结论对抑制国有企业"脱实向虚",推动实体经济发展具有重要的理论和现实意义。首先,本章研究丰富了国家审计对国有企业治理的相关研究。国家审计对国有企业金融资产配置治理效应的发挥离不开自身的监督力度,审计监督内容覆盖面的扩大以及对相关责任人问责力度的增强能够提升国家审计的威慑力,加大企业在金融资产配置决策和审批等方面的权力运用问题被发现和问责的概率,使企业高管配置不合规金融资产的动机弱化、机会减少。其次,丰富了对国家审计的国有企业治理效应的认识。一是在国家审计的警示效应下,审计发现的企业金融资产配置中的权力运用问题及提出的整改建议能够引起监事会的重视,促使其发挥监督效能,督促企业董事和高管及时纠正不当的金融资产配置行为;二是国家审计发现的其他公司治理问题和内控缺陷可以缓解监事会由于参与企业经营管理的有限性而带来的信息不对称问题,推动企业提高公司治理水平,改善内控质量,约束企业金融资产配置行为;三是审计结果公告的发布增加了企业的信息透明度,提高了企业股东的决策参与度,有助于阻止不利于公司发展的决策通过,弱化企业金融资产配置的动机。最后,本章研究为审计机关设计更加合理有效的审计实施方案,抑制国有企业"脱实向虚",提供了经验证据。国家审计对国有企业金融资产配置的治理效应在审计介入当年及以后三年显著,在审计介入后第四年不再显著,在一定程度上表明持续性审计对提升国有企业长期发展潜力的必要性。国家审计对股权制衡度低、董事持股比例低、董事薪酬低的企业和公司信息透明度低的企业的金融资产配置程度具有显著治理效应的研究发现有助于审计机关合理配置审计资源,提高审计效率。

第六章

国家审计与国有企业环保投资的实证研究

第一节 问题提出

随着中国经济的快速发展,环境问题日益凸显。《2021年中国生态环境状况公报》显示,全国64.3%的地级及以上城市空气质量达标,较2020年上升3.5%,但仍有35.7%的城市空气质量超标。绿水青山就是金山银山的理念揭示了生态环境与经济发展的密切关系,好的生态环境可以创造社会财富和经济财富,保护生态环境可以为经济社会的可持续发展提供发展潜力和动力。党的十八大报告指出,"把生态文明建设放在突出地位","加大自然生态系统和环境保护力度","着力推进绿色发展";党的十九大报告指出,"推进绿色发展","加大生态系统保护力度";党的十九届六中全会指出,"党中央以前所未有的力度抓生态文明建设","我国生态环境保护发生历史性、转折性、全局性变化",这体现了国家对环境保护和绿色发展的关注和重视。企业作为环境污染的主要排放源,其环保投资能够从根源上减少废水废气的排放量,对生态环境保护更具针对性,加大企业环保投资是解决生态环境问题的重要途径。由于资源和环境的公共性以及环保投资的短期经济效益不显著,企业环保投资的内生意愿并不强烈,现有研究发现较高水平的环境规制、环保督察制度的实施、媒体对企业环境负面信息的报道和财政补贴等外部因素能够促进企业加大环保投资(唐国平等,2013;杜建军等,2020;王云等,2017;Shao 和 Chen,2022),高学历、学术经历或服役经历的高管、较多的独立董事和高的内控质量等内部因素也有助于提升企业的环保投资（邓彦等，2021；苑泽明等，2019；Gao 等，2021；Bhuiyan 和 Huang，2021；Yang 等，2020）。

习近平总书记在中央审计委员会第一次会议上指出"审计机关……依法全面履行审计监督职责，促进经济高质量发展"，既是对国家审计工作的业务要求，也是对国家审计职能在更高层次上的新定位。现有研究发现，在宏观方面，国家审计能够抑制地区腐败（陈丽红等，2016），治理地方政府债务（马东山等，2019），促进地区宏观税负下降（周敏李等，2021），促进低碳发展和地方经济的长期发展（张龙平等，2019；李明和聂召，2014）；在微观方面，国家审计有助于提升国有企业内控的有效性（池国华等，2019），抑制高管超额在职消费（褚剑和方军雄，2016），降低盈余管理程度（陈宋生等，2013），降低过度负债（郭檬楠和郭金花，2020），提高现金持有水平（潘俊等，2020），促进企业创新（胡志颖和余丽，2019），抑制过度投资（王兵等，2017），提高全要素生产率（郭金花和杨瑞平，2020），推动企业高质量发展（董志愿和张曾莲，2021）。高质量发展的经济形态是与生态环境和自然资源协同度较好的经济形态，审计署自 2010 年起对外披露央企集团审计结果公告，在对央企集团实施审计的过程中审计署关注企业环境治理项目的实施情况、现有和新建生产项目的环保情况以及对国家环保政策的执行情况等，那么国家审计是否有助于提升国有企业的环保投资水平？又是通过什么途径产生治理效应呢？

本章基于 2009—2018 年审计署公布的央企集团审计结果公告，研究国家审计对国有企业环保投资的治理效应以及区域审计覆盖面对国有企业环保投资治理的强化作用。本章研究的边际贡献在于：（1）现有文献主要从环境管制、媒体关注和政策不确定性等方面研究了企业环保投资的外部影响因素，较少文献研究国家审计对国有企业环保投资的影响，本章研究发现国家审计能够显著提升国有企业环保投资水平，且区域审计覆盖面的扩大能够显著增强国家审计对国有企业环保投资的促进作用，丰富了企业环保投资的影响因素研究及国家审计对国有企业治理的相关研究；（2）现有文献较少涉及国家审计促进国有企业环保投资的作用机理，本章从代理成本和监事会效能两个方面检验了国家审计对国有企业环保投资产生治理效应的作用机理,有助于深入理解国家审计对国有企业环保投资治理的内在机理,丰富了对国家审计的国有企业治理效应的认识;(3)现有文献较少涉及国家审计对国有企业环保投资治理的动态效应研究,本章研究发现国家审计在审计结果公告后第一年和第二年能够显著提升国有企业环保投资水平,在审计结果公告后的第三年促进作用不再显著,这为审计机关设计更加合理有效的审计实施方案提供了经验证据。

第二节 理论分析与研究假设

国有企业较长的委托代理链条增加了信息的不对称程度,弱化了相关部门对国有企业高管监督的有效性,使其在企业投资方面存在"自身利益最大化"和"投资机会主义选择"的行为。由于环保投资在较短时间内不易产生经济或社会效益,较难与管理层的短期绩效相匹配,且占用管理层实现短期业绩所需的资源,未来是否产生以及产生多大的经济或社会效益存在不确定性(王瑾等,2018),企业往往将环境遵守成本视为额外成本,缺乏实施环境治理和开展环保活动的主观意愿(Orsato,2006)。可持续发展理论提出,在促进经济增长的同时,也要确保生态环境得到保护,最终实现经济和生态环境共同发展。关注企业环保投入情况,有助于实现可持续发展。公共受托环保责任理论认为生态环境具有公共产品属性,政府接受社会公众的委托管理这种公共产品,负有保护生态环境的公共受托责任(谢志华等,2016)。生态环境的有效管理须在国家的监督下进行,审计监督具有独特性和不可替代性,是对其他监督的再监督(蔡春等,2018)。随着经济由高速增长转向高质量发展,国家审计被赋予了促进经济高质量发展的高层次职能定位,可以直接就社会经济主体的行为对生态环境的影响进行审计监督,在促进企业环保投资方面发挥重要的治理作用。

一是国家审计对企业环保政策法规的执行情况、环保资金投入与使用、环保设施建设与运行等方面的关注,能够直接促使企业提升环保投资水平，提高抵御污染问题的能力。2009年审计署颁布的《审计署关于加强资源环境审计工作的意见》中指出，各级审计机关在开展企业审计时，应将资源环境内容纳入审计方案并组织实施，揭露企业生产经营过程中高耗能、高污染和破坏生态环境等问题。审计机关通过了解和调查国有企业的环境治理项目，评估环境治理项目的资金投入是否合理、环保设备安装和运行是否符合环保要求；通过对现有生产项目中废水废气等污染物排放量的检查，评估企业污染物排放是否符合国家环保政策的要求；通过对新建生产项目审批程序的检查，可以发现新建项目的环评报告是否经过环保部门审批。针对审计中发现的企业在环境治理项目、现有生产项目和新建生产项目中存在的环保相关问题，审计机关提出建设性的审计建议，并督促企业进行整改。如审计署2016年第17号公告显示，中铝公司所属中铝股份广西分公司等3家企业未按期完成脱硝改造工程，2014年超标排放氮氧化物等污染物2157.1吨；审计署2017年第16号公告显示，鞍钢集团及所属鞍钢矿业公司有19个大气污染治理项目未按要求开工建设；审计署2018年第26号公告显示，中国医药集团有限公司所属两家企业在2010年至2016年未经环评即开工建设11个项目；审计署已依法出具了审计报告、下达了审计决定书。随着环境考核指标在国有企业领导干部考核与晋升中的权重逐步增加①，国家审计揭示的国有企业环境治理问题会受到国有企业领导干部的重视，促使企业积极接受审计机关的建议，及时整改环保问题，提升环保投资水平，构建长效环保机制，提高抵御污染问题的能力。

二是国家审计通过对国有企业重大决策和管理、政策落实和发展潜力等方面的关注，可以降低国有企业的代理成本，增加企业经营与经济高质量发展目标的匹配程度，从而有助于提升企业环保投资水平。通过对国有企业重大决策和管理、政策落实以及发展潜力等方面的审计，可以发现企业建设项目是否经过发改委审批或核准，企业的生产销售是否获得相关许可，企业能耗和低效无效资产清理是否贯彻落实国家重大政策措施，企业

---

① 见《中央企业负责人经营业绩考核暂行办法》《中央企业负责人经营业绩考核办法》中对环保水平考核的相关规定。

第六章 国家审计与国有企业环保投资的实证研究

科技投入和研发投资是否符合监管部门的要求以及企业风险管控方面是否存在问题等,从多个角度监督企业经营活动,提高企业高质量发展的意识,降低代理成本,促使高管行为符合企业长期发展愿景,减少企业高管因关注任期业绩而存在环保投入不足的短期行为,提升企业环保投资水平。如审计署2017年第17号公告显示,2015年宝钢集团吨钢综合能耗和万元产值综合能耗未达"十二五"期末节能降耗的指标要求;审计署2017年第27号公告显示,截至2016年12月,中铁建总公司未按要求完成低效无效资产清理处置;2015年第11号公告显示,截至2013年底,在未经发展改革委核准的情况下,中国电力投资集团下属蒙东公司扎哈淖尔铝合金等9个项目开工建设;2015年第10号公告显示,2012—2013年,中国国电集团下属国电内蒙古锡林河煤化工有限责任公司贺斯格乌拉煤矿在未获得采矿、煤炭生产许可证和安全生产许可证的情况下,违规生产销售煤炭。在国家绿色发展政策的倡导下,国家审计机关发现并督促被审计国有企业整改其在重大决策和管理、政策落实及发展潜力等方面的问题,有助于提升企业高质量发展意识,更好地平衡企业的生产型投资和环保型投资,提升企业环境绩效,使企业在绿色环保的基础上创造产值、利润和税金,提高长期竞争优势。

三是国家审计的高权威性、强独立性、精专业性以及审计结果公告的发布能够促使企业监事会发挥监督效能,增强企业整改问题的内部监督力度,从而有助于提升企业环保投资问题整改的积极性以及企业经营决策与经济高质量发展目标的匹配程度。监事会具有要求董事和高管纠正其损害企业利益行为的职权。一方面,国家审计的高权威性和强独立性使国家审计具有较强的警示效应,企业监事会在国家审计较强的警示效应下(李青原和马彬彬,2017),会督促企业董事和高管纠正审计机关发现的环保投资问题及其他与环保投资相关的问题,另一方面,审计的专业性使审计机关在审计过程中发现的被审计国有企业的线索在一定程度上能够缓解监事会由于参与企业经营管理的有限性而带来的信息不对称问题,使监事会能够了解到更多有关企业在投资决策与国家政策落实等方面的问题,从而有助于推动企业环保投资与经济高质量发展的匹配程度;另外,审计结果公告的发布增强了被审计国有企业的信息透明度,提升了公众的参与意识(刘国常和宋曼丽,2019),进一步迫使监事会督促企业及时整改问题。

基于上述分析,本章提出以下假设:

H_{6-1}:国家审计对国有企业环保投资具有促进作用。

推进国有企业审计监督全覆盖是完善我国审计制度的重要任务,也是审计机关全面有效履行审计职责的必然要求(郭檬楠和吴秋生,2019)。审计是委托人应对代理人机会主义行为的一种机制(郑石桥和陈丹萍,2011),区域审计覆盖面的扩大有助于提高国家审计的威慑力,抑制国有企业高管的机会主义行为,提高问题整改的及时性,并倒逼审计质量进一步提升。

首先,较广的区域审计覆盖面减少了国有企业高管的机会主义行为。区域审计覆盖面的扩大意味着同区域国有企业在一定周期内被审计的确定性,也意味着在固定年度某一同区域内的国有企业被审计的概率上升,国有企业高管预期被审计的可能性提高,其机会主义行为受到处理处罚的概率也会增加(杨贺和郑石桥,2015),在国家审计大区域覆盖面的威慑作用下,国有企业高管会约束机会主义行为,在环境治理和新项目建设等方面认真履行环保政策,减少违规行为。

其次,区域审计覆盖面的扩大提升了国有企业问题整改的及时性。较广的区域审计覆盖面使得被审计国有企业被重复审计的概率增加,初次审计发现的问题如果没有得到及时整改,在重复审计时被重点关注和点名会给企业带来更大的舆论压力,同时也增加了相关责任人的政治成本。在国家审计大区域覆盖面的威慑作用下,国有企业高管会针对国家审计中发现的企业环保问题、环保相关问题及审计建议积极采取措施,及时整改。

最后,较广的区域审计覆盖面能够倒逼审计质量提升,加大国有企业环保问题和环保相关问题被揭示的概率。随着同区域审计对象数量的增加,国家审计人员在数量和知识结构方面得到改善,积累的审计经验增多,业务能力提升速度加快,对同区域企业问题风险点的把握度提高,企业环保问题被发现和揭示的可能性加大,同时审计机关提出的审计建议也会更有针对性和建设性。

第六章 国家审计与国有企业环保投资的实证研究

基于上述分析，本章提出以下假设：

H_{6-2}：区域审计覆盖面的扩大有助于增强国家审计对国有企业环保投资的促进作用。

第三节 研究设计

一、样本选择与数据来源

审计署自2010年至2018年对外发布了所审计的央企集团审计结果公告，由于审计介入年度为审计公告年度的上一年，本章以2009—2018年为研究期间，将实际控制人或直接控股股东为中央企业的A股上市公司作为研究对象，剔除金融行业公司、没有环保投资的行业、ST和*ST公司以及数据缺失的样本，最终获得2408个样本观测值，国家审计的相关数据根据审计署网站公布的央企集团审计结果公告手工收集，企业环保投资数据根据在建工程科目下与环保有关的支出合计计算所得，其他数据来自CSMAR数据库，采用STATA15.0进行数据处理和分析。

二、变量定义

（一）企业环保投资规模

本章研究根据在建工程明细项目中含有环保、废水、废渣、废气、除尘、垃圾、油改气、风电、扬尘、减排、绿化、脱硫、光伏、锅炉改造、煤改气、新能源、生态修复、回收利用、尾气处理、循环利用、回填、水处理、酸雾、脱销、废弃物、循环经济和水源改造等关键词的项目，将其对应的在建工程本期增加额作为企业当期的环保投资总额，借鉴吕明晗等（2019）的研究，本章用企业当期环保投资总额除以年末固定资产净值衡量本章研究的被解释变量企业环保投资规模（ENVI_GZ）。

（二）国家审计结果公告前后虚拟变量

由于大额环保投资通常需要集体决策，从前期调研到走完审批程序往往需要一段时间，国家审计对国有企业环保投资产生治理效应可能具有一定的滞后性，审计署介入央企集团审计时审计的是介入年度上一年的财务收支报告，审计公告年度为审计介入年度的下一年，本章将审计署审计过的央企控股上市公司在审计公告年度及以后年度的 AUDITGG_TR 赋值 1，审计公告年度前赋值 0。如果存在央企集团多次被审计署审计的情况，审计公告年度取第一次审计公告的时间，同时将从未经审计署审计的央企集团控股上市公司的 AUDITGG_TR 赋值 0。

（三）区域审计覆盖面

本章用样本公司注册地所属省份每年接受审计署审计的央企集团下属上市公司数量之和衡量样本公司每年面临的区域审计覆盖面（AUDITQY）。

（四）控制变量

参考现有文献，本章设置以下控制变量：公司规模（SIZE）、资产负债率（LEV）、总资产周转率（TATR）、净资产收益率（ROE）、营业收入增长率（GROWTH）、现金回收率（CASHRITO）、公司年龄（AGE2）、第一大股东持股比例（TOP1）、独立董事占比（INDEPR）、董事会规模（BROADSIZE）、两职合一（LZHY）、公司二氧化硫排放量信息披露情况（SO_2）、公司烟尘和粉尘排放量信息披露情况（SOOTDUST）、工业固废物产生量信息披露情况（SOLIDWAST）。此外，本章还控制了个体、年度和地区固定效应。本章的变量定义和说明具体如表 6-1 所示。

表 6-1　　　　　　　　　　主要变量定义与说明

变量名称	变量符号	变量说明
企业环保投资规模	ENVI_GZ	企业环保投资总额/年末固定资产净值
国家审计结果公告前后虚拟变量	AUDITGG_TR	审计公告年度及以后年度赋值 1，审计公告年度前赋值 0，如果存在央企集团多次被审计署审计的情况，审计公告年度取第一次审计公告的时间，同时将从未经过审计署审计的央企集团控股上市公司赋值 0
区域审计覆盖面	AUDITQY	公司注册地所属省份每年接受审计署审计的央企集团下属上市公司的数量之和

续表

变量名称	变量符号	变量说明
公司规模	SIZE	年末总资产的自然对数
资产负债率	LEV	年末负债总额/年末总资产
总资产周转率	TATR	营业收入/年末总资产
净资产收益率	ROE	净利润/年末净资产
营业收入增长率	GROWTH	（当年营业收入－上年营业收入）/上年营业收入
现金回收率	CASHRITO	经营活动现金流量净额/年末总资产
公司年龄	AGE2	公司上市年限的自然对数
第一大股东持股比例	TOP1	第一大股东持股数量/总股数量
独立董事占比	INDEPR	独立董事人数/董事会总人数
董事会规模	BROADSIZE	董事会人数的自然对数
两职合一	LZHY	董事长和总经理两职合一时为1，否则为0
二氧化硫排放信息披露	SO_2	没有披露 SO_2 排放信息的赋值0，有披露 SO_2 排放信息的赋值1
烟尘和粉尘排放信息披露	SOOTDUST	没有披露 SOOTDUST 排放信息的赋值0，有披露 SOOTDUST 排放信息的赋值1
工业固废物产生量信息披露	SOLIDWAST	没有披露 SOLIDWAST 排放信息的赋值0，有披露 SOLIDWAST 排放情况的赋值1

三、模型设定

为了检验假设 H_{6-1} 国家审计对国有企业环保投资的影响和假设 H_{6-2} 区域审计覆盖面对国有企业环保投资的影响，本章研究参考柳光强和王迪（2021）、陈文川等（2021）的研究，构建多期 DID 模型（6－1）：

$$ENVI\_GZ = a_0 + a_1 AUDITGG\_TR + \sum CONTROLS + \sum FIRM + \sum YEAR + \sum PROVINCE + \varepsilon \tag{6-1}$$

模型（6－1）中 AUDITGG_TR 的系数用于度量国家审计对国有企业环保投资治理的净效应。为了缓解遗漏变量等情况造成的内生性问题，在回归模型中控制公司、年度和地区固定效应，回归时在公司层面进行聚类处理。

第四节 实证结果分析

一、描述性统计

表6-2报告了国家审计对国有企业环保投资影响的描述性统计结果。企业环保投资规模（ENVI_GZ）的均值为0.01，最大值为0.254，最小值为0，中位数为0，表明央企控股上市公司的总体环保投资规模较低，在一定程度上说明通过政府部门的监管，督促企业提升环保投资规模的必要性和现实意义。国家审计结果公告前后虚拟变量（AUDITGG_TR）的均值为0.328，表明有32.8%的样本观测值经过国家审计，经过国家审计的样本观测值并不多。区域审计覆盖面（AUDITQY）的均值为11.001，最大值为54，最小值为0，中位数为5，标准差为13.028，表明各省份每年接受审计署审计的央企集团下属上市公司的数量之和存在较大的差距，且总体的区域审计覆盖面不高。SIZE的均值为22.99，中位数为22.72，表明央企控股上市公司的总体规模较大，LEV的均值为0.517，中位数为0.535，表明央企控股上市公司的总体负债水平适中。其他变量的统计结果与现有文献基本一致，在此不再赘述。

表6-2　　　　　　　　　描述性统计结果

变量	观测值	均值	标准差	最大值	最小值	p25	p50
ENVI_GZ	2408	0.010	0.036	0.254	0	0	0
AUDITGG_TR	2408	0.328	0.470	1	0	0	0
AUDITQY	2408	11.001	13.028	54	0	2	5
SIZE	2408	22.990	1.662	27.490	20.060	21.820	22.720
LEV	2408	0.517	0.200	0.893	0.082	0.374	0.535
TATR	2408	0.675	0.474	2.578	0.068	0.366	0.561
ROE	2408	0.062	0.116	0.310	-0.527	0.022	0.068

续表

变量	观测值	均值	标准差	最大值	最小值	p25	p50
GROWTH	2408	0.144	0.408	2.789	-0.489	-0.036	0.088
CASHRITO	2408	0.041	0.065	0.212	-0.150	0.004	0.040
AGE2	2408	2.519	0.552	3.258	0.693	2.303	2.639
TOP1	2408	0.398	0.148	0.740	0.122	0.274	0.402
INDEPR	2408	0.371	0.060	0.625	0.333	0.333	0.333
BROADSIZE	2408	2.217	0.188	2.708	1.792	2.197	2.197
LZHY	2408	0.058	0.234	1	0	0	0
SO_2	2408	0.188	0.391	1	0	0	0
SOOTDUST	2408	0.255	0.436	1	0	0	0
SOLIDWAST	2408	0.037	0.190	1	0	0	0

二、基本回归结果分析

表6-3报告了国家审计对国有企业环保投资的回归结果及不同区域审计覆盖面下国家审计对国有企业环保投资的回归结果，第（1）列为不添加控制变量时的回归结果，第（2）列为添加企业财务信息控制变量后的回归结果，第（3）列为继续添加企业上市年龄和公司治理特征控制变量后的回归结果。第（1）至第（3）列为模型（6-1）的回归结果，实证显示国家审计（AUDITGG_TR）与国有企业环保投资规模（ENVI_GZ）显著正相关，第（3）列的回归系数为0.0051，在5%的水平上显著，表明国家审计能够发现国有企业在环保政策法规执行、环保资金投入与使用、环保设施建设与运行等方面的问题，并通过对国有企业重大决策和管理、政策落实和发展潜力等方面的关注，增加企业经营与经济高质量发展目标的匹配程度，促使国有企业提升环保投资水平，同时国家审计的高权威性、强独立性和精专业性也促使国有企业监事会发挥监督职能，督促国有企业整改环保问题，增加环保投资，从而验证了本章的研究假设H_{6-1}。

表 6-3　　　　国家审计、区域审计覆盖面与国有企业环保投资

变量	(1) ENVI_GZ	(2) ENVI_GZ	(3) ENVI_GZ	(4) ENVI_GZ	(5) ENVI_GZ
AUDITGG_TR	0.0056**	0.0052**	0.0051**	0.0073**	0.0066
	(2.03)	(2.03)	(2.07)	(2.00)	(1.07)
SIZE		0.0004	0.0011	-0.0022	0.0057
		(0.15)	(0.40)	(-0.62)	(1.08)
LEV		0.0233**	0.0229**	0.0185	0.0500**
		(2.07)	(1.98)	(1.36)	(2.39)
TATR		-0.0102	-0.0100	0.0014	-0.0372***
		(-1.62)	(-1.57)	(0.24)	(-3.83)
ROE		0.0169*	0.0159*	0.0129	0.0061
		(1.91)	(1.75)	(1.50)	(0.70)
GROWTH		-0.0014	-0.0013	-0.0004	-0.0008
		(-1.09)	(-0.99)	(-0.27)	(-0.47)
CASHRATIO		-0.0194**	-0.0184*	-0.0340*	-0.0104
		(-2.02)	(-1.92)	(-1.73)	(-0.34)
AGE2			-0.0026	-0.0085	-0.0013
			(-0.43)	(-1.05)	(-0.08)
TOP1			-0.0182	-0.0490**	0.0410
			(-1.16)	(-2.15)	(1.19)
INDEPER			-0.0282	-0.0095	-0.0656
			(-1.36)	(-0.31)	(-1.11)
BROADSIZE			-0.0096	0.0006	-0.0348
			(-0.84)	(0.05)	(-1.59)
LZHY				-0.0001	0.0051	-0.0106
				(-0.02)	(0.92)	(-1.02)
SO_2				0.0015	0.0045	-0.0088
				(0.49)	(1.07)	(-1.31)
SOOTDUST				-0.0003	0.0015	-0.0064
				(-0.16)	(0.45)	(-1.06)
SOLIDWAST				0.0020	0.0048	-0.0021
				(0.60)	(0.72)	(-0.16)
CONSTANT	0.0081*	-0.0075	0.0229	0.0965	-0.0282
	(1.67)	(-0.11)	(0.31)	(1.15)	(-0.22)

第六章 国家审计与国有企业环保投资的实证研究

续表

变量	(1) ENVI_GZ	(2) ENVI_GZ	(3) ENVI_GZ	(4) ENVI_GZ	(5) ENVI_GZ
公司	是	是	是	是	是
年度	是	是	是	是	是
地区	是	是	是	是	是
观测值	2408	2408	2408	925	607
Adj_R²	0.007	0.019	0.022	0.030	0.091

注：括号内为 t 值；*、** 和 *** 分别表示在 10%、5% 和 1% 的水平上显著，回归分析时采用稳健标准误，下表同。

表 6-3 的第（4）至第（5）列为根据区域审计覆盖面（AUDITQY）的年度均值对经过国家审计的样本观测值进行的分组检验。第（4）列的回归结果显示，在高区域审计覆盖面组，国家审计（AUDITGG_TR）与国有企业环保投资规模（ENVI_GZ）显著正相关，第（5）列的回归结果显示，在低区域审计覆盖面组，国家审计（AUDITGG_TR）与国有企业环保投资规模（ENVI_GZ）不存在显著的正相关关系，表明区域审计覆盖面越大，越有助于促进国有企业环保投资，即区域审计覆盖面的扩大增强了国家审计的威慑力，使得国有企业环保问题被发现和问责的概率增加，有助于抑制国有企业高管的机会主义行为，提升国有企业环保问题整改的及时性，验证了本章的研究假设 H_{6-2}。

三、稳健性检验

（一）平行趋势检验

本章构建的模型（6-1）为多期 DID 模型，运用该模型的前提是审计组和控制组在审计前企业的环保投资规模不存在显著性差异。参考柳光强和王迪（2021）等的研究，设置如下动态模型（6-2）进行检验，其中，AUDITGG_2、AUDITGG_1、AUDITGG0、AUDITGG1、AUDITGG2 和 AUDITGG3 分别代表审计署审计央企集团的审计结果公告前两年、前一年、审计结果公告当年、审计结果公告后一年、后两年和后三年。

$$ENVI\_GZ = \gamma_0 + \gamma_1 AUDITGG\_2 + \gamma_2 AUDITGG\_1 + \gamma_3 AUDITGG0 + \gamma_4 AU\text{-}$$

DITGG1 + γ_5AUDITGG2 + γ_6AUDITGG3 + $\sum$ CONTROLS + $\sum$ FIRM + $\sum$ YEAR + $\sum$ PROVINCE + φ （6 – 2）

从表 6 – 4 报告的平行趋势检验结果来看，在审计署对外发布审计结果公告的前两年、前一年和公告当年回归系数不显著，而在审计署对外发布审计结果公告的后一年和后两年回归系数显著为正，通过平行趋势检验。从审计署对外公布审计结果公告后的动态效应可以看出，国家审计在审计结果公告后第三年对国有企业环保投资的促进作用不再显著，这可能由于国家审计的非连续性使得其对国有企业环保投资的促进作用随时间的推移有所减弱。

表 6 – 4　　　　　　　　稳健性检验：平行趋势检验

变量	（1）ENVI_GZ	（2）ENVI_GZ
AUDITGG_2	0.0005	0.0009
	(0.22)	(0.38)
AUDITGG_1	0.0013	0.0012
	(0.45)	(0.43)
AUDITGG0	0.0017	0.0019
	(0.48)	(0.57)
AUDITGG1	0.0093*	0.0086*
	(1.95)	(1.92)
AUDITGG2	0.0112**	0.0107**
	(2.02)	(2.08)
AUDITGG3	0.0094	0.0082
	(1.60)	(1.49)
SIZE		0.0011
		(0.43)
LEV		0.0216*
		(1.91)
TATR		– 0.0093
		(– 1.51)

续表

变量	(1) ENVI_GZ	(2) ENVI_GZ
ROE		0.0158*
		(1.74)
GROWTH		-0.0014
		(-1.09)
CASHRATIO		-0.0184*
		(-1.94)
AGE2		-0.0018
		(-0.30)
TOP1		-0.0176
		(-1.13)
INDEPER		-0.0282
		(-1.36)
BROADSIZE		-0.0102
		(-0.89)
LZHY		0.0001
		(0.03)
SO_2		0.0014
		(0.44)
SOOTDUST		-0.0001
		(-0.07)
SOLIDWAST		0.0024
		(0.71)
CONSTANT	0.0123***	0.0214
	(3.72)	(0.30)
公司	是	是
年度	是	是
地区	是	是
观测值	2408	2408
Adj_R^2	0.011	0.026

(二) 更换自变量

由于审计署审计介入年度审计的是被审计单位上一年的财务收支报告，审计署的高权威性、强独立性和精专业性可能会产生较大的震慑力，影响被审计单位在审计介入年度及以后年度的环保投资规模。本章将模型 (6-1) 中按照审计结果公告年度赋值的 AUDITGG_TR 更换为按照审计介入年度赋值的 AUDITJR_TR，即审计署审计介入当年及以后年度赋值 1，审计介入之前年度赋值 0，表 6-5 第 (1) 和第 (2) 列显示，AUDITJR_TR 的回归系数仍然显著，表明在进一步考虑了国家审计的震慑力后，国家审计 (AUDITJR_TR) 对国有企业环保投资的治理效应及区域审计覆盖面对国有企业环保投资治理的强化作用仍然显著。

表 6-5　　稳健性检验：更换自变量和更改样本区间

变量	(1) ENVI_GZ	(2) ENVI_GZ	(3) ENVI_GZ	(4) ENVI_GZ	(5) ENVI_GZ	(6) ENVI_GZ
AUDITJR_TR	0.0061*	0.0060*	0.0020			
	(1.71)	(1.84)	(0.46)			
AUDITGG_TR				0.0099**	0.0071*	0.0067
				(2.00)	(1.87)	(1.05)
SIZE	0.0009	-0.0018	0.0041	0.0012	-0.0008	0.0036
	(0.18)	(-0.47)	(0.48)	(0.23)	(-0.21)	(0.61)
LEV	0.0424**	0.0220*	0.0474	0.0429**	0.0173	0.0561**
	(2.15)	(1.89)	(1.13)	(2.00)	(1.19)	(2.53)
TATR	-0.0165	0.0022	-0.0366	-0.0203*	0.0008	-0.0486***
	(-1.58)	(0.47)	(-1.22)	(-1.71)	(0.13)	(-4.26)
ROE	0.0117	0.0138*	0.0058	0.0116	0.0112	0.0066
	(1.44)	(1.97)	(0.66)	(1.36)	(1.27)	(0.71)
GROWTH	-0.0005	-0.0003	-0.0004	-0.0002	-0.0004	-0.0007
	(-0.54)	(-0.58)	(-0.37)	(-0.22)	(-0.27)	(-0.40)
CASHRATIO	0.0050	-0.0257	-0.0150	0.0156	-0.0269	-0.0045
	(0.31)	(-1.54)	(-0.66)	(0.85)	(-1.30)	(-0.14)
AGE2	-0.0010	-0.0085	-0.0042	0.0017	-0.0039	0.0009
	(-0.14)	(-0.76)	(-0.48)	(0.19)	(-0.42)	(0.06)

续表

变量	(1) ENVI_GZ	(2) ENVI_GZ	(3) ENVI_GZ	(4) ENVI_GZ	(5) ENVI_GZ	(6) ENVI_GZ
TOP1	-0.0067	-0.0374	0.0248	0.0057	-0.0439*	0.0377
	(-0.35)	(-1.59)	(0.59)	(0.29)	(-1.83)	(0.99)
INDEPER	-0.0355	-0.0111	-0.0375	-0.0344	-0.0046	-0.0650
	(-1.23)	(-0.40)	(-0.75)	(-1.14)	(-0.14)	(-1.05)
BROADSIZE	-0.0119	0.0004	-0.0217	-0.0169	0.0007	-0.0358
	(-0.81)	(0.02)	(-1.09)	(-1.13)	(0.05)	(-1.58)
LZHY	-0.0029	0.0056	-0.0113	-0.0067	-0.0017	-0.0122
	(-0.59)	(0.77)	(-0.66)	(-1.51)	(-0.29)	(-1.14)
SO_2	0.0055	0.0052	-0.0108	0.0084	0.0047	-0.0079
	(1.02)	(1.17)	(-1.55)	(1.54)	(1.08)	(-1.14)
SOOTDUST	-0.0048	0.0005	-0.0009	-0.0056	0.0012	-0.0051
	(-1.05)	(0.19)	(-0.18)	(-1.18)	(0.35)	(-0.83)
SOLIDWAST	0.0016	0.0050	0.0046	0.0026	0.0046	0.0010
	(0.42)	(0.92)	(0.91)	(0.55)	(0.70)	(0.07)
CONSTANT	0.0209	0.0805	-0.0172	0.0177	0.0494	0.0247
	(0.16)	(0.65)	(-0.09)	(0.13)	(0.56)	(0.17)
公司	是	是	是	是	是	是
年度	是	是	是	是	是	是
地区	是	是	是	是	是	是
观测值	2408	921	611	2282	870	576
Adj_R^2	0.012	0.026	0.072	0.015	0.024	0.103

(三) 更改样本区间

审计署自2010年开始对外公布央企集团审计结果公告，2009年尚未对外公布审计结果公告，由于模型（6-1）中自变量AUDITGG_TR是按照审计结果公告的发布年度进行界定的，为了排除2009年数据对实证结果的影响，本章将样本期间更换为2010—2018年，回归结果如表6-5第（4）至第（6）列所示，国家审计（AUDITGG_TR）的回归系数在全样本回归和区域审计覆盖面高的经过国家审计的样本回归中均显著为正，即在排除2009年数据的影响外，国家审计（AUDITGG_TR）对国有企业环保投资的治理效应及区域审计覆盖面对国有企业环保投资治理的强化作用仍然显著。

（四）安慰剂检验

本章将审计署审计央企集团审计结果公告时间提前两年，虚拟国家审计变量 AUDITGG_XN，然后将其替代国家审计变量 AUDITGG_TR。如果国家审计确实能显著促进企业环保投资，那么用虚拟的国家审计变量 AUDITGG_XN 回归时将无法观测到企业环保投资规模被显著提升。表 6-6 的第（1）列显示 AUDITGG_XN 的回归系数不再显著，这表明国家审计对企业环保投资规模的提升确实发挥了显著的作用。另外，为了进一步确保本章研究结论的可靠性，本章随机假定审计署审计央企的审计结果公告时间重复进行 1000 次，并代入模型（6-1）中重新进行检验。从图 6-1 国家审计对国有企业环保投资治理效应的抽样检测伪系数分布情况来看，AUDITGG_XN 的系数分布在 0 附近，且回归系数落在基准检验中 AUDITGG_TR 回归系数 0.0051 的左侧。这表明国家审计对国有企业环保投资的促进作用并非随机因素导致的，进一步证实了国家审计（AUDITGG_TR）与企业环保投资规模（ENVI_GZ）提升之间的因果关系。

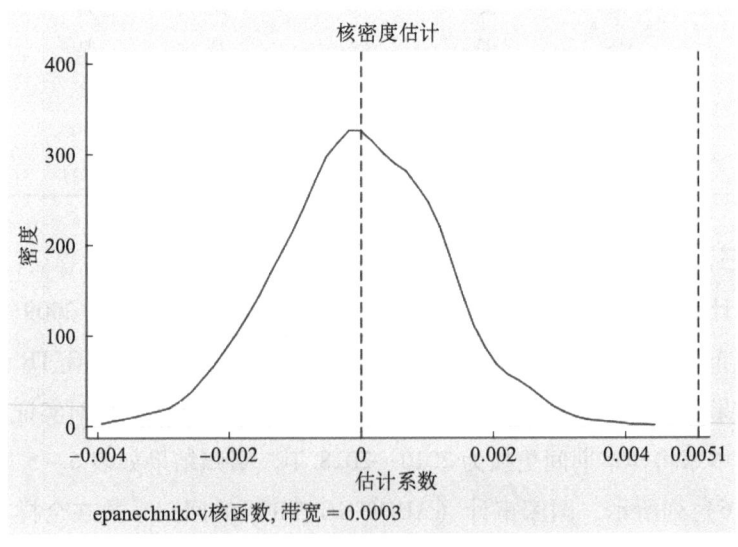

图 6-1 抽样检测伪系数分布情况

(五) Heckman 两阶段检验

本章采用 Heckman 两阶段模型对主检验结果进行再检验，在选择模型中加入 SIZE、TATR、ROE、AGE2、TOP1、INDEPR、BROADSIZE、LZHY 和 TOBINQ 对是否经过国家审计（AUDITGG_TR）这一变量进行回归，计算出逆米尔斯比率（IMR）并代入修正模型以检验控制是否经过国家审计（AUDITGG_TR）的选择偏误后国家审计（AUDITGG_TR）与企业环保投资规模（ENVI_GZ）的关系，如表 6-6 的第（2）和第（3）列所示，国家审计（AUDITGG_TR）与企业环保投资规模（ENVI_GZ）仍然显著正相关。

表 6-6 稳健性检验：安慰剂、Heckman、PSM 检验和更改回归模型

变量	（1）安慰剂检验 ENVI_GZ	（2）Heck1 AUDITGG_TR	（3）Heck2 ENVI_GZ	（4）PSM 检验 ENVI_GZ	（5）Tobit 模型 ENVI_GZ
AUDITGG_TR			0.0052**	0.0088**	0.0141*
			(2.08)	(2.16)	(2.29)
IMR			−0.0214		
			(−1.17)		
AUDITGG_XN	0.0055				
	(1.27)				
SIZE	−0.0023	0.2213***	−0.0019	0.0053	0.0098
	(−0.39)	(9.27)	(−0.52)	(1.27)	(1.61)
LEV	0.0372		0.0231**	0.0296*	0.0858***
	(1.48)		(2.00)	(1.88)	(3.62)
TATR	−0.0255*	0.0814	−0.0114*	−0.0127	−0.0234*
	(−1.87)	(1.38)	(−1.72)	(−1.57)	(−2.39)
ROE	0.0423*	−1.1003***	0.0316*	0.0194	0.0481*
	(1.81)	(−4.65)	(1.82)	(1.20)	(2.48)
GROWTH	0.0005		−0.0013	−0.0025	−0.0029
	(0.37)		(−0.97)	(−1.37)	(−0.59)
CASHRATIO	−0.0038		−0.0180*	−0.0190	−0.0849*
	(−0.23)		(−1.89)	(−1.38)	(−2.25)

续表

变量	(1) 安慰剂检验 ENVI_GZ	(2) Heck1 AUDITGG_TR	(3) Heck2 ENVI_GZ	(4) PSM 检验 ENVI_GZ	(5) Tobit 模型 ENVI_GZ
AGE2	0.0035	0.6197***	-0.0146	0.0070	-0.0202
	(0.35)	(9.57)	(-1.34)	(0.84)	(-1.34)
TOP1	-0.0226	0.4883**	-0.0254	-0.0266	-0.0477
	(-0.62)	(2.32)	(-1.37)	(-1.30)	(-1.53)
INDEPER	-0.0119	0.1742	-0.0320	-0.0548*	-0.0371
	(-0.32)	(0.33)	(-1.48)	(-1.66)	(-0.65)
BROADSIZE	-0.0056	0.3057*	-0.0145	-0.0100	-0.0187
	(-0.34)	(1.87)	(-1.14)	(-0.51)	(-0.95)
LZHY	0.0097	0.1144	-0.0017	0.0037	0.00377
	(1.64)	(0.97)	(-0.43)	(1.10)	(0.41)
TOBINQ		0.0532*			
		(1.81)			
SO_2	-0.0001		0.0016	0.0019	0.00380
	(-0.03)		(0.52)	(0.32)	(0.67)
SOOTDUST	-0.0020		-0.0003	0.0002	-0.00173
	(-0.68)		(-0.14)	(0.07)	(-0.35)
SOLIDWAST	0.0016		0.0019	0.0031	0.00608
	(0.35)		(0.58)	(0.49)	(0.65)
CONSTANT	-0.0001	-8.1854***	0.1596	-0.0733	-0.479
	(-0.03)	(-12.04)	(1.14)	(-0.68)	(-0.005)
公司	是	—	是	是	是
年度	是	—	是	是	是
地区	是	—	是	是	是
观测值	1549	2408	2408	1394	2408
Adj_R^2	0.015	—	0.023	0.039	—

(六) PSM 检验

为进一步降低审计组和控制组之间的特征差异,本章采用倾向得分匹配法将经过审计和未经过审计的样本进行逐年 1∶1 近邻匹配,将 SIZE、

LEV、ROE 和 GROWTH 和 TOP10 作为特征变量，使用匹配后样本进行回归分析，实证结果如表 6-6 第（4）列所示，匹配后国家审计（AUDITGG_TR）对企业环保投资规模（ENVI_GZ）的促进作用仍然显著。

（七）更改回归模型

由于被解释变量企业环保投资规模（ENVI_GZ）为大于等于零的数，属于受限被解释变量，为了进一步检验国家审计（AUDITGG_TR）对企业环保投资规模（ENVI_GZ）产生治理效应的稳健性，本章用 Tobit 模型对样本数据再次进行拟合回归。回归结果如表 6-6 第（5）列所示，国家审计（AUDITGG_TR）对企业环保投资规模（ENVI_GZ）的治理效应仍然显著。

四、机制检验

如上文所述，国家审计在直接发现国有企业环境污染治理问题的同时，可以通过对国有企业重大决策和管理、政策落实及发展潜力等方面的审计，降低国有企业代理成本，增加企业经营与经济高质量发展目标的匹配程度，助推企业提升环保投资水平。国家审计的高权威性、强独立性、精专业性以及审计结果公告的发布能够对企业监事会产生警示效应，同时也为企业监事会提供了较多被审计国有企业的信息，从而有助于促使其监督职能的发挥，督促企业及时整改环保问题及环保相关问题。由此可知，国家审计可能通过降低企业代理成本和增强企业监事会效能发挥对国有企业环保投资的促进作用，下面分别进行检验。

（一）国家审计降低企业代理成本的治理路径

由于国有企业高管的薪酬和强制变更与企业的会计业绩显著相关（姜付秀等，2014），其经营决策或行为中会潜移默化地嵌入个人意识或偏好，使企业经营活动或目标存在高管个人"利益"成分。环保投资的经济效益往往需要一段时期后才能实现，较难匹配管理层的短期绩效，且未来的经济效益具有不确定性（王瑾等，2018），企业高管缺乏实施环境治理和开展环保活动的主观意愿。国家审计通过对国有企业重大决策和管理、政策落实以及发展潜力等方面的审计，可以发现企业重大决策是否经过集体审批，企业管理是否存在不规范和违规行为，企业新建项目建设、能耗和低效无效资产清理是否贯彻落实国家重大政策措施，企业科技投入和研发投资是否符合监管部门的要求以及企业风险管控方面是否存在问题等，从多个角度监督企业经营活动，降低代理成本，促使高管行为符合企业长期发展愿景，减少企业高管因关注任期业绩而存在环保投入不足的短期行为，提升企业环保投资水平。

（二）国家审计提升企业监事会效能的治理路径

企业监事会具有要求董事和高管纠正其损害企业利益行为的职权。在国家审计的强警示效应下，企业监事会通常会提高监督董事和高管行为的积极性，督促董事和高管纠正审计机关发现的环保投资问题及其他与环保投资相关的问题。国家审计机关在审计过程中发现的被审计国有企业的线索在一定程度上能够缓解监事会由于参与企业经营管理的有限性而带来的信息不对称问题，使监事会能够了解到更多有关企业在投资决策与国家政策落实等方面的问题，从而有助于推动企业环保投资与经济高质量发展的匹配程度。审计结果公告的发布增强了被审计国有企业的信息透明度和社会关注度，进一步迫使监事会督促企业及时整改问题。

本章构建模型（6-3）和模型（6-4）检验代理成本（DLCHB）和监事会效能（JSHHHY）的中介效应，用管理费用与销售费用之和除以营业收入衡量代理成本，用监事会会议次数衡量监事会效能。在检验代理成本（DLCHB）的中介效应时，模型（6-3）的控制变量包括SIZE、LEV、TATR、ROE、GROWTH、CASHRATIO、AGE2、TOP1、INDEPR、BROADSIZE和LZHY，模型（6-4）在模型（6-1）的基础上，添加代理成本（DLCHB）中介变量。在检验监事会效能（JSHHHY）中介效应时，模型（6-3）的控制变量除了SIZE、LEV、TATR、ROE、GROWTH、CASHRATIO、AGE2、TOP1、INDEPR、BROADSIZE和LZHY外，还添加了股东人数（LNGDRSH）和高管人数（GGRSH）两个变量，模型（6-4）在模型（6-1）的基础上添加监事会效能（JSHHHY）中介变量。具体模型构建如下：

第六章 国家审计与国有企业环保投资的实证研究

$$MEDIA = \lambda_0 + \lambda_1 AUDITGG\_TR + \sum CONTROLS + \sum FIRM + \sum YEAR + \varepsilon \tag{6-3}$$

$$ENVI\_GZ = \rho_0 + \rho_1 AUDIGG\_TR + \rho_2 MEDIA + \sum CONTROLS + \sum FIRM + \sum YEAR + \sum PROVINCE + \upsilon \tag{6-4}$$

在模型（6-3）和模型（6-4）中，MEDIA 为中介变量，分别代表 DLCHB 和 JSHHHY，回归结果如表 6-7 所示。表 6-7 的第（1）列显示，国家审计（AUDITGG_TR）的回归系数显著为负，表明政府能够显著降低被审计国有企业的代理成本，第（2）列中代理成本（DLCHB）的系数为负并不显著，但第（2）列的 SOBEL 检验结果显示 Z 值为 2.84，P 值为 0.0045，中介效应成立。表 6-7 的第（3）列显示，国家审计（AUDITGG_TR）的回归系数显著为正，表明国家审计能够显著提升被审计国有企业监事会效能，第（4）列中监事会效能（JSHHHY）和国家审计（AUDITGG_TR）的回归系数都显著为正，且第（4）列的 SOBEL 检验结果显示 Z 值为 3.849，P 值为 0.0001，中介效应成立。以上结果表明，国家审计能够通过降低被审计国有企业的代理成本和提升监事会效能发挥对国有企业环保投资的促进作用。

表 6-7　　　　　　　　　　机制检验

变量	(1) DLCHB	(2) ENVI_GZ	(3) JSHHHY	(4) ENVI_GZ
AUDITGG_TR	-0.0128***	0.0048**	0.0464**	0.0048*
	(-3.26)	(1.99)	(2.19)	(1.93)
DLCHB		-0.0234		
		(-1.50)		
JSHHHY				0.0010*
				(1.87)
SIZE	-0.0190***	0.0006	0.0787***	0.0005
	(-3.30)	(0.23)	(3.95)	(0.20)
LEV	-0.0216	0.0224*	-0.1244	0.0238**
	(-1.01)	(1.96)	(-1.51)	(2.06)

续表

变量	(1) DLCHB	(2) ENVI_GZ	(3) JSHHHY	(4) ENVI_GZ
TATR	-0.0733***	-0.0117*	-0.0295	-0.0098
	(-8.15)	(-1.73)	(-0.79)	(-1.54)
ROE	-0.0647***	0.0144	0.0390	0.0157*
	(-4.17)	(1.63)	(0.53)	(1.73)
GROWTH	-0.0075**	-0.0015	0.0153	-0.0014
	(-2.57)	(-1.10)	(0.98)	(-1.06)
CASHRATIO	-0.0010	-0.0183*	-0.0287	-0.0182*
	(-0.06)	(-1.92)	(-0.24)	(-1.92)
AGE2	-0.0008	-0.0026	-0.0449	-0.0024
	(-0.07)	(-0.43)	(-0.90)	(-0.39)
TOP1	0.0224	-0.0176	-0.0641	-0.0175
	(0.81)	(-1.14)	(-0.53)	(-1.11)
INDEPER	0.0162	-0.0278	-0.1616	-0.0274
	(0.52)	(-1.34)	(-0.65)	(-1.32)
BROADSIZE	-0.0230	-0.0102	0.0654	-0.0100
	(-1.65)	(-0.89)	(0.88)	(-0.87)
LZHY	0.0041	0.0000	0.0109	-0.0001
	(0.95)	(0.01)	(0.31)	(-0.03)
SO_2		0.0015		0.0015
		(0.49)		(0.47)
SOOTDUST		-0.0003		-0.0004
		(-0.17)		(-0.17)
SOLIDWAST		0.0021		0.0018
		(0.64)		(0.52)
LNGDRSH			-0.0040	
			(-0.20)	
GGRSH			0.0007	
			(0.18)	
CONSTANT	0.6503***	0.0378	—	0.0284
	(5.07)	(0.52)	—	(0.38)
公司	是	是	是	是

续表

变量	(1) DLCHB	(2) ENVI_GZ	(3) JSHHHY	(4) ENVI_GZ
年度	是	是	是	是
地区	否	是	否	是
观测值	2408	2408	2377	2408
Adj_R^2	0.217	0.023	—	0.025
SOBEL Z – value	—	2.84	—	3.849
SOBEL P – value	—	0.0045	—	0.0001

注：第（3）列为面板 POISSON 回归结果，回归时自动剔除了 31 个为未成组样本观测值。

五、进一步研究

（一）国家审计、公司治理特征与国有企业环保投资

在股权制衡度高的企业，非控股大股东在一定程度上具有通过监督或退出威胁影响企业投资决策以实现公司治理的能力。由于持有股份比例高，企业未来的长期发展情况对非控股大股东的利益影响较大，而环保投资对企业长期可持续发展具有重要意义，出于自身利益的考虑，非控股大股东会关注企业环保投资情况，积极影响企业实施必要的环保投资。在股权制衡度低的企业，由于企业未来的长期发展对自身的利益影响不大，非控股股东监督或影响企业投资决策的能力和动力不足，其对企业环保投资的实施情况关注度相对较弱。较高的股权激励和薪酬激励能够提升董事和高管的归属感和责任感，使其更加注重自身和企业的社会声誉以及企业的长期发展，在企业环保投资决策方面更多持积极的态度，而在低股权激励和薪酬激励下，董事和高管工作的积极性有限，对企业环保投资的重视程度可能不够。在国家审计的高权威性、强独立性和精专业性下，审计机关发现的被审计国有企业存在的环保问题或在重大决策与管理、政策落实和发展潜力等方面的问题能够引起被审计国有企业内部监督部门和企业高管的重视，促使其实施环保投资以整改环保问题，或通过平衡生产型投资和环保投资，增加企业经营与经济高质量发展的匹配程度。因此，本章研究预测在股权制衡度低、董事持股比例低以及高管具有较低薪酬激励的企

业,国家审计对其环保投资规模的促进作用更显著。

本章研究用企业第二到第十大股东持股比例的年度行业均值作为划分股权制衡度高低的标准,用企业董事会成员持股比例之和的年度行业均值作为划分董事持股比例高低的标准,用企业前三名高管薪酬的年度行业均值作为划分高管薪酬高低的标准,对模型(6-1)进行分组回归,回归结果如表6-8所示,在股权制衡度低组、董事持股比例低组和高管薪酬低组,国家审计(AUDITGG_TR)的系数显著为正,在股权制衡度高组、董事持股比例高组和高管薪酬高组,国家审计(AUDITGG_TR)的系数不显著。以上回归结果表明,对于股权制衡度低的企业、董事持股比例低的企业和高管薪酬低的企业,国家审计对其环保投资规模具有显著的促进作用。

表6-8　　　国家审计、公司治理特征与国有企业环保投资

变量	(1) 股权制衡度高 ENVI_GZ	(2) 股权制衡度低 ENVI_GZ	(3) 董事持股比例高 ENVI_GZ	(4) 董事持股比例低 ENVI_GZ	(5) 高管薪酬高 ENVI_GZ	(6) 高管薪酬低 ENVI_GZ
AUDITGG_TR	0.0028	0.0062*	-0.0013	0.0057*	-0.0010	0.0060*
	(0.78)	(1.72)	(-0.32)	(1.68)	(-0.34)	(1.73)
SIZE	0.0006	0.0043	0.0007	0.0012	0.0015	0.0021
	(0.13)	(0.82)	(0.15)	(0.31)	(0.52)	(0.37)
LEV	0.0323	0.0234	-0.0044	0.0256*	0.0260*	0.0248**
	(1.55)	(1.56)	(-0.16)	(1.95)	(1.77)	(2.00)
TATR	-0.0078	-0.0115	-0.0219**	-0.0119	-0.0063	-0.0080
	(-0.80)	(-1.26)	(-2.34)	(-1.39)	(-0.79)	(-1.30)
ROE	0.0119	0.0209	0.0411*	0.0136	0.0058	0.0117
	(0.81)	(1.60)	(1.69)	(1.13)	(0.52)	(0.99)
GROWTH	0.0005	-0.0048**	-0.0019	-0.0015	-0.0043**	0.0007
	(0.37)	(-2.00)	(-0.56)	(-0.91)	(-2.10)	(0.27)
CASHRATIO	-0.0167	-0.0228**	-0.0606*	-0.0052	-0.0040	-0.0300
	(-0.82)	(-2.11)	(-1.88)	(-0.41)	(-0.37)	(-1.64)
AGE2	0.0038	-0.0061	0.0196	-0.0155*	0.0022	-0.0111*
	(0.40)	(-0.63)	(1.56)	(-1.84)	(0.15)	(-1.71)

续表

变量	(1) 股权制衡度高 ENVI_GZ	(2) 股权制衡度低 ENVI_GZ	(3) 董事持股比例高 ENVI_GZ	(4) 董事持股比例低 ENVI_GZ	(5) 高管薪酬高 ENVI_GZ	(6) 高管薪酬低 ENVI_GZ
TOP1	-0.0520	-0.0287	-0.0350	-0.0119	-0.0280*	0.0007
	(-1.23)	(-1.01)	(-0.93)	(-0.65)	(-1.78)	(0.03)
INDEPER	-0.0312	-0.0256	0.0483	-0.0544**	-0.0214	-0.0578**
	(-0.99)	(-0.87)	(1.09)	(-2.07)	(-0.61)	(-2.00)
BROADSIZE	-0.0034	-0.0206	0.0073	-0.0100	-0.0093	-0.0203
	(-0.24)	(-1.08)	(0.45)	(-0.66)	(-0.46)	(-1.41)
LZHY	-0.0026	0.0002	-0.0038	0.0054	-0.0087	0.0065
	(-1.19)	(0.03)	(-1.38)	(1.17)	(-1.21)	(1.20)
SO_2	0.0031	-0.0021	-0.0118	0.0039	0.0070	-0.0012
	(0.52)	(-0.55)	(-1.10)	(1.07)	(1.19)	(-0.29)
SOOTDUST	0.0053	-0.0052*	0.0083	-0.0025	0.0024	-0.0027
	(1.47)	(-1.96)	(1.56)	(-0.93)	(0.77)	(-0.96)
SOLIDWAST	0.0035	-0.0053*	0.0166	0.0017	-0.0008	0.0018
	(0.59)	(-1.67)	(1.55)	(0.64)	(-0.12)	(0.94)
CONSTANT	0.0154	-0.0029	-0.0472	0.0050	-0.0045	0.0456
	(0.12)	(-0.02)	(-0.39)	(0.05)	(-0.05)	(0.32)
公司	是	是	是	是	是	是
年度	是	是	是	是	是	是
地区	是	是	是	是	是	是
观测值	1038	1370	585	1823	1024	1384
Adj_R^2	0.043	0.055	0.092	0.041	0.046	0.032

（二）国家审计、地区信息透明度与国有企业环保投资

在信息透明度较高的地区，信息传播速度快且传播覆盖面广。如果企业所处地区的信息透明度较高，企业的负面信息在较短的时间内大范围传播的概率就比较大，为了减少负面信息对企业产生的不利影响，企业会积极遵守法律法规和响应国家政策号召，以避免不良信息给企业带来的负面影响。如果企业所处地区的信息透明度不高，企业的负面信息传播通常较

慢且影响面不大,企业的违规成本相对信息透明度较高地区的企业来说要低一些,促使其可能存在机会主义行为,在资金的短期确定性利益与环保投资的长期不确定性利益之间更倾向于选择前者。国家审计机关在审计过程中发现并揭示的企业环保问题及企业在重大决策与管理、政策落实和发展潜力等方面的问题,大大增强了企业的信息透明度,使得低信息透明度地区的企业出于对企业的声誉、市场表现和融资的考虑,可能会通过实施环保投资解决环保问题或通过平衡生产型投资和环保投资,增加企业经营与经济高质量发展的匹配程度,以提升企业的社会形象。因此,本章研究预测位于低信息透明度地区的企业,国家审计对其环保投资规模的促进作用更显著。

本章研究用人均 GDP 年度均值、上网率年度均值以及东部地区和中西部地区作为划分地区信息透明度高低的标准对模型(6-1)进行分组回归①,回归结果如表 6-9 所示,在地区信息透明度低组,国家审计(AUDITGG_TR)的系数显著为正,在地区信息透明度高组,国家审计(AUDITGG_TR)的系数不显著。以上回归结果表明,对所在地区信息透明度低的企业,国家审计对其环保投资规模具有显著的促进作用。

表 6-9　　　　国家审计、地区信息透明度与国有企业环保投资

变量	(1) 人均 GDP 高 ENVI_GZ	(2) 人均 GDP 低 ENVI_GZ	(3) 地区上网率高 ENVI_GZ	(4) 地区上网率低 ENVI_GZ	(5) 东部地区 ENVI_GZ	(6) 中西部地区 ENVI_GZ
AUDITGG_TR	0.0040	0.0076**	0.0035	0.0081**	0.0032	0.0072**
	(1.35)	(2.09)	(1.13)	(2.21)	(0.93)	(2.12)
SIZE	0.0043	-0.0049	0.0023	-0.0021	0.0010	-0.0013
	(1.30)	(-1.43)	(0.62)	(-0.59)	(0.50)	(-0.30)
LEV	0.0118	0.0387*	0.0120	0.0399*	0.0151*	0.0356*
	(1.41)	(1.74)	(1.39)	(1.77)	(1.93)	(1.73)

① 上网率用各省份统计的上网人数除以各省份的总人数衡量;东部地区和中西部地区的划分根据《中国统计年鉴》中的划分方法。

续表

变量	(1) 人均GDP高 ENVI_GZ	(2) 人均GDP低 ENVI_GZ	(3) 地区上网率高 ENVI_GZ	(4) 地区上网率低 ENVI_GZ	(5) 东部地区 ENVI_GZ	(6) 中西部地区 ENVI_GZ
TATR	0.0029	-0.0342**	0.0009	-0.0264*	0.0025	-0.0254*
	(0.85)	(-2.07)	(0.26)	(-1.76)	(0.74)	(-1.93)
ROE	0.0098	0.0275*	0.0075	0.0277*	0.0062	0.0280*
	(1.14)	(1.75)	(0.80)	(1.95)	(0.91)	(1.94)
GROWTH	-0.0006	-0.0012	0.0006	-0.0026	0.0001	-0.0019
	(-0.27)	(-0.75)	(0.27)	(-1.42)	(0.06)	(-1.11)
CASHRATIO	-0.0213**	-0.0137	-0.0187*	-0.0221	-0.0097	-0.0299
	(-2.01)	(-0.72)	(-1.93)	(-1.01)	(-1.15)	(-1.58)
AGE2	-0.0110	0.0102	-0.0180***	0.0134	-0.0150**	0.0103
	(-1.22)	(1.51)	(-2.65)	(1.30)	(-2.56)	(0.93)
TOP1	-0.0082	-0.0256	-0.0035	-0.0299	-0.0053	-0.0256
	(-0.44)	(-0.98)	(-0.17)	(-1.19)	(-0.48)	(-1.00)
INDEPER	-0.0323	-0.0379	-0.0407	-0.0425	-0.0314	-0.0441
	(-1.38)	(-0.95)	(-1.62)	(-1.20)	(-1.16)	(-1.33)
BROADSIZE	-0.0139	-0.0093	-0.0221	-0.0012	-0.0226	0.0000
	(-0.93)	(-0.49)	(-1.39)	(-0.07)	(-1.31)	(0.00)
LZHY	-0.0025	0.0033	0.0008	0.0003	-0.0059*	0.0062
	(-0.41)	(1.04)	(0.14)	(0.06)	(-1.88)	(0.90)
SO_2	0.0011	0.0017	0.0031	0.0020	0.0020	0.0013
	(0.28)	(0.33)	(0.76)	(0.43)	(0.95)	(0.25)
SOOTDUST	-0.0015	0.0021	-0.0019	0.0027	-0.0012	0.0016
	(-0.60)	(0.62)	(-0.82)	(0.83)	(-0.55)	(0.47)
SOLIDWAST	-0.0013	0.0070	-0.0062*	0.0094*	-0.0028	0.0068
	(-0.29)	(1.45)	(-1.72)	(1.84)	(-0.92)	(1.27)
CONSTANT	0.0040	0.0076**	0.0035	0.0081**	0.0032	0.0072**
	(1.35)	(2.09)	(1.13)	(2.21)	(0.93)	(2.12)
公司	是	是	是	是	是	是
年度	是	是	是	是	是	是
地区	是	是	是	是	是	是
观测值	1420	988	1290	1118	1119	1289
Adj_R^2	0.021	0.063	0.032	0.056	0.037	0.048

(三) 国家审计、行业竞争度与国有企业环保投资

企业所在行业的竞争度越高,企业面临的外部环境越复杂,当企业出现负面信息时,企业声誉下滑速度快且融资成本上升,企业的市场竞争者剥夺企业投资机会和市场份额的可能性较大,使企业面临较大的经营风险,为了降低负面企业信息带来的高经营风险,企业会采取积极措施整改问题,并向市场传递正面信息,降低市场竞争者挤占企业投资机会和市场份额的风险。当企业面临的行业竞争度较低时,企业负面信息对其经营产生的影响有限,问题整改的积极性可能不足,国家审计机关发现并揭示的企业环保问题及企业在重大决策与管理、政策落实和发展潜力等方面的问题,更能够引起高行业竞争度企业的重视,迫使其采取措施进行整改,或通过平衡生产型投资和环保投资,增加企业经营与经济高质量发展的匹配程度,以挽回高管自身的声誉以及企业的形象,降低负面信息给企业带来的经营风险。因此,本章研究预测国家审计对处于行业竞争度较高企业的环保投资规模具有显著的促进作用。

本章研究用同行业企业数量的年度均值、是否属于竞争类国有企业和赫芬达尔指数的年度均值作为衡量行业竞争度高低的标准对模型（6-1）进行分组回归①,回归结果如表6-10所示,在同行业企业数量多组、竞争类国有企业组和赫芬达尔指数低组,国家审计（AUDITGG_TR）的系数显著为正,在同行业企业数量少组、非竞争类国有企业组和赫芬达尔指数高组,国家审计（AUDITGG_TR）的系数不显著。以上回归结果表明,国家审计对所处行业竞争度较高企业的环保投资规模具有显著的促进作用。

(四) 国家审计、CEO特征与国有企业环保投资

个体声誉是群体给予个体的尊重和信心,对个体具有激励和约束效应。个体的社会层次越高,对声誉的需求和维护意愿越强烈。高学历CEO具有丰富的知识阅历和较强的认知能力,能够深度地思考和处理信息,在职业生涯中积累的社会声誉通常较高,也更重视维护自己的社会声誉;学

---

① 本章将《中共中央、国务院关于深化国有企业改革的指导意见》（中发〔2015〕22号）中划分商业类和公益类国有企业的标准作为划分竞争类和非竞争类国有企业的标准;赫芬达尔指数用行业内各公司的主营业务收入除以行业主营业务收入的平方进行累加计算所得。

表 6-10　　国家审计、行业竞争度与国有企业环保投资

变量	（1） 同行企业 数量多 ENVI_GZ	（2） 同行企业 数量少 ENVI_GZ	（3） 竞争类 企业 ENVI_GZ	（4） 非竞争类 企业 ENVI_GZ	（5） 赫芬达尔 指数低 ENVI_GZ	（6） 赫芬达尔 指数高 ENVI_GZ
AUDITGG_TR	0.0078**	0.0040	0.0074**	0.0033	0.0084**	-0.0010
	(2.01)	(1.47)	(2.30)	(1.03)	(2.24)	(-0.40)
SIZE	0.0044	-0.0040	-0.0029	0.0103***	0.0014	0.0043
	(1.43)	(-1.40)	(-1.08)	(3.02)	(0.43)	(1.28)
LEV	0.0155	0.0334***	0.0130	0.0397***	0.0251*	0.0116
	(1.30)	(3.05)	(1.30)	(2.99)	(1.66)	(0.75)
TATR	-0.0047	-0.0168***	-0.0080*	-0.0181***	-0.0142*	0.0018
	(-0.84)	(-3.34)	(-1.66)	(-2.93)	(-1.67)	(0.33)
ROE	0.0104	0.0212**	0.0127	0.0226**	0.0255**	-0.0118
	(0.84)	(2.27)	(1.20)	(2.13)	(2.06)	(-1.15)
GROWTH	-0.0029	-0.0002	0.0003	-0.0032	-0.0010	-0.0045*
	(-1.11)	(-0.09)	(0.13)	(-1.26)	(-0.57)	(-1.74)
CASHRATIO	-0.0262	-0.0169	-0.0106	-0.0261	-0.0275**	0.0025
	(-1.30)	(-1.09)	(-0.71)	(-1.27)	(-2.36)	(0.18)
AGE2	0.0105	-0.0119*	0.0053	-0.0139*	-0.0014	-0.0104
	(1.29)	(-1.89)	(0.74)	(-1.88)	(-0.17)	(-1.59)
TOP1	-0.0005	-0.0400**	-0.0227	0.0113	-0.0234	0.0209
	(-0.03)	(-2.41)	(-1.51)	(0.57)	(-1.10)	(1.22)
INDEPER	0.0221	-0.0542**	-0.0157	-0.0384	-0.0036	-0.0732**
	(0.61)	(-2.18)	(-0.49)	(-1.39)	(-0.13)	(-2.19)
BROADSIZE	0.0378***	-0.0312***	0.0133	-0.0268***	0.0094	-0.0600***
	(2.59)	(-3.51)	(1.11)	(-2.65)	(0.71)	(-2.83)
LZHY	0.0035	-0.0028	0.0071	-0.0066	0.0010	-0.0039
	(0.62)	(-0.69)	(1.57)	(-1.31)	(0.18)	(-1.23)
SO_2	0.0073	0.0002	0.0019	0.0003	0.0024	0.0038
	(1.58)	(0.06)	(0.54)	(0.10)	(0.59)	(1.12)
SOOTDUST	-0.0006	-0.0015	0.0013	-0.0016	0.0017	-0.0007
	(-0.17)	(-0.62)	(0.44)	(-0.60)	(0.52)	(-0.34)

续表

变量	(1) 同行企业数量多 ENVI_GZ	(2) 同行企业数量少 ENVI_GZ	(3) 竞争类企业 ENVI_GZ	(4) 非竞争类企业 ENVI_GZ	(5) 赫芬达尔指数低 ENVI_GZ	(6) 赫芬达尔指数高 ENVI_GZ
SOLIDWAST	0.0090	-0.0015	0.0072	-0.0028	0.0054	-0.0038
	(1.12)	(-0.31)	(1.17)	(-0.49)	(0.77)	(-1.54)
CONSTANT	0.0078**	0.0040	0.0074**	0.0033	-0.0278	0.0678
	(2.01)	(1.47)	(2.30)	(1.03)	(-0.33)	(0.72)
公司	是	是	是	是	是	是
年度	是	是	是	是	是	是
地区	是	是	是	是	是	是
观测值	945	1463	1202	1206	1680	728
Adj_R²	0.044	0.044	0.036	0.062	0.034	0.121

术研究具有复杂性、自主性和前瞻性等特征，长期的学术研究工作能够较大程度地影响人的价值观和行为模式，具有学术经历的 CEO 通常具有自我超越的价值观和较高的社会责任感，更愿意从企业的长远利益出发去思考和决策，在推动企业实施环保投资方面的积极性相对较高；在多个公司有兼职的 CEO 通常也具有较高的社会声誉，一旦声誉受损影响的范围较广，声誉受损的经济后果也较严重，为了避免声誉受损带来的严重后果，其对声誉的维护意愿较强烈，在经营过程中遵守环保法律法规和响应国家环保政策号召的意识也较强。而学历较低的 CEO 和没有在多个公司兼职的 CEO 在自身声誉维护方面的重视程度相对不高，对企业环保投资这种见效较慢的投资积极性不高，没有学术经历的 CEO 的社会责任感有限，其思考和决策的长远考虑可能有所不足，在一定程度上也会限制企业的环保投资规模。在国家审计的高权威性、强独立性和精专业性下，国家审计机关发现并揭示的企业环保问题及企业在重大决策与管理、政策落实和发展潜力等方面的问题会引起低学历 CEO、无学术经历 CEO 和无兼职公司 CEO 的高度重视，企业会采取较积极的措施进行整改，或通过平衡生产型投资和环保投资，增加企业经营与经济高质量发展的匹配程度，以挽回个人声誉。

第六章 国家审计与国有企业环保投资的实证研究

因此，本章研究预测国家审计对低学历 CEO、无学术经历 CEO 和无兼职公司 CEO 所在企业的环保投资规模具有显著的促进作用。

本章研究以 CEO 是否为硕士或博士研究生作为划分学历高低的标准，以 CEO 是否在高校、非营利性科研机构和学术性组织工作过作为划分有无学术经历的标准，以 CEO 是否同时在其他公司兼职作为划分有无兼职的标准，对模型（6-1）进行分组回归，回归结果如表 6-11 所示，在 CEO 学历低组、CEO 无学术经历组和 CEO 无兼职公司组，国家审计（AUDITGG_TR）的系数显著为正，在 CEO 学历高组、CEO 有学术经历组和 CEO 有兼职公司组，国家审计（AUDITGG_TR）的系数不显著。以上回归结果表明，国家审计对低学历 CEO、无学术经历 CEO 和无兼职公司 CEO 所在企业的环保投资规模具有显著的促进作用。

表 6-11　　　　　　国家审计、CEO 特征与国有企业环保投资

变量	(1) CEO 学历高 ENVI_GZ	(2) CEO 学历低 ENVI_GZ	(3) CEO 有学术经历 ENVI_GZ	(4) CEO 无学术经历 ENVI_GZ	(5) CEO 有兼职公司 ENVI_GZ	(6) CEO 无兼职公司 ENVI_GZ
AUDITGG_TR	0.0017	0.0133*	0.0039	0.0064**	-0.0033	0.0076**
	(0.26)	(1.69)	(0.79)	(2.34)	(-1.00)	(2.46)
SIZE	-0.0038	0.0026	0.0164	0.0000	0.0081	-0.0012
	(-0.61)	(0.36)	(1.08)	(0.01)	(1.00)	(-0.53)
LEV	0.0443*	0.0486*	-0.0240	0.0231*	0.0001	0.0257*
	(1.81)	(1.93)	(-0.74)	(1.77)	(0.00)	(1.73)
TATR	-0.0084	-0.0335**	-0.0134	-0.0124*	-0.0106*	-0.0095
	(-0.88)	(-2.49)	(-0.59)	(-1.74)	(-1.79)	(-1.18)
ROE	0.0069	0.0436**	0.0015	0.0165*	0.0052	0.0159
	(0.60)	(2.16)	(0.11)	(1.74)	(0.51)	(1.57)
GROWTH	0.0006	-0.0002	0.0045	-0.0015	0.0018	-0.0023
	(0.34)	(-0.04)	(1.29)	(-0.98)	(0.58)	(-1.37)
CASHRATIO	0.0250	-0.0279	-0.0327	-0.0188*	-0.0057	-0.0118
	(0.79)	(-0.83)	(-1.48)	(-1.74)	(-0.50)	(-1.11)

续表

变量	(1) CEO 学历高 ENVI_GZ	(2) CEO 学历低 ENVI_GZ	(3) CEO 有 学术经历 ENVI_GZ	(4) CEO 无 学术经历 ENVI_GZ	(5) CEO 有 兼职公司 ENVI_GZ	(6) CEO 无 兼职公司 ENVI_GZ
AGE2	-0.0122	0.0175	0.0065	-0.0021	0.0083	-0.0093
	(-0.89)	(0.96)	(0.81)	(-0.27)	(0.60)	(-1.63)
TOP1	0.0324	-0.0100	0.1510	-0.0169	0.0314	-0.0274*
	(0.87)	(-0.22)	(1.27)	(-1.27)	(0.74)	(-1.73)
INDEPER	-0.0246	0.0563	0.0273	-0.0222	-0.0354	-0.0482*
	(-0.42)	(0.83)	(0.61)	(-1.05)	(-0.89)	(-1.66)
BROADSIZE	-0.0191	0.0327	-0.0022	-0.0029	-0.0101	-0.0256*
	(-0.85)	(1.23)	(-0.13)	(-0.25)	(-0.44)	(-1.84)
LZHY	-0.0111	0.0124	0.0073	-0.0033	0.0004	-0.0071
	(-1.11)	(0.92)	(1.22)	(-0.81)	(0.26)	(-1.36)
SO_2	0.0067	0.0024	0.0120	-0.0000	0.0085	-0.0038
	(0.93)	(0.30)	(1.09)	(-0.00)	(1.45)	(-0.91)
SOOTDUST	-0.0119**	-0.0008	-0.0123*	0.0011	-0.0022	-0.0007
	(-2.09)	(-0.12)	(-1.81)	(0.51)	(-0.57)	(-0.27)
SOLIDWAST	0.0015	0.0004	-0.0031	0.0021	0.0128	-0.0036
	(0.12)	(0.03)	(-0.50)	(0.57)	(1.42)	(-1.22)
CONSTANT	0.1336	-0.1621	-0.4118	0.0290	-0.1574	0.1279*
	(0.93)	(-0.94)	(-1.09)	(0.41)	(-0.77)	(1.81)
公司	是	是	是	是	是	是
年度	是	是	是	是	是	是
地区	是	是	是	是	是	是
观测值	1482	916	349	2045	841	1567
Adj_R^2	0.043	0.055	0.092	0.041	0.046	0.032

第六章 国家审计与国有企业环保投资的实证研究

第五节 本章小结

本章基于2009—2018年审计署公布的央企集团审计结果公告,研究国家审计对国有企业环保投资的治理效应。研究发现,国家审计对国有企业环保投资规模具有显著的促进作用;区域审计覆盖面的扩大,强化了国家审计对国有企业环保投资规模的促进作用。通过实施平行趋势检验、更换自变量的衡量方式、更换样本区间、Heckman两阶段检验、安慰剂检验、PSM检验以及更改回归模型等一系列稳健性检验后,研究结论仍然成立。机制检验表明,国家审计能够通过降低企业的代理成本和增强企业监事会效能两个途径发挥对国有企业环保投资规模的促进作用。进一步研究表明,国家审计主要对股权制衡度低、董事持股比例低和高管薪酬低的企业,所处地区信息透明度低的企业,行业竞争度高的企业以及CEO具有学历低、无学术经历和无兼职公司特征的企业的环保投资规模具有显著的促进作用。

本章研究结论对提升国有企业环保投资规模,促进经济社会绿色发展具有重要的理论和现实意义。首先,本章研究丰富了国家审计对国有企业治理的相关研究。国家审计的强独立性和精专业性使其能够发现被审计国有企业在环境治理项目和开工建设项目等方面存在的环保问题以及在重大决策与管理、政策落实、发展潜力等方面的问题,在国家审计的高权威性下,被审计国有企业会积极通过实施环保投资的方式解决环保问题,或通过平衡生产型投资和环保投资,增加企业经营与经济高质量发展的匹配程度,以降低审计结果公告中披露的环保问题及环保相关问题给企业带来的负面影响。其次,本章研究丰富了企业投资的影响因素研究。由于企业环保投资在短期内并不会带来显著的经济效益,企业环保投资的内生意愿并不强烈,通过国家审计这种外部强监管的方式发现和披露企业环保问题,增强企业信息透明度,可以有力地推动企业实施环保投资。最后,本章研究为审计机关设计更加合理有效的审计实施方案,提升企业环保投资水平,促进经济社会绿色发展提供了经验证据。国家审计对国有企业环保投资的促进作用在审计结果公告后第一年和第二年显著,在第三年不再显著,在一定程度上反映了国家审计的时效性以及持续性审计对提升企业环保投资水平的必要性。国家审计对股权制衡度低、董事持股比例低和高管薪酬低的企业,所处地区信息透明度低的企业,行业竞争度高的企业以及CEO具有学历低、无学术经历和无兼职公司特征的企业具有显著的环保投资治理效应的研究发现可以使审计机关在资源有限的情况下,合理配置审计资源,以提高审计效率。

第七章

国家审计与国有企业对外直接投资的实证研究

第一节 问题提出

党的十八大报告指出,"必须实行更加积极主动的开放战略","加快走出去步伐,增强企业国际化经营能力,培育一批世界水平的跨国公司"。党的十九大报告指出,"推动形成全面开放新格局","要以'一带一路'建设为重点,坚持引进来和走出去并重","加快培育国际经济合作和竞争新优势",这体现了国家对"走出去"战略的关注和重视。作为"走出去"战略的重要组成部分,对外直接投资与国内大循环相互促进,共同推动经济的高质量发展,是促进共建全球"利益共同体"和人类"命运共同体"的重要方式,在新发展格局中发挥举足轻重的作用。现有研究发现:宏观方面,对外直接投资有利于刺激产业结构升级(Li 和 Yu,2020),提升出口的成熟度(Zhang 和 Chen,2020),增强国家能源安全(Zhao 等,2020),促进贸易福利(尹斯斯等,2020),促进国内经济稳定增长(Hao 等,2020);微观方面,对外直接投资能够促进企业长期投资的发展(杨平丽和张建民,2017),提高企业创新产出(明秀南等,2019),提升具有较高管理效率企业的经济效益(余官胜等,2018),提高企业履行社会责任的程度(王全景,2018),促进企业经济增长质量水平的提升(孔群喜等,2019)。

国有企业是中国对外直接投资的"先行者"和"主力军",在中国企业"走出去"进程中发挥着示范效应和声誉效应(赵勇和初晓,2021)。然而,在经济下行、经贸摩擦和疫情的冲击下,近几年来中国企业"走出去"的步伐与以往相比明显放缓。中国企业在欧美发达国家的投资,尤其是在高科技行业的海外并购受到越来越严格的限制和审查。另外,在所有权和经营权相分离的现代企业制度下,由于海外投资的高风险特征,管理层出于对自身职业生涯和声誉的担忧,通常缺乏足够的海外投资激励,对外直接投资意愿往往不足。国有企业是国家审计监督的重要对象,促进国有企业发展是国家审计对国有企业实施监督的核心目标之一(王海林和张丁,2021)。现有研究发现,国家审计能够促进企业内控制度的完善(池国华等,2019),抑制企业高管的超额在职消费和虚增收入行为(褚剑和方军雄,2016;杨华领和宋常,2019),降低企业的盈余管理程度(陈宋生等,2013),提高企业管理层的风险承担意愿(王美英等,2019),抑制企业过度投资(王兵等,2017),促进企业创新(褚剑等,2018),提升企业全要素生产率(郭金花和杨瑞平,2020),促进企业资产保值增值(郭檬楠和吴秋生,2018),助推企业高质量发展(董志愿和张曾莲,2021),那么国家审计能否促进国有企业对外直接投资呢?又是通过什么途径促进国有企业对外直接投资呢?

本章基于2009—2018年审计署公布的央企集团审计结果公告,研究国家审计对国有企业对外直接投资的促进作用。本章的边际贡献在于:(1)现有文献主要研究了经济政策不确定性、产业政策、货币政策、汇率水平和金融发展等外部因素以及企业生产率、融资约束、股权结构和高管背景等内部因素对企业对外直接投资的影响,较少文献研究外部监管对企业对外直接投资的影响,本章研究国家审计对国有企业对外直接投资的影响,研究发现国家审计能够显著提升国有企业对外直接投资速度,丰富了企业对外直接投资的影响因素研究及国家审计对国有企业治理的相关研究。(2)现有文献较少研究国家审计对国有企业对外直接投资产生治理效应的作用机制,本章从企业全要素生产率和董事会勤勉度两个方面检验了国家审计提升国有企业对外直接投资速度的作用机理,有助于深入理解国家审计促进

第七章　国家审计与国有企业对外直接投资的实证研究

国有企业对外直接投资的内在机理，丰富了对国家审计的国有企业治理效应的认识。（3）现有文献较少涉及国家审计对国有企业对外直接投资治理的动态效应研究，本章研究发现国家审计在审计结果公告后一至四年能够显著提升国有企业对外直接投资速度，在审计结果公告后第四年显著性水平高于审计结果公告后一至三年，表明企业对外直接投资具有一定的积累效应和规模效应，这为审计机关设计更加合理有效的审计实施方案提供了经验证据。

第二节　理论分析与研究假设

对外直接投资是"走出去"战略的重要组成部分，异质性企业贸易理论（也称为新新贸易理论）指出生产率是企业对外直接投资的重要决定因素（Melitz，2003）。高生产率企业通常具有较强的市场竞争力，拥有较先进的生产技术，能够承担进入国际市场的固定成本，具备较强的实力应对对外直接投资所面临的政治风险、经济风险和社会风险。生产率越高的企业实施对外直接投资的概率越大，较低的生产率会弱化企业实施对外直接投资的动机（田巍和于淼杰，2012），另外，对外直接投资面临来自东道国政治领域、经济发展、文化习俗和道德等方面的风险，是一项风险较高的经营投资决策，企业可能需要承担较大的经营决策失败损失，出于对自身声誉和职业生涯的考虑，国有企业高管可能缺乏实施对外直接投资的意愿。国家审计具有服务国家治理的职能。国有企业治理是国家治理的重要组成部分，促进国有企业贯彻执行国家政策是国家审计服务国家治理职能在国有企业治理方面的重要体现。在国家"走出去"战略的倡导下，国家审计能够通过提升国有企业的全要素生产率和董事会的勤勉度，增强企业对外直接投资的内在动力和助推力，促进国有企业实施对外直接投资。

一是国家审计能够提升国有企业的全要素生产率，增强企业实施对外直接投资的内在动力。全要素生产率的提升包括技术进步和提高资源配置效率两大路径，国家审计在提升国有企业全要素生产率，增强企业对外直接投资内在动力方面发挥着重要的作用。首先,国家审计机关对国有企业创新驱动战略的落实情况及创新驱动战略运行情况的直接监督,有助于推动企业技术进步。在具体实施过程中,一方面审计机关通过增加审计监督内容的种类,多方位揭示企业运营过程中存在的不利于创新的违规违纪金额及问题,以发现企业未按计划完成的关键核心技术,增强企业信息披露质量,抑制企业的研发操纵行为;另一方面审计机关针对审计中发现的不利于企业创新的问题,督促企业整改,使企业缩小科技投入和研发投资比重与监管部门要求之间的差距,提升企业核心技术的攻关速度。如审计署2016年17号审计结果公告显示,中国铝业公司科技投入和研发投资比重与监管部门要求均存在较大差距,审计机关要求其进行整改。其次,国家审计能够抑制高管超额在职消费,提高企业资源使用效率。国家审计的高权威性、强独立性和精专业性使其能够快速有效地查处企业存在的高管超额在职消费行为,同时,审计公告制度的引入能够引起社会监督和媒体关注,增强了对高管超额在职消费的威慑作用。另外,审计机关针对审计中发现的被审计国有企业在内部治理和内控制度等方面的缺陷提出建设性意见,能够促进被审计国有企业加强内部治理,健全内控制度,减少企业高管超额在职消费的机会。企业高管超额在职消费问题的整改,有助于企业节约资源,集中精力谋划未来发展,提高资源配置效率,为企业对外直接投资的实施积蓄内生动力源。最后,审计机关通过深入了解国有企业对低效无效资产的清理情况,对于未按要求进行清理或清理工作进展缓慢的问题以及未清理资产的比重予以披露,督促企业进行整改,使企业能够轻装上阵,合理配置资源,提升企业的资源配置效率,为企业实施对外直接投资创造内在条件。

二是国家审计能够提升国有企业董事会的勤勉度,增强国有企业实施对外直接投资的助推力。董事会既是企业所有权的代理人,也是经营管理的委托人,在公司治理中处于核心位置,在企业战略管理中发挥监督和控制职能的同时,还可以通过提供资源、积极参与战略制定等方式对企业战略决策发挥重要影响。审计机关在对国有企业实施审计的过程中会关注企业发展潜力方面的事项,如企业技术是否适合国内市场、是否存在产能冗

第七章 国家审计与国有企业对外直接投资的实证研究

余以及是否有稳定的经济增长点等问题,在国家审计的高权威性、强独立性和警示效应下,审计机关发现的企业在发展潜力方面的问题,能够引起董事会的重视,促使董事会在企业战略管理中勤勉地发挥监督和控制职能,识别企业高管不作为、慢作为,流连低风险区的情形,为企业发展战略的制定提供一定的资源和决策支持。对外直接投资有助于企业开拓海外市场、有效地绕过多种形式的贸易壁垒和通过产业联动促进出口发展,提升企业经济效益,是解决技术市场适应性问题、产能冗余问题以及寻找经济增长点的有效途径。在国家"走出去"战略的倡导下,董事会勤勉度的提升能够加快企业实施对外直接投资的步伐。

基于上述分析,本章提出以下假设:

H_{7-1}:随着国家审计的实施,国有企业的对外直接投资速度会提升,即国家审计对国有企业的对外直接投资速度具有促进作用。

第三节 研究设计

一、样本选择与数据来源

审计署自 2010 年至 2018 年对外公布了所审计的央企集团审计结果公告,由于审计介入年度为审计公告年度的上一年,本章以 2009—2018 年为样本区间,将实际控制人或直接控股股东为央企集团的 A 股上市公司作为研究对象,剔除金融行业公司、ST 和 *ST 公司以及数据缺失的样本,最终获得 3025 个样本观测值。国家审计的相关数据根据审计署网站公布的央企集团审计结果公告手工收集,对外直接投资数据来源于 CSMAR 数据库中国上市公司关联交易研究数据库中的关联公司基本文件,将上市公司每年在海外(包括港澳台)的子公司、联营企业和合营企业的数量之和作为企业当年对外直接投资的数量,其他数据来自 CSMAR 数据库。采用 STATA 15.0 进行数据处理和分析。

二、变量定义

（一）企业对外直接投资速度

本章用上市公司每年的海外子公司、联营企业和合营企业的数量之和作为企业当年对外直接投资的数量，用当年的对外直接投资数量减去上一年的对外直接投资数量的差衡量企业当年对外直接投资速度（OFDI_SD）。

（二）国家审计公告前后虚拟变量

由于企业对外直接投资的金额大、风险高，企业实施对外直接投资的决策程序需要相当一段时间，国家审计对国有企业对外直接投资产生治理效应可能具有一定的滞后性，审计署介入央企审计时审计的是介入年度上一年的财务收支报告，审计公告年度为审计介入年度的下一年，本章将审计署审计过的央企控股上市公司在审计公告年度及以后年度的 AUDITGG_TR 赋值 1，审计公告年度前赋值 0。如果存在央企多次被审计署审计的情况，审计公告年度取第一次审计公告的时间，同时将从未经审计署审计的央企控股上市公司的 AUDITGG_TR 赋值 0。

（三）控制变量

参考相关文献，本章还控制了可能影响企业对外直接投资速度的如下变量：公司规模（SIZE）、资产负债率（LEV）、营业收入增长率（GROWTH）、净资产收益率（ROE）、总资产周转率（TATR）、固定资产占比（GDZCBZ）、公司成立年龄（AGE1）、前十大股东持股比（TOP10）、独董占比（INDEPR）、董事会规模（BROADSIZE）和两职合一（LZHY）。此外，本章还控制了个体和年度固定效应。本章的主要变量定义与说明具体如表 7-1 所示。

表 7-1　　　　　　　　　　　主要变量定义与说明

变量名称	变量符号	变量说明
企业对外直接投资速度	OFDI_SD	上市公司每年的海外子公司、联营企业和合营企业的数量之和作为企业当年对外直接投资的数量，用当年的对外直接投资数量减去上一年的对外直接投资数量的差衡量企业当年对外直接投资速度

续表

变量名称	变量符号	变量说明
国家审计公告前后虚拟变量	AUDITGG_TR	审计公告年度及以后年度赋值1，审计公告年度前赋值0，如果存在央企多次被审计署审计的情况，审计公告年度取第一次审计公告的时间，同时将从未经过审计署审计的央企控股上市公司赋值0
公司规模	SIZE	年末总资产的自然对数
资产负债率	LEV	年末负债总额/年末总资产
营业收入增长率	GROWTH	（当年营业收入－上年营业收入）/上年营业收入
净资产收益率	ROE	净利润/年末净资产
总资产周转率	TATR	营业收入/年末总资产
固定资产占比	GDZCBZ	固定资产净额/年末总资产
公司成立年龄	AGE1	公司成立年限的自然对数
前十大股东持股比	TOP10	前十大股东持股数量/总股数
独董占比	INDEPR	独董人数/董事会总人数
董事会规模	BROADSIZE	董事会人数的自然对数
两职合一	LZHY	董事长和总经理两职合一时为1，否则为0

三、模型设定

为检验假设 H_{7-1}，本章参考柳光强和王迪（2021）、陈文川等（2021）学者的研究，构建多期 DID 模型（7－1）。

$$OFDI\_SD = a_0 + a_1 AUDITGG\_TR + \sum CONTROLS + \sum FIRM + \sum YEAR + \varepsilon$$

(7－1)

模型（7－1）中 AUDITGG_TR 的系数用于度量国家审计对国有企业对外直接投资速度产生影响的净效应。为了缓解遗漏变量等情况造成的内生性问题，在回归模型中控制公司和年度固定效应，回归时在公司层面进行聚类处理。

第四节 实证结果分析

一、描述性统计

表7-2报告了国家审计影响国有企业对外直接投资速度的描述性统计结果。企业对外直接投资速度（OFDI_SD）的均值为0.172，最大值为47，最小值为-35，标准差为2.234，表明央企控股上市公司对外直接投资的总体速度较低，且存在较大的差距，在一定程度上说明通过政府部门的监管，督促企业提升对外直接投资速度的必要性和现实意义。国家审计结果公告前后虚拟变量（AUDITGG_TR）的均值为0.285，表明有28.5%的样本观测值经过国家审计，经过国家审计的样本观测值并不多。SIZE的均值为22.84，中位数为22.59，表明央企控股上市公司的总体规模较大，LEV的均值为0.509，中位数为0.522，表明央企控股上市公司的总体负债水平适中。其他变量的统计结果与现有文献基本一致，在此不再赘述。

表7-2　　　　　　　　　描述性统计结果

变量	观测值	均值	标准差	最大值	最小值	p25	p50
OFDI_SD	3025	0.172	2.234	47	-35	0	0
AUDITGG_TR	3025	0.285	0.451	1	0	0	0
SIZE	3025	22.840	1.663	28.510	19.480	21.720	22.590
LEV	3025	0.509	0.205	0.996	0.016	0.358	0.522
GROWTH	3025	0.199	1.307	55.76	-0.873	-0.033	0.097
ROE	3025	0.057	0.181	1.135	-4.320	0.024	0.069
TATR	3025	0.694	0.508	4.402	0.012	0.374	0.571
GDZCBZ	3025	0.266	0.207	0.948	0	0.103	0.209
AGE1	3025	2.790	0.361	3.689	1.099	2.639	2.833
TOP10	3025	0.589	0.159	0.986	0.139	0.484	0.589
BROADSIZE	3025	2.216	0.194	2.773	1.609	2.197	2.197
INDEPR	3025	0.371	0.062	0.800	0.125	0.333	0.333
LZHY	3025	0.060	0.237	1	0	0	0

二、基本回归结果分析

表7-3报告了国家审计对国有企业对外直接投资速度的回归结果,第(1)至第(5)列均显示国家审计(AUDITGG_TR)与国有企业对外直接投资速度(OFDI_SD)显著正相关,第(5)列的回归系数为0.3048,在5%的水平上显著,反映了国家审计(AUDITGG_TR)对国有企业对外直接投资速度(OFDI_SD)具有显著的促进作用。实证结果表明,国家审计能够促使国有企业提升全要素生产率,提高抵御风险的能力,增强企业对外直接投资的内在动力。同时,在国家审计的警示效应下,审计机关发现和披露的企业在发展潜力方面的问题能够促使国有企业董事会提升工作勤勉度,积极发挥监督和控制职能,识别企业高管不作为、慢作为和流连低风险区的情形,在国家"走出去"战略的倡导下,增强国有企业对外直接投资的助推力,使被审计国有企业的对外直接投资速度得到提升,从而验证了本章的研究假设 H_{7-1}。

表7-3　　国家审计与国有企业对外直接投资速度

变量	(1) OFDI_SD	(2) OFDI_SD	(3) OFDI_SD	(4) OFDI_SD	(5) OFDI_SD
AUDITGG_TR	0.2836**	0.2911**	0.2918*	0.2894*	0.3048**
	(2.17)	(2.04)	(1.92)	(1.95)	(2.03)
SIZE				-0.0716	-0.1863*
				(-0.80)	(-1.88)
LEV				0.4831	0.7110
				(0.87)	(1.31)
GROWTH				0.2274***	0.2243***
				(2.93)	(2.95)
ROE				0.0671	0.0397
				(0.50)	(0.29)
TATR				-0.0769	-0.0554
				(-0.61)	(-0.45)
GDZCBZ				-0.2111	-0.2756
				(-0.51)	(-0.66)

续表

变量	(1) OFDI_SD	(2) OFDI_SD	(3) OFDI_SD	(4) OFDI_SD	(5) OFDI_SD
AGE1					1.2327**
					(2.08)
TOP10					1.5309**
					(1.98)
BROADSIZE					0.7947**
					(2.08)
INDEPR					-0.0193
					(-0.03)
LZHY					0.1136
					(1.34)
常数项	0.0911***	-0.1296	-0.1698	1.2606	-2.0394
	(2.68)	(-1.11)	(-1.34)	(0.66)	(-1.19)
公司	否	否	是	是	是
年度	否	是	是	是	是
样本数	3025	3025	3025	3025	3025
Adj_R^2	0.002	0.007	0.008	0.026	0.030

注：括号内为 t 值；*、** 和 *** 分别表示在 10%、5% 和 1% 的水平上显著，回归分析时采用稳健标准误，下表同。

三、稳健性检验

（一）平行趋势检验

本章构建的模型（7-1）为多期 DID 模型，运用该模型的前提是审计组和控制组在审计前企业的对外直接投资速度不存在显著性差异。参考柳光强和王迪（2021）等的研究，设置如下动态模型（7-2）进行检验，其中，AUDITGG_3、AUDITGG_2、AUDITGG_1、AUDITGG0、AUDITGG1、AUDITGG2、AUDITGG3 和 AUDITGG4 分别代表审计署发布审计结果公告的前三年、前两年、前一年、审计当年、审计后一年、后两年、后三年和后四年。

第七章 国家审计与国有企业对外直接投资的实证研究

$$OFDI\_SD = \gamma_0 + \gamma_1 AUDITGG\_3 + \gamma_2 AUDITGG\_2 + \gamma_3 AUDITGG\_1 + \gamma_4 AUDITGG0 + \gamma_5 AUDITGG1 + \gamma_6 AUDITGG2 + \gamma_7 AUDITGG3 + \gamma_8 AUDITGG4 + \sum CONTROLS + \sum FIRM + \sum YEAR + \varphi$$

(7-2)

从表7-4报告的平行趋势检验结果来看,在审计署对外发布审计结果公告的前三年和当年回归系数不显著,而在审计署对外发布审计结果公告的后四年回归系数显著为正,通过平行趋势检验。从审计署对外公布审计结果公告后的动态效应可以看出,国家审计在审计结果公告后四年对国有企业对外直接投资速度具有显著的促进作用,在审计结果公告当年不产生促进作用,这可能是由于对外直接投资的金额大、风险高,企业实施对外直接投资的决策程序需要相当一段时间,国家审计对国有企业对外直接投资速度产生的促进效应具有一定的滞后性,在审计结果公告后第四年显著性水平高于审计结果公告后一至三年,可能是企业对外直接投资具有的累积效应和规模效应进一步提升了显著性程度。

表7-4　　　　　　　　稳健性检验：平行趋势检验

变量	(1) OFDI_SD	(2) OFDI_SD
AUDITGG_3	0.0461	0.0350
	(0.33)	(0.26)
AUDITGG_2	0.0975	0.0321
	(0.40)	(0.15)
AUDITGG_1	-0.0227	0.0010
	(-0.17)	(0.01)
AUDITGG0	0.1615	0.1776
	(1.03)	(1.14)
AUDITGG1	0.3499*	0.3334*
	(1.95)	(1.85)
AUDITGG2	0.5139*	0.5028*
	(1.78)	(1.76)
AUDITGG3	0.5727*	0.5855*
	(1.68)	(1.74)

续表

变量	(1) OFDI_SD	(2) OFDI_SD
AUDITGG4	0.4095**	0.4310**
	(2.07)	(2.21)
SIZE		-0.1784*
		(-1.79)
LEV		0.6539
		(1.23)
GROWTH		0.2241***
		(2.93)
ROE		0.0341
		(0.23)
TATR		-0.0312
		(-0.26)
GDZCBZ		-0.2561
		(-0.63)
AGE1		1.2583**
		(2.05)
TOP10		1.5171**
		(1.98)
BROADSIZE		0.7818**
		(2.08)
INDEPR		-0.0249
		(-0.03)
LZHY		0.1100
		(1.28)
常数项	-0.1781	-2.2356
	(-1.39)	(-1.23)
公司	是	是
年度	是	是
样本数	3025	3025
Adj_R^2	0.009	0.031

第七章　国家审计与国有企业对外直接投资的实证研究

（二）更换样本区间

审计署自 2010 年开始对外公布央企审计结果公告，2009 年尚未对外公布审计结果公告，由于自变量 AUDITGG_TR 是按照审计结果公告的发布时间进行界定的，为了排除 2009 年数据对实证结果的影响，本章将样本期间更换为 2010—2018 年，回归结果如表 7-5 第（1）列所示，国家审计（AUDITGG_TR）与国有企业对外直接投资速度（OFDI_SD）显著正相关，即在排除了 2009 年数据的影响外，国家审计（AUDITGG_TR）对国有企业对外直接投资速度（OFDI_SD）仍然具有显著的促进作用。

（三）更换因变量

由于企业实施对外直接投资可能存在避税目的，为了得到排除避税目的后对外直接投资对实证结果的影响，本章尝试将国有企业对外直接投资数量剔除在中国香港、英属维尔京群岛、开曼群岛和百慕大群岛等避税地成立的投资类关联企业，然后计算样本公司每年的对外直接投资速度，将自变量 OFDI_SD 更换为剔除在中国香港成立的投资类关联企业后的对外直接投资速度 OFDI_SD1 和剔除在中国香港、英属维尔京群岛、开曼群岛和百慕大群岛等避税地成立的投资类关联企业后的对外直接投资速度 OFDI_SD2，回归结果如表 7-5 第（2）、第（3）列所示，国家审计（AUDITGG_TR）与国有企业对外直接投资速度（OFDI_SD1 或 OFDI_SD2）仍然显著正相关，表明在剔除了避税目的的对外直接投资后，国家审计（AUDITGG_TR）对国有企业对外直接投资速度的促进作用仍然显著。

（四）Heckman 两阶段检验

本章采用 Heckman 两阶段模型对基准检验结果进行再检验，在选择模型中加入 SIZE、LEV、GROWTH、ROE、GDZCBZ、AGE1、BROADSIZE、INDEPR、LZHY、TOP1 和 TOBINQ 等对是否经过国家审计（AUDITGG_TR）这一变量进行回归，将计算出的逆米尔斯比率（IMR）代入修正模型以检验控制是否经过国家审计（AUDITGG_TR）的选择偏误后，国家审计（AUDITGG_TR）与企业对外直接投资速度（OFDI_SD）的关系。表 7-5 的第（4）、第（5）列显示，在控制国家审计（AUDITGG_TR）的选择偏误后，国家审计（AUDITGG_TR）与国有企业对外直接投资速度（OFDI_SD）仍然显著正相关。

表7-5 稳健性检验：更换样本区间、更换因变量和Heckman两阶段检验

变量	(1) 更换样本区间 OFDI_SD	(2) 更换因变量1 OFDI_SD1	(3) 更换因变量2 OFDI_SD2	(4) Heck1 AUDITGG_TR	(5) Heck2 OFDI_SD
AUDITGG_TR	0.3066**	0.2884**	0.2848*		0.2936**
	(2.00)	(1.98)	(1.96)		(1.97)
IMR					0.9811
					(0.73)
SIZE	-0.1702*	-0.2009**	-0.2035**	0.2456***	-0.0113
	(-1.70)	(-2.06)	(-2.10)	(10.95)	(-0.04)
LEV	0.4431	0.7089	0.7218	-0.6294***	0.2724
	(0.86)	(1.31)	(1.33)	(-4.11)	(0.38)
GROWTH	0.2351***	0.2259***	0.2273***	-0.0163	0.2115***
	(3.11)	(3.00)	(3.03)	(-0.76)	(2.71)
ROE	-0.0108	0.0338	0.0266	-0.6130***	-0.3514
	(-0.08)	(0.25)	(0.20)	(-4.03)	(-0.64)
TATR	-0.0895	-0.0585	-0.0688		-0.0596
	(-0.66)	(-0.48)	(-0.56)		(-0.49)
GDZCBZ	-0.6090	-0.3121	-0.3504	0.5928***	0.1565
	(-1.04)	(-0.75)	(-0.84)	(4.73)	(0.25)
AGE1	1.2474**	1.2872**	1.2978**	1.0612***	2.1338
	(2.36)	(2.19)	(2.23)	(11.33)	(1.46)
TOP10	1.0130	1.6328**	1.6478**		1.6101**
	(1.25)	(2.11)	(2.13)		(2.14)
BROADSIZE	0.9211**	0.8050**	0.7849**	0.0457	0.8307**
	(2.08)	(2.10)	(2.06)	(0.31)	(2.17)
INDEPR	-0.5880	-0.2545	-0.5693	0.9974**	0.7117
	(-0.78)	(-0.33)	(-0.61)	(2.09)	(0.63)
LZHY	0.1366	0.1088	0.1026	0.0649	0.1520
	(1.48)	(1.28)	(1.26)	(0.61)	(1.44)

第七章 国家审计与国有企业对外直接投资的实证研究

续表

变量	(1) 更换 样本区间 OFDI_SD	(2) 更换 因变量1 OFDI_SD1	(3) 更换 因变量2 OFDI_SD2	(4) Heck1 AUDITGG_TR	(5) Heck2 OFDI_SD
TOP1				0.4444**	
				(2.32)	
TOBINQ				0.0155	
				(0.77)	
常数项	-1.7354	-1.8222	-1.6249	-9.6986***	-10.0288
	(-0.96)	(-1.07)	(-0.95)	(-15.12)	(-0.91)
公司	是	是	是	是	是
年度	是	是	是	是	是
样本数	2755	3025	3025	3025	3025
Adj_R^2/Pseudo R^2	0.029	0.030	0.029	0.119	0.030

(五) 安慰剂检验

本章将审计署审计央企集团的审计结果公告时间提前两年和三年，虚拟国家审计变量 AUDITGG_XN1 和 AUDITGG_XN2，然后将其替代国家审计变量 AUDITGG_TR。如果国家审计确实能显著提升国有企业对外直接投资速度，那么用虚拟的国家审计变量 AUDITGG_XN1 和 AUDITGG_XN2 回归时将无法观测到国有企业对外直接投资速度被显著提升。表7-6 的第 (1) 和第 (2) 列显示 AUDITGG_XN1 和 AUDITGG_XN2 的回归系数不再显著，这表明国家审计对国有企业对外直接投资速度的提升确实发挥了重要的作用。另外，为了进一步确保研究结论的可靠性，本章随机假定审计署审计央企集团的审计结果公告时间重复进行 1000 次，并代入模型 (7-1) 中重新进行检验。从图 7-1 国家审计对国有企业对外直接投资速度产生影响的抽样检测伪系数分布情况来看，虚拟的国家审计变量的系数分布在 0 附近，且回归系数基本上落在基准检验中 AUDITGG_TR 回归系数 0.3048 的左侧。这表明国家审计对国有企业对外直接投资速度的促进作用并非随机因素导致的，进一步证实了国家审计 (AUDITGG_TR) 与国有企业对外直接投资速度 (OFDI_SD) 提升之间的因果关系。

表7-6　　　　稳健性检验：安慰剂检验和PSM检验

变量	(1) 提前两年 OFDI_SD	(2) 提前三年 OFDI_SD	(3) 近邻1:1匹配 OFDI_SD	(4) 核匹配 OFDI_SD
AUDITGG_XN1	-0.0660			
	(-0.34)			
AUDITGG_XN2		-0.1736		
		(-1.06)		
AUDITGG_TR			0.2376*	0.3131**
			(1.72)	(2.05)
SIZE	-0.0072	-0.1040	-0.1194	-0.1850*
	(-0.04)	(-0.63)	(-1.48)	(-1.84)
LEV	1.4890	0.7048	0.4673	0.7263
	(1.45)	(1.15)	(1.07)	(1.33)
GROWTH	0.0267	0.0764	0.1885*	0.2313***
	(0.45)	(1.03)	(1.83)	(3.12)
ROE	-0.0429	0.2623	-0.0273	0.0138
	(-0.09)	(1.21)	(-0.22)	(0.09)
TATR	-0.0966	0.1503	-0.1836	-0.0591
	(-0.51)	(0.67)	(-1.47)	(-0.48)
GDZCBZ	-0.5733	-0.2957	-0.6368*	-0.3264
	(-0.91)	(-0.58)	(-1.91)	(-0.76)
AGE1	0.5616	2.0736	0.9433**	1.3541**
	(0.54)	(1.48)	(2.24)	(2.13)
TOP10	1.5615	-0.2992	1.6227*	1.6687**
	(1.44)	(-0.40)	(1.66)	(2.09)
BROADSIZE	0.2729	0.8133	0.4549	0.7474*
	(0.44)	(1.09)	(1.15)	(1.91)
INDEPR	-1.3470	-0.3451	0.0494	-0.1146
	(-1.53)	(-0.29)	(0.08)	(-0.15)
LZHY	0.0607	0.1171	0.1298	0.1168
	(0.60)	(1.12)	(1.03)	(1.35)
常数项	-3.0118	-4.8903*	-1.7980	-0.1850*
	(-1.28)	(-1.68)	(-1.19)	(-1.84)
公司	是	是	是	是
年度	是	是	是	是
样本数	2138	1824	1824	2980
Adj_R²	0.013	0.019	0.030	0.031

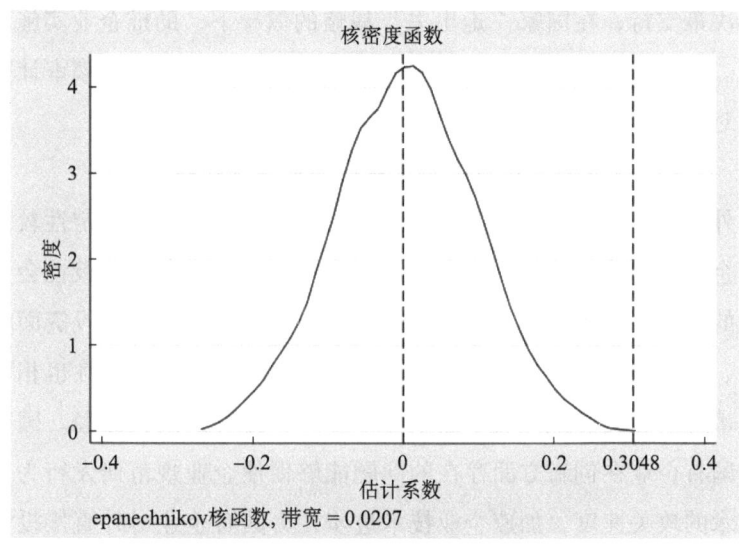

图 7-1 抽样检测伪系数分布情况

（六）PSM 检验

为了排除数据偏差和混杂变量对主检验实证结果的影响，本章采用倾向得分匹配法（PSM）将经过国家审计的央企控股上市公司样本与没有经过国家审计的央企控股上市公司样本进行逐年1∶1近邻匹配和核匹配，将SIZE、LEV、GROWTH、ROE、AGE1、TOP10 和 BROADSIZE 作为特征变量，使用匹配后样本进行回归分析，实证结果如表7-6第（3）至第（4）列所示，匹配后国家审计（AUDITGG_TR）对国有企业对外直接投资速度（OFDI_SD）的促进作用仍然显著。

四、机制检验

如上文所述，审计机关在依法对国有企业实施审计的过程中会关注企业创新驱动战略的落实和运营情况、企业高管的在职消费情况以及低效无效资产的清理情况，从而有助于改进企业的技术水平和资源配置效率，提升全要素生产率，增强企业对外直接投资的内在动力；审计机关在审计国有企业时发现的企业在发展潜力方面的问题，能够引起董事会的重视，促使董事会勤勉地履行监督和控制职能，为企业发展战略的制定提供一定的资源和决策支持,在国家"走出去"战略的倡导下,助推企业实施对外直接投资。由此可知,全要素生产率和董事会勤勉度可能是国家审计提升国有企业对外直接投资速度的两种机制,下面分别进行检验。

(一) 国家审计提升企业全要素生产率的治理路径

对外直接投资与国内投资相比面临的风险多样性和不确定性较高,低生产率企业由于抗风险能力有限,其实施对外直接投资的积极性会受到一定程度的影响。高生产率企业具有较强的实力应对对外直接投资面临的政治风险、经济风险和社会风险,其实施对外直接投资的积极性也相对比较高。技术进步和资源配置效率是全要素生产率提升的两大路径。国家审计揭示的国有企业在创新方面存在的问题能够促使企业规范研发行为,提升核心技术的攻关速度,加速企业技术进步,为国有企业对外直接投资增强内生动力。国家审计揭示的企业高管超额在职消费问题及未按要求进行低效无效资产清理或清理缓慢问题能够督促国有企业查找问题,及时完善内控和公司治理,规范高管行为和政策执行程序,从而提升国有企业资源配置效率,进一步增强国有企业对外直接投资的内生动力。企业技术进步和资源配置效率的提升,推动了企业全要素生产率的提升,为企业对外直接投资创造了内在条件。因此,本章预测国家审计能够提升国有企业全要素生产率,进而对国有企业对外直接投资速度产生促进作用。

(二) 国家审计提升企业董事会勤勉度的治理路径

国有企业高管大多具有"经理人"和"政府官员"的双重身份,出于对自身声誉和职业生涯的担忧以及对企业短期业绩的追求,往往更倾向于风险规避的短视行为。企业对外直接投资面临的风险多样性和不确定性较高,实施对外直接投资的企业管理层可能需要承担较大的经营决策失败风险,出于对自身声誉和职业生涯的考虑,国有企业高管可能缺乏实施对外直接投资意愿。企业董事会在公司治理中处于核心位置,在企业战略管理中发挥监督和控制职能的同时,还可以通过提供资源、积极参与战略制定等方式对战略决策发挥重要影响。在国家审计的警示效应下,审计机关发现的企业在发展潜力方面的问题能够引起董事会的重视,促使董事会在企业战略管理中勤勉地发挥监督和控制职能,识别企业高管不作为、慢作为和流连低风险区的情形,为企业发展战略的制定提供一定的资源和决策支持。由于对外直接投资有助于企业开拓海外市场、绕过贸易壁垒和通过产业联动促进出口发展,是企业提升发展潜力的有效途径,在国家"走出去"战略的倡导下,董事会在企业战略管理中勤勉度的提升有助于推动企业实施对外直接投资。因此,本章预测国家审计能够提升董事会的勤勉度,进而对国有企业对外直接投资速度产生促进作用。

本章构建模型(7-3)和模型(7-4)检验全要素生产率(TFP_OP)和董事会勤勉度(DSHHY)的中介效应,用 OP 法计算的全要素生产率衡量 TFP_OP[①],用董事会会议次数衡量 DSHHY,在检验全要素生产率(TFP_OP)和董事会勤勉度(DSHHY)的中介效应时,模型(7-3)的控制变量同模型(7-1)的控制变量,模型(7-4)在模型(7-1)的基础上添加全要素生产率(TFP_OP)或董事会勤勉度(DSHHY)中介变量,具体模型构建如下:

$$MEDIA = \lambda_0 + \lambda_1 AUDITGG\_TR + \sum CONTROLS + \sum FIRM + \sum YEAR + \mu \quad (7-3)$$

$$OFDI\_SD = \rho_0 + \rho_1 AUDITGG\_TR + \rho_2 MEDIA + \sum CONTROLS + \sum FIRM + \sum YEAR + \upsilon \quad (7-4)$$

在模型(7-3)和模型(7-4)中,MEDIA 为中介变量,分别代表 TFP_OP 和 DSHHY,回归结果如表 7-7 所示。表 7-7 的第(1)列显示,国家审计(AUDITGG_TR)的回归系数显著为正,表明国家审计能够显著提升国有企业的全要素生产率,第(2)列中全要素生产率(TFP_OP)的系数为正且显著,第(2)列的 SOBEL 检验结果显示 Z 值为 2.49,P 值为 0.0128,中介效应成立。表 7-7 的第(3)列显示,国家审计(AUDITGG_TR)的回归系数显著为正,表明国家审计能够显著提升企业董事会的勤勉度,第(4)列中董事会勤勉度(DSHHY)的回归系数为正且显著,SOBEL 检验的结果显示 Z 值为 1.869,P 值为 0.0814,中介效

---

① 参考鲁晓东和连玉君《中国工业企业全要素生产率估计:1999—2007》中 OP 法计算全要素生产率的方法。

应成立。以上结果表明,全要素生产率和董事会勤勉度是国家审计提升国有企业对外直接投资速度的有效作用路径。

表7-7　　　　　　　　　　　机制检验

变量	(1) TFP_OP	(2) OFDI_SD	(3) DSHHHY	(4) OFDI_SD
AUDITGG_TR	0.0756**	0.2808*	0.0522**	0.2836*
	(2.03)	(1.90)	(2.29)	(1.91)
TFP_OP		0.3175*		
		(1.72)		
DSHHHY				0.0421*
				(1.77)
SIZE	0.4093***	-0.3163***	0.0444**	-0.2072**
	(12.19)	(-2.67)	(1.96)	(-2.10)
LEV	0.2371	0.6357	0.0073	0.7080
	(1.47)	(1.12)	(0.09)	(1.34)
GROWTH	0.0096	0.2213***	0.0049	0.2227***
	(1.43)	(2.87)	(1.36)	(2.94)
ROE	0.2256***	-0.0320	0.0178	0.0309
	(2.73)	(-0.21)	(0.45)	(0.23)
TATR	0.8775***	-0.3340*	-0.0769	-0.0275
	(11.18)	(-1.78)	(-1.57)	(-0.23)
GDZCBZ	-0.8236***	-0.0142	-0.1551*	-0.2088
	(-5.52)	(-0.03)	(-1.82)	(-0.52)
AGE1	0.2009	1.1689*	-0.0348	1.2464**
	(1.10)	(1.93)	(-0.41)	(2.14)
TOP10	0.0029	1.5300**	0.1348	1.4764*
	(0.02)	(1.98)	(1.29)	(1.95)
BROADSIZE	0.0261	0.7864**	-0.0263	0.8035**
	(0.31)	(2.04)	(-0.39)	(2.13)
INDEPR	-0.1239	0.0201	-0.0261	-0.0164
	(-0.38)	(0.03)	(-0.15)	(-0.02)
LZHY	0.0219	0.1067	-0.0651**	0.1399
	(0.44)	(1.33)	(-2.37)	(1.60)

续表

变量	(1) TFP_OP	(2) OFDI_SD	(3) DSHHHY	(4) OFDI_SD
常数项	-3.5967***	-0.8976	—	-1.9884
	(-4.54)	(-0.51)		(-1.17)
公司	是	是	是	是
年度	是	是	是	是
样本数	3025	3025	3001	3025
Adj_R^2	0.385	0.033	—	0.062
SOBEL Z - value		2.490		1.869
SOBEL_P - value		0.0128		0.0814

注：第（3）列为面板 POISSON 回归结果，回归时自动剔除了24个未成组样本观测值。

五、进一步研究

（一）国家审计、公司治理特征和国有企业对外直接投资速度

在较高的股权制衡度下，企业由几个大股东共同控制，能够增强企业的内部牵制，促使企业集体决策机制和监督机制发挥应有的作用，抑制单一大股东对企业董事会的控制行为以及企业高管的机会主义行为，有利于企业作出正确的投资决策。薪酬激励是解决企业代理问题的有效手段，企业董事在较高的薪酬激励下对企业的归属感和责任感较强，发挥决策和监督职能的积极性相对较高，董事和管理层之间通常存在较强的监督与制约关系，能够减少企业高管的不作为、慢作为行为；出于对自身成就感和声誉的考虑，企业管理层在较高的薪酬激励下会修正风险规避行为，关注企业的长期可持续发展，主动考虑企业对外直接投资的可行性。而在股权制衡度低和董事高管薪酬激励低的情况下，单一大股东对企业董事会的控制行为、董事较低的决策和监督积极性以及企业高管的机会主义行为会降低企业实施对外直接投资的积极性。在国家审计的高权威性和强独立性下，审计机关通过对国有企业发展潜力的关注能够促使企业董事会发挥决策和监督职能，抑制企业高管的过度风险规避行为，推动企业发展战略的有效制定和实施。因此，本章预测在股权制衡度低、董事和高管薪酬低的企

业,国家审计对国有企业对外直接投资速度的促进作用更显著。

本章用企业第二至第十大股东的持股比例之和的年度行业均值、前三名董事薪酬的年度行业均值和前三名高管薪酬的年度行业均值作为划分股权制衡度高低组、董事薪酬高低组和高管薪酬高低组的标准,对模型(7-1)进行分组回归。表7-8的第(2)、第(4)和第(6)列显示,在股权制衡度低组、董事薪酬低组和高管薪酬低组,国家审计(AUDITGG_TR)的回归系数显著为正;第(1)、第(3)和第(5)列显示,在股权制衡度高组、董事薪酬高组和高管薪酬高组,国家审计(AUDITGG_TR)的回归系数不显著。以上回归结果表明,在股权制衡度低、董事薪酬低和高管薪酬低的企业,国家审计对其对外直接投资速度具有显著的促进作用。

表7-8 国家审计、公司治理特征与国有企业对外直接投资速度

变量	(1) 股权制衡度高 OFDI_SD	(2) 股权制衡度低 OFDI_SD	(3) 董事薪酬高 OFDI_SD	(4) 董事薪酬低 OFDI_SD	(5) 高管薪酬高 OFDI_SD	(6) 高管薪酬低 OFDI_SD
AUDITGG_TR	0.0583	0.1538*	0.1492	0.1637*	0.1327	0.1338*
	(0.41)	(1.93)	(1.19)	(1.86)	(1.02)	(1.76)
SIZE	-0.0635	0.0185	-0.0386	-0.0357	-0.1190*	0.1051
	(-0.79)	(0.21)	(-0.52)	(-0.40)	(-1.70)	(1.05)
LEV	0.3866	-0.0267	0.3985	-0.0397	0.3399	0.2137
	(0.79)	(-0.09)	(1.01)	(-0.17)	(1.15)	(0.58)
GROWTH	0.0468	0.2139**	0.0156	0.2138**	0.1478*	0.1977*
	(0.66)	(1.97)	(0.22)	(2.17)	(1.86)	(1.95)
ROE	0.2931	0.0724	0.3513	0.0614	0.5319	0.0058
	(0.74)	(0.51)	(1.21)	(0.28)	(1.59)	(0.02)
TATR	-0.1265	0.0411	-0.1594	0.0729	-0.0549	0.0760
	(-0.84)	(0.33)	(-0.91)	(0.67)	(-0.38)	(0.53)
GDZCBZ	-0.0487	0.1530	-0.0504	0.5417	0.3386	-0.4946**
	(-0.13)	(0.65)	(-0.16)	(1.54)	(1.00)	(-1.98)

第七章 国家审计与国有企业对外直接投资的实证研究

续表

变量	(1) 股权制衡度高 OFDI_SD	(2) 股权制衡度低 OFDI_SD	(3) 董事薪酬高 OFDI_SD	(4) 董事薪酬低 OFDI_SD	(5) 高管薪酬高 OFDI_SD	(6) 高管薪酬低 OFDI_SD
AGE1	1.3005***	0.4689	0.9575*	0.7022	1.0419	0.6499
	(2.60)	(0.90)	(1.86)	(1.28)	(1.51)	(1.54)
TOP10	0.4222	0.6488	0.4767	0.0079	-0.0490	0.7841*
	(1.26)	(1.30)	(1.39)	(0.02)	(-0.13)	(1.77)
BROADSIZE	0.1325	0.4967*	0.4153	0.4957	0.7015*	0.3166
	(0.42)	(1.90)	(1.41)	(1.27)	(1.65)	(1.27)
INDEPR	1.1381	-0.8453	0.2608	-0.2622	0.5323	0.1194
	(1.04)	(-1.00)	(0.25)	(-0.32)	(0.46)	(0.13)
LZHY	0.1594	0.1636	0.0424	0.2489*	-0.0178	0.2021*
	(1.46)	(1.23)	(0.86)	(1.70)	(-0.30)	(1.95)
常数项	-2.9661	-2.8220*	-3.0093*	-2.1557	-1.9385	-5.2886**
	(-1.53)	(-1.71)	(-1.78)	(-1.12)	(-0.98)	(-2.22)
公司	是	是	是	是	是	是
年度	是	是	是	是	是	是
样本数	1294	1731	1421	1604	1276	1749
Adj_R^2	0.028	0.034	0.030	0.029	0.032	0.040

(二) 国家审计、公司信息透明度和国有企业对外直接投资速度

国有企业高管大多具有"经理人"和"政府官员"的双重身份，出于对自身声誉和职业生涯的担忧以及对企业短期业绩的追求，往往更倾向于风险规避的短视行为。企业对外直接投资面临来自东道国政治领域、经济发展、文化习俗和道德等多方面的风险，是一项风险较高的经营投资决策，管理层可能需要承担较大的经营决策失败损失。在较低的信息透明度下，由于企业外部投资者和监管层获取的企业信息有限，国有企业管理层面临的内外部监督较弱，其追求安逸生活的机会成本较低，把握投资机会的积极性不高；较高的信息透明度能够减轻外部投资者和监管层与企业管

理层之间的信息不对称,增强企业外部投资者和监管层对企业信息的了解程度,使其对管理层的监督更直接、透明,降低有发展潜力的投资项目被放弃的可能性。国家审计发现和揭示的企业在发展潜力方面的不足,增强了企业在发展战略方面的信息透明度,提升了企业内外部监督部门对企业发展战略的关注度,增加了国企高管追求安逸生活的机会成本,促使其把握推动企业发展的投资机会。因此,本章预测在信息透明度低的企业,国家审计对国有企业对外直接投资速度的促进作用更显著。

本章用分析师跟踪数量和研报关注度的年度行业均值以及企业盈余激进度的年度行业均值作为划分公司信息透明度高低的标准①,对模型(7-1)进行分组回归。表7-9的第(2)、第(4)和第(6)列显示,在公司信息透明度低组,国家审计(AUDITGG_TR)的回归系数显著为正;第(1)、第(3)和第(5)列显示,在公司信息透明度高组,国家审计(AUDITGG_TR)的回归系数不显著。以上回归结果表明,在信息透明度低的企业,国家审计对其对外直接投资速度具有显著的促进作用。

表7-9　　　国家审计、公司信息透明度与国有企业对外直接投资速度

变量	(1) 分析师跟踪数量多 OFDI_SD	(2) 分析师跟踪数量少 OFDI_SD	(3) 研报关注度高 OFDI_SD	(4) 研报关注度低 OFDI_SD	(5) 盈余激进度低 OFDI_SD	(6) 盈余激进度高 OFDI_SD
AUDITGG_TR	0.1017	0.1776*	0.0454	0.1670**	0.0300	0.2268**
	(0.91)	(1.96)	(0.41)	(2.06)	(0.29)	(2.05)
SIZE	0.0664	-0.0310	0.1420	-0.0730	0.0931	0.0198
	(0.67)	(-0.45)	(1.26)	(-1.20)	(1.02)	(0.17)
LEV	0.6732	-0.1547	0.3408	0.1084	0.1058	0.1169
	(1.65)	(-0.53)	(0.94)	(0.46)	(0.30)	(0.36)
GROWTH	0.0583	0.1526**	0.1076	0.1516**	0.1407	0.0937
	(0.52)	(2.04)	(0.95)	(2.06)	(1.24)	(1.21)

① 盈余激进度反映企业加速确认收入和推迟确认损失或费用的倾向,盈余激进度越大,企业的信息透明度越低。

续表

变量	(1) 分析师跟踪数量多 OFDI_SD	(2) 分析师跟踪数量少 OFDI_SD	(3) 研报关注度高 OFDI_SD	(4) 研报关注度低 OFDI_SD	(5) 盈余激进度低 OFDI_SD	(6) 盈余激进度高 OFDI_SD
ROE	0.3243	-0.1860	0.1244	-0.1455	0.0977	0.0777
	(1.28)	(-0.59)	(0.52)	(-0.44)	(0.60)	(0.23)
TATR	0.0492	0.1163	-0.0027	0.2293	0.1489	0.0187
	(0.40)	(0.63)	(-0.02)	(1.30)	(1.01)	(0.11)
GDZCBZ	-0.0644	-0.0575	-0.0880	0.1262	0.1400	0.1026
	(-0.25)	(-0.22)	(-0.40)	(0.44)	(0.44)	(0.28)
AGE1	0.5271	1.3820*	0.4466	1.2028*	0.5083	1.2689*
	(1.19)	(1.72)	(0.97)	(1.88)	(1.24)	(1.95)
TOP10	0.4811	0.7083	0.4130	0.4359	0.9388**	-0.2003
	(1.39)	(1.47)	(1.11)	(1.12)	(1.98)	(-0.50)
BROADSIZE	0.2281	0.8553**	0.2325	0.8577**	0.3633	0.4078
	(0.70)	(2.32)	(0.69)	(2.24)	(1.14)	(0.99)
INDEPR	-0.5694	2.4616**	-0.6891	2.0567*	-0.2359	1.4868
	(-0.67)	(1.98)	(-0.75)	(1.72)	(-0.25)	(1.34)
LZHY	0.1369	0.0308	0.1394	0.0611	0.1060	0.0397
	(1.40)	(0.20)	(1.36)	(0.39)	(0.90)	(0.77)
常数项	-3.7844*	-6.0252**	-4.9937**	-4.5667**	-4.9478**	-4.9125**
	(-1.89)	(-2.46)	(-2.17)	(-2.22)	(-2.06)	(-2.57)
公司	是	是	是	是	是	是
年度	是	是	是	是	是	是
样本数	1713	1312	1637	1388	1464	1561
Adj_R^2	0.024	0.040	0.023	0.040	0.045	0.025

(三) 国家审计、CEO 特征和国有企业对外直接投资速度

个体的教育水平不同,其在知识阅历、价值观和认知水平方面也存在差异,学历水平较高的 CEO 通常具有较高的甄选、处理和吸收信息的能力,乐于突破现状,修正和改变企业已有的战略,有效地整合企业资源,抓住投资机遇,寻求新的发展;学术研究具有复杂性、自主性和创新性等

特征，长期的学术研究工作能够对人的价值观和行为模式产生深远的影响，具有学术经历的 CEO 具有创造性的思维模式、自我超越的价值观、较高的社会责任感和较强的受挫能力，更愿意从企业的长远利益出发去思考和决策，从而有利于企业对外直接投资的开展；在多个公司有兼职的 CEO 通常具有较多的信息获取渠道和较强的管理能力，能够更好地分析企业自身的优势和劣势以及面临的机会和威胁，以便更好地抓住对外直接投资的机会。而学历水平低的 CEO 和没有学术经历的 CEO 在创新精神方面有所欠缺，可能更习惯于维持现状，开拓进取的动力不足；没有在其他公司兼职的 CEO 获取信息的渠道有限，对企业内外部环境的分析及投资机会的把握等方面可能会产生一定的影响。国家审计的专业性使其能够深入了解被审计国有企业的情况，针对发现的国有企业在发展潜力方面存在的不足提出有建设性的建议，从而有助于弥补学历低的 CEO、无学术经历的 CEO 和无兼职公司 CEO 由于缺乏创新精神或信息渠道而影响企业把握对外直接投资机会的不足。因此，本章预测在 CEO 学历低的企业、CEO 无学术经历的企业和 CEO 无兼职公司的企业，国家审计对企业对外直接投资的促进作用更显著。

本章以 CEO 是否为硕士或博士研究生作为划分学历高低的标准，以 CEO 是否同时在其他公司兼职作为划分有无兼职的标准，以 CEO 是否在高校、非营利性科研机构和学术性组织工作过作为划分有无学术经历的标准对模型（7-1）进行分组回归，回归结果如表 7-10 所示，在 CEO 学历低组、CEO 无兼职公司组和 CEO 无学术经历组，国家审计（AUDITGG_TR）的系数显著为正，在 CEO 学历高组、CEO 有兼职公司组和 CEO 有学术经历组，国家审计（AUDITGG_TR）的系数不显著。以上回归结果表明，国家审计对 CEO 学历低的企业、CEO 无学术经历的企业和 CEO 无兼职的企业的对外直接投资速度具有显著的促进作用。

（四）国家审计、融资能力与国有企业对外直接投资速度

在国家审计的高权威性和强独立性下，审计机关发现的企业在发展潜力方面的问题，如企业技术是否适合国内市场、是否存在冗余产能和是否有稳定的经济增长点等问题，能够引起企业内部监督部门的重视，促使其

表 7–10　国家审计、CEO 特征与国有企业对外直接投资速度

变量	(1) CEO 学历高 OFDI_SD	(2) CEO 学历低 OFDI_SD	(3) CEO 有兼职公司 OFDI_SD	(4) CEO 无兼职公司 OFDI_SD	(5) CEO 有学术经历 OFDI_SD	(6) CEO 无学术经历 OFDI_SD
AUDITGG_TR	0.0884	0.1880*	0.2715	0.3824*	0.2707	0.3341*
	(1.08)	(1.77)	(1.46)	(1.68)	(0.60)	(1.93)
SIZE	-0.0369	0.0610	-0.2120	-0.1860	-0.3794	-0.0753
	(-0.47)	(0.57)	(-0.89)	(-1.46)	(-0.90)	(-0.74)
LEV	0.5298*	0.0883	2.1220**	0.1128	0.5182	0.5200
	(1.69)	(0.25)	(2.02)	(0.27)	(0.49)	(0.88)
GROWTH	0.2137***	0.0197	0.3310***	0.0565	0.0180	0.2495***
	(3.23)	(0.24)	(23.45)	(1.54)	(0.24)	(3.77)
ROE	0.1370	0.4948	0.0884	-0.0337	1.1732	-0.0150
	(0.51)	(1.49)	(0.75)	(-0.23)	(0.83)	(-0.11)
TATR	0.0140	0.1042	0.1463	0.0053	0.1125	0.0133
	(0.11)	(0.57)	(0.32)	(0.04)	(0.27)	(0.11)
GDZCBZ	-0.4656	0.8094*	0.5656	-0.5453	0.7210	-0.4943
	(-1.20)	(1.80)	(0.93)	(-1.07)	(0.49)	(-1.03)
AGE1	0.5758	0.2857	0.9592	2.8056*	1.9969	1.2843*
	(1.39)	(0.55)	(1.21)	(1.93)	(1.51)	(1.72)
TOP10	0.8493**	-0.2183	0.6843	2.0413*	-1.5308	1.3383
	(2.01)	(-0.43)	(0.76)	(1.90)	(-0.74)	(1.54)
BROADSIZE	0.4773*	0.2054	0.9656	0.8173	3.9217	0.6737
	(1.67)	(0.58)	(1.39)	(1.47)	(1.48)	(1.58)
INDEPR	0.5191	0.8534	2.8222	-1.9971	0.4854	-0.0703
	(0.66)	(0.90)	(1.36)	(1.44)	(0.10)	(-0.10)
LZHY	0.2265*	-0.0112	0.3545	0.0606	1.0850*	0.0490
	(1.79)	(-0.06)	(1.33)	(0.46)	(1.76)	(0.51)
常数项	-2.6005	-3.1259	-2.6974	-5.3024	-4.5843	-4.1956**
	(-1.30)	(-1.13)	(-0.74)	(1.43)	(0.39)	(-2.25)
公司	是	是	是	是	是	是
年度	是	是	是	是	是	是
样本数	1864	1161	1066	1959	450	2575
Adj_R^2	0.033	0.023	0.149	0.018	0.095	0.035

发挥监督效能,要求企业管理层及时采取措施解决企业发展潜力方面的问题;审计结果公告的发布增加了企业的信息透明度,使企业中小股东、潜在投资者和债权人等利益相关者进一步了解到企业发展潜力方面的问题,从而对企业的社会声誉产生负面影响,对相关控股公司的市场表现也会产生不利影响,出于对自身利益和企业长远发展的考虑,企业利益相关者也会关注企业发展潜力方面问题的整改情况。在监督部门和企业利益相关者的关注下,企业管理层的短视行为会受到抑制,在企业融资能力较强的情况下,企业抗风险能力相对较强,企业管理层会寻求发展途径,提升企业发展潜力。实施对外直接投资在一定程度上能够缓解企业技术与国内市场不匹配和产能冗余等问题,是企业提升发展潜力的有效途径。而在企业融资能力较弱的情况下,企业的抗风险能力相对较弱,即便企业在发展潜力方面存在问题,企业管理层选择实施对外直接投资这种风险相对较大的发展方案的可能性不高,因此,本章预测国家审计能够显著提升融资能力较强企业的对外直接投资速度。

本章以企业经营活动现金净流量、总资产收益率以及流动比率的年度行业均值作为划分企业融资能力强弱的标准对模型(7-1)进行分组回归,回归结果如表7-11所示,在企业经营活动现金净流量高组、总资产收益率高组以及流动比率高组,国家审计(AUDITGG_TR)的系数显著为正,在企业经营活动现金净流量低组、总资产收益率低组以及流动比率低组,国家审计(AUDITGG_TR)的系数不显著。以上结果表明,国家审计对融资能力强的企业的对外直接投资速度具有显著的促进作用。

表7-11　　　　国家审计、融资能力与国有企业对外直接投资速度

变量	(1) 经营活动现金净流量高 OFDI_SD	(2) 经营活动现金净流量低 OFDI_SD	(3) 总资产收益率高 OFDI_SD	(4) 总资产收益率低 OFDI_SD	(5) 流动比率高 OFDI_SD	(6) 流动比率低 OFDI_SD
AUDITGG_TR	0.2335* (1.94)	0.0274 (0.31)	0.2480** (2.33)	0.0045 (0.05)	0.2644** (2.17)	0.0715 (0.79)

续表

变量	(1) 经营活动现金净流量高 OFDI_SD	(2) 经营活动现金净流量低 OFDI_SD	(3) 总资产收益率高 OFDI_SD	(4) 总资产收益率低 OFDI_SD	(5) 流动比率高 OFDI_SD	(6) 流动比率低 OFDI_SD
SIZE	-0.0130	0.0164	0.0221	0.0334	-0.1586*	0.0741
	(-0.15)	(0.18)	(0.24)	(0.52)	(-1.78)	(1.05)
LEV	0.1834	0.4275	0.3260	0.0276	0.1601	0.4911
	(0.56)	(0.86)	(1.16)	(0.07)	(0.49)	(1.27)
GROWTH	0.2064	0.1095*	0.2331**	0.0160	0.1906*	0.0871
	(1.38)	(1.67)	(2.29)	(0.17)	(1.71)	(0.90)
ROE	0.2496	0.4031	-0.0097	0.2729	0.1140	0.1490
	(1.05)	(1.11)	(-0.03)	(1.06)	(0.20)	(0.83)
TATR	-0.0636	0.0162	0.3255*	-0.1111	0.0494	0.0544
	(-0.37)	(0.11)	(1.87)	(-1.01)	(0.43)	(0.34)
GDZCBZ	0.3681	-0.2055	0.3657	-0.1729	-0.3559	0.0016
	(1.16)	(-0.61)	(1.03)	(-0.67)	(-0.61)	(0.01)
AGE1	0.6164	0.9574*	0.7825	0.5735	1.2299***	0.7500
	(1.15)	(1.68)	(1.58)	(1.13)	(2.85)	(1.42)
TOP10	0.2960	1.1029*	0.1358	1.1480**	0.7685**	0.3071
	(0.95)	(1.73)	(0.36)	(2.02)	(2.11)	(0.72)
BROADSIZE	0.3273	0.3709	0.6785**	0.1601	0.5261	0.3038
	(1.07)	(1.11)	(2.39)	(0.61)	(1.54)	(1.23)
INDEPR	-0.1331	1.1654	-0.7272	1.4247*	-0.2335	0.8837
	(-0.16)	(1.13)	(-0.80)	(1.70)	(-0.17)	(1.14)
LZHY	0.2198	-0.0346	0.2291	0.0761	0.1862	0.0253
	(1.33)	(-0.40)	(1.46)	(0.76)	(1.25)	(0.34)
常数项	-2.3270	-4.8980*	-4.2011**	-3.7845*	-1.0652	-5.1151***
	(-1.22)	(1.95)	(-2.09)	(-1.76)	(-0.57)	(-2.78)
公司	是	是	是	是	是	是
年度	是	是	是	是	是	是
样本数	1512	1513	1567	1458	1165	1860
Adj_R^2	0.032	0.027	0.043	0.033	0.054	0.023

(五) 国家审计、货币政策不确定性与国有企业对外直接投资速度

在国家审计的高权威性和强独立性下，审计机关对企业发展潜力方面问题的关注及披露在一定程度上能够抑制企业管理层的短期行为，推动企业管理层寻求企业发展的增长点。对外直接投资能够给企业带来新的市场，缓解产能冗余以及现有技术不适应国内市场等问题，有助于企业的长期发展。在货币政策不确定性较小的情况下，银行贷款的可获得性相对较高，在国家"走出去"战略的倡导下以及审计机关对企业发展潜力方面问题的披露下，企业管理层实施对外直接投资的积极性会提高。在货币政策不确定性较大的情况下，基于不可逆的投资理论假设，当实施的投资项目是完全或部分不可逆时，为避免决策失误，企业会延缓投资决策至不确定性降低或消除，较高的货币政策不确定性会增加企业投资决策的等待价值，另外，较高频率的货币政策调整容易引发政策不确定性预期，加大资金供需双方的预测难度，银行为应对风险更愿将资金留在金融体系内部，从而导致企业获得的金融支持减少。因此，本章预测在面临的货币政策不确定性较小时，国家审计能够显著提升国有企业对外直接投资速度。

本章以按照上海银行间7日同业拆借利率计算的年度标准差的大小和按照统计年鉴公布的年度汇率计算的波动率大小以及 Huang 和 Luk（2020）计算的货币政策不确定性指数的高低作为划分货币政策不确定性高低的标准对模型（7-1）进行分组回归，回归结果如表7-12所示，在上海银行间7日同业拆借利率计算的年度标准差小组和年度汇率波动率小组以及 Huang 和 Luk（2020）计算的货币政策不确定性指数的低组，国家审计（AUDITGG_TR）的系数显著为正，在上海银行间7日同业拆借利率计算的年度标准差大组和年度汇率波动率大组以及 Huang 和 Luk（2020）计算的货币政策不确定性指数高组，国家审计（AUDITGG_TR）的系数不显著。以上结果表明，在货币政策不确定性小的情况下，国家审计对国有企业对外直接投资速度具有显著的促进作用。

表7-12 国家审计、货币政策不确定性与国有企业对外直接投资速度

变量	(1) 同业拆借利率计算年标准差小 OFDI_SD	(2) 同业拆借利率计算年标准差大 OFDI_SD	(3) 年度汇率波动率小 OFDI_SD	(4) 年度汇率波动率大 OFDI_SD	(5) 货币政策不确定性指数低 OFDI_SD	(6) 货币政策不确定性指数高 OFDI_SD
AUDITGG_TR	0.2205**	0.0867	0.2128*	0.0916	0.1679*	0.0367
	(2.25)	(0.83)	(1.95)	(1.13)	(1.68)	(0.39)
SIZE	-0.0420	0.0815	-0.0862	0.0375	-0.0999	0.1504*
	(-0.54)	(0.88)	(-1.33)	(0.50)	(-1.46)	(1.73)
LEV	0.7632**	-0.2421	0.3739	0.2297	0.3341	0.1116
	(2.08)	(-0.76)	(1.19)	(0.57)	(0.94)	(0.29)
GROWTH	0.1640*	0.1361	0.1913*	0.1333	0.1075	0.1639
	(1.93)	(1.54)	(1.89)	(1.48)	(1.17)	(1.43)
ROE	0.3913	0.0076	0.4631*	-0.0737	0.3970	0.2213
	(1.44)	(0.03)	(1.92)	(-0.29)	(1.31)	(0.97)
TATR	0.0115	0.0242	-0.0517	0.0289	-0.0387	0.0165
	(0.07)	(0.15)	(-0.29)	(0.17)	(-0.35)	(0.09)
GDZCBZ	-0.0983	0.0130	0.0762	-0.3830	-0.1706	0.3252
	(-0.41)	(0.04)	(0.30)	(-1.15)	(-0.70)	(0.92)
AGE1	0.9284	1.4333**	0.7095	0.9422**	1.0887**	0.4360
	(1.62)	(2.07)	(1.56)	(2.21)	(2.07)	(1.13)
TOP10	1.3974***	-0.7346	-0.0482	1.1128**	1.1704**	0.3027
	(2.74)	(-1.52)	(-0.14)	(2.49)	(2.30)	(0.60)
BROADSIZE	0.1951	0.7345**	0.6215**	0.3425	-0.0263	0.2969
	(0.68)	(2.55)	(2.11)	(1.06)	(-0.10)	(0.97)
INDEPR	1.0922	-1.1657	1.4299	-0.3797	0.7310	-0.5034
	(1.09)	(1.24)	(1.62)	(-0.44)	(0.81)	(-0.53)
LZHY	0.1153	0.1141	0.1125	0.0500	0.1270	-0.0559
	(0.88)	(1.63)	(1.15)	(0.34)	(1.13)	(-0.69)
常数项	-3.4926*	-6.1111***	-1.9865	-4.5091**	-1.5617	-5.2722**
	(-1.69)	(-2.82)	(-1.14)	(-2.33)	(-0.91)	(-2.27)

续表

变量	(1) 同业拆借利率计算年标准差小 OFDI_SD	(2) 同业拆借利率计算年标准差大 OFDI_SD	(3) 年度汇率波动率小 OFDI_SD	(4) 年度汇率波动率大 OFDI_SD	(5) 货币政策不确定性指数低 OFDI_SD	(6) 货币政策不确定性指数高 OFDI_SD
公司	是	是	是	是	是	是
年度	是	是	是	是	是	是
样本数	1528	1497	1475	1550	1521	1504
Adj_R^2	0.046	0.027	0.039	0.026	0.039	0.022

第五节 本章小结

本章利用2009—2018年审计署公布的央企集团审计结果公告,研究国家审计对国有企业对外直接投资的促进作用,研究发现,国家审计对国有企业对外直接投资速度具有显著的促进作用。通过实施平行趋势检验、更换样本区间、更换因变量、Heckman两阶段检验、安慰剂检验以及PSM检验等一系列的稳健检验后,研究结论仍然成立。机制检验表明,提升全要素生产率和提升董事会勤勉度是国家审计提升国有企业对外直接投资速度的有效作用路径;进一步研究发现,在股权制衡度低、董事和高管薪酬低的企业,信息透明度低的企业,CEO学历低、无学术经历和无兼职的企业,融资能力强的企业和面临货币政策不确定性较小的企业,国家审计对其对外直接投资速度具有显著的促进作用。

本章的研究结论对提升国有企业的国际竞争力,加快构建新发展格局具有重要的理论和现实意义。首先,本章研究丰富了国家审计对国有企业治理的相关研究。一方面,国家审计能够通过提升企业全要素生产率,增强企业对外直接投资的内生动力。审计机关对国有企业创新驱动战略的落实情况和运营情况的监督,有助于推动国有企业技术进步,对

第七章　国家审计与国有企业对外直接投资的实证研究

国有企业高管超额在职消费和低效无效资产清理情况的关注，有助于提高企业资源配置效率。另一方面，国家审计通过提升董事会的勤勉度，可以助推国有企业实施对外直接投资。在国家审计的高权威性和强独立性下，审计机关对企业发展潜力的关注能够引起董事会的关注，促使董事会在企业战略管理中勤勉地发挥监督和控制职能，督促企业高管为企业未来谋发展，同时也为企业发展战略的制定提供一定的资源和决策支持。其次，本章研究丰富了企业对外直接投资的影响因素研究。由于企业对外直接投资面临的不确定性和风险较高，国有企业高管可能安于舒适区，出现不作为或者慢作为的情况，企业实施对外直接投资的动力和意愿不足，通过实施国家审计这种外部强监管的方式发现和披露企业在发展潜力方面的问题，有助于推动国有企业实施对外直接投资。最后，本章研究为审计机关设计更加合理有效的审计实施方案，促进国有企业实施对外直接投资，提升国有企业国际竞争力提供了经验证据。国家审计对股权制衡度低、董事和高管薪酬低的企业，信息透明度低的企业，CEO 学历低、无学术经历和无兼职的企业，融资能力强的企业和面临货币政策不确定性较小的企业的对外直接投资速度具有显著促进作用的研究发现可以使审计机关在资源有限的情况下，合理配置审计资源。

第八章

研究总结与对策建议

2017年12月习近平总书记在考察徐工集团重型机械有限公司时强调，国有企业是中国特色社会主义的重要物质基础和政治基础，是中国特色社会主义经济的"顶梁柱"。《宪法》和《审计法》赋予审计机关监督国有企业运用国有资本从事生产经营的职责，在国家审计服务于国家治理的内在要求下，国有企业审计监督要从"国家治理"的角度服务于国有企业治理，规范和促进国有企业发展。近年来，在国内国际需求增长速度趋缓、产能过剩现象凸显的情况下，实体经济投资回报率出现趋势性下降，大量实业资本纷纷进入金融和房地产等投资回报率较高的泛金融行业，寻找新的利润增长点，使得实体企业的主营业务受到挤压，出现企业"金融化"现象，开展企业金融资产配置治理研究对优化企业金融资产配置，提升金融服务实体经济发展的能力，做实做强实体经济具有积极意义；随着经济的快速发展，环境问题日益凸显，企业生产经营过程中产生的废水、废气和固体废物日益影响生态环境质量，给人类健康带来危害，开展企业环保投资研究对解决生态环境问题，促进经济社会绿色发展具有重要意义；对外直接投资是"走出去"战略的重要组成部分，是企业缓解产业升级压力和实现价值链提升的有效途径，由于对外直接投资的高风险特征，出于对自身职业生涯和声誉的考虑，企业管理层实施对外直接投资的意愿可能不足，研究企业对外直接投资对提升企业国际竞争力，加快构建新发展格局具有重要意义。本书从企业可持续发展的现实需求出发，聚焦党的十八大报告和十九大报告中国家关注和重视的"实体经济发展""绿色发展"和"'走出去'战略"，以2010年后审计署公布央企集团审计结果公告为契

第八章 研究总结与对策建议

机,研究国家审计对企业金融资产配置、环保投资和对外直接投资的治理效应,对有效促进实体经济发展、经济社会绿色发展以及加快构建新发展格局具有重要的理论和现实意义。

第一节 研究总结

一、研究结论

本书从外部监督的视角研究国家审计对国有企业金融资产配置、环保投资和对外直接投资的治理效应,研究发现国家审计能够显著抑制国有企业金融资产配置,促进国有企业实施环保投资,提升国有企业对外直接投资速度。

第一,国家审计与国有企业金融资产配置。国家审计可以发现企业金融资产配置中的权力运用问题并提出整改建议,对金融资产配置问题直接纠偏;国家审计发现的其他公司治理问题和内控缺陷及提出的整改建议,有助于提升公司治理水平和内控质量,规范企业后期的金融资产配置行为;审计结果公告的发布可以提高股东的决策参与度,弱化企业高管不合规配置金融资产的动机;审计力度的增强可以进一步弱化企业高管不合规配置金融资产的动机,减少不合规配置金融资产的机会。相应地,实证研究结果显示:(1)国家审计对国有企业金融资产配置具有显著的治理效应,审计监督内容覆盖面越大以及对相关责任人的问责力度越大,国家审计对国有企业金融资产配置的治理效应越显著;(2)动态效应检验发现,国家审计在审计介入当年和审计介入后三年对国有企业金融资产配置具有显著的治理效应,审计介入后第四年对国有企业金融资产配置的治理效应不再显著,可能是国家审计的非连续性使得其对国有企业金融资产配置的促进作用随时间的推移而有所减弱;(3)机制检验表明,提升企业监事会效能和提升股东决策参与度是国家审计发挥国有企业金融资产配置治理效应的有效作用路径;(4)进一步研究表明,国家审计显著抑制逐利动机下的金融资产配置,在股权制衡度低、董事持股比例低、董事薪酬低和信息透明度低的企业,国家审计对其金融资产配置的治理效应更显著。

第二,国家审计与国有企业环保投资。国家审计对企业环保政策法规的执行情况、环保资金投入与使用、环保设施建设与运行等方面的关注,可以促使企业提升环保投资水平,提高抵御污染问题的能力;国家审计通过对国有企业重大决策和管理、政策落实和发展潜力等方面的关注,可以降低国有企业的代理成本,增加企业经营与经济高质量发展目标的匹配程度,从而有助于提升企业环保投资水平;国家审计的高权威性、强独立性、精专业性以及审计结果公告的发布能够促使企业监事会发挥监督效能,增强企业整改问题的内部监督力度,从而有助于提升企业环保投资问题整改的积极性以及企业经营与经济高质量发展目标的匹配程度。相应地,实证研究结果显示:(1)国家审计对国有企业环保投资具有显著的促进作用;区域审计覆盖面的扩大,强化了国家审计对国有企业环保投资的促进作用。(2)动态效应检验发现,国家审计在审计介入后两年对国有企业环保投资具有显著的促进作用,审计介入后第三年对国有企业环保投资的促进作用不再显著,可能是国家审计的非连续性使得其对国有企业环保投资的促进作用随时间的推移而有所减弱。(3)机制检验表明,国家审计能够通过降低企业的代理成本和增强企业监事会效能两个途径发挥对企业环保投资的促进作用。(4)进一步研究表明,国家审计主要对股权制衡度低、董事持股比例低和高管薪酬低的企业,所处地区信息透明度低的企业,行业竞争度高的企业以及CEO具有学历低、无学术经历和无兼职公司特征的企业的环保投资发挥显著的促进作用。

第三,国家审计与国有企业对外直接投资。生产率是企业对外直接投资的重要决定因素,技术进步和资源配置效率的提升是全要素生产率提升的两大路径。审计机关对国有企业创新驱动战略的落实和运营情况的监督,有助于推动企业技术进步;审计机关查出国有企业高管在职消费问题及低效无效资产清理问题,有助于提升企业资源的配置效率。董事会在企业战略管理中发挥监督和控制职能的同时,还可以通过提供资源、积极参与战略制定等方式对战略决策发挥重要影响。在国家审计的高权威性、强独立性和精专业性下，审计机关发现的企业在发展潜力方面的问题，能够引起董事会的重视，促使董事会在企业战略管理中勤勉地发挥监督、控制和决策职能，在国家"走出去"战略的倡导下，助推企业实施对外直接投资。相应地，实证研究结果显示：（1）国家审计对国有企业对外直接投资速度具有显著的促进作用。（2）动态效应检验发现，国家审计在审计介入后一至四年对国有企业对外直接投资速度具有显著的促进作用，且审计介入后第四年的显著性高于审计介入后一至三年的显著性，可能是对外直接投资自有的累积效应和规模效应使国家审计对企业对外直接投资速度的促进作用随着时间的推移而更显著。（3）机制检验表明，提升全要素生产率和提升董事会勤勉度是国家审计促进国有企业对外直接投资速度的有效作用路径。（4）进一步研究发现，在股权制衡度低、董事和高管薪酬低的企业，信息透明度低的企业，CEO学历低、无学术经历和无兼职的企业，融资能力强的企业和面临货币政策不确定性较小的企业，国家审计对其对外直接投资速度具有显著的促进作用。

二、研究局限与展望

（一）研究局限

本书利用审计署 2010—2018 年对外公布的央企集团审计结果公告数据，研究国家审计对国有企业金融资产配置、环保投资以及对外直接投资的治理效应，得到了一些可靠且具有现实意义的研究结论，但囿于数据的可获得性以及个人能力的限制，本书还存在一些不足。

第一，由于审计署自 2010 年至 2018 年对外公布了央企集团审计结果公告，在 2018 年以后没有对外公布央企集团审计结果公告，所以本书实证部分的样本区间以审计介入时间 2009 年为起点，以最后对外公布审计公告年度 2018 年为终点，从研究的样本区间来看，数据相对当前的时间有点靠后，本书对于 2018 年之后国家审计对国有企业投资的治理效应没有涉及。

第二，本书的研究对象是央企集团控股的上市公司，由于央企集团的大部分有效资产会下沉至其控股的上市公司，审计署在对央企集团进行审计时通常会对央企集团控股的上市公司实施审计，出于对数据可获得性的考虑，本书将央企集团控股的上市公司作为研究对象，没有研究央企集团控股的非上市公司，而非上市公司和上市公司在信息透明度、公司治理规范度、融资渠道和投资策略选择等方面存在差异，这些方面的差异可能会影响国家审计对国有企业投资治理效应的发挥。

第三，国家审计对国有企业投资产生治理效应的机制研究在全面性方面存在不足。相对于现有国家审计对国有企业治理的研究，本书在监事会效能、股东决策参与度、董事会勤勉度、代理成本和全要素生产率等方面提出了国家审计对国有企业投资产生治理效应的作用机制，这些作用机制主要是基于被审计国有企业的视角提出的，但相比实际情况来说，除了企业层面的作用机制外，政府层面的处罚和政策支持层面也可能是国家审计对国有企业投资产生治理效应的作用机制。

(二) 研究展望

本书研究发现国家审计显著抑制国有企业金融资产配置，促进国有企业实施环保投资，提升国有企业对外直接投资速度。出于对研究连续性和研究价值的考虑，未来可以从国家审计与实体经济发展、国家审计与国有企业环保投资效益以及国家审计与国有企业对外直接投资效益方面开展研究。

第一，国家审计与实体经济发展。党的二十大报告指出，"坚持把发展经济的着力点放在实体经济上"，企业较多的金融资产配置会挤占企业在技术创新和实物资本等方面的投资，影响实体经济的可持续发展，在国家审计服务于国家治理的内在要求下，国有企业审计监督要从"国家治理"的角度服务于国有企业治理，规范和促进国有企业发展，国家审计在抑制国有企业金融资产配置的同时，也应有助于引导国有企业资金投资于实体经济领域，促进实体经济发展。未来可以在国家审计与国有企业金融资产配置研究的基础上开展国家审计与实体经济发展的相关研究，考察国家审计在抑制国有企业金融资产配置的同时，是否产生积极的实体经济效应，为推动实体经济发展提供经验证据。

第二，国家审计与国有企业环保投资效益。党的二十大报告指出，"加快发展方式的绿色转型"，"深入推进环境污染防治"，企业环保投资水平的提升是企业实施绿色转型和响应环境污染防治政策的重要体现。在国家审计促进经济高质量发展的业务要求和职能定位下，国家审计在提升国有企业环保投资水平的同时，也应有助于提升国有企业的环保投资效益，减少国有企业污染物的排放。未来可以在国家审计与国有企业环保投资研究的基础上开展国家审计与环保投资效益的相关研究，考察国家审计在提升国有企业环保投资水平的同时，是否产生环境治理效应，为推动经济的高质量发展提供经验证据。

第三，国家审计与国有企业对外直接投资效益。党的二十大报告指出，"加快构建新发展格局"，"推进高水平对外开放"，"推动共建'一带一路'高质量发展"。对外直接投资是"走出去"战略的重要组成部分，在新发展格局的构建中发挥着举足轻重的作用。在国家审计服务于国家治理的内在要求下，国家审计在提升国有企业对外直接投资速度的同时，也应有助于降低国有企业对外直接投资风险，提升国有企业对外直接投资效益。未来可以在国家审计与国有企业对外直接投资研究的基础上开展国家审计与国有企业对外直接投资效益的相关研究，考察国家审计在提升国有企业对外直接投资速度的同时，是否对国有企业对外直接投资的后期运行产生治理效应，为推动共建"一带一路"高质量发展提供经验证据。

第二节　对策建议

本书聚焦党的十八大报告和十九大报告中国家关注和重视的"实体经济发展""绿色发展"和"'走出去'战略"，以审计署披露央企集团审计结果公告为契机，研究国家审计对国有企业金融资产配置、环保投资以及对外直接投资的治理效应。基于本书的理论研究和实证发现，本书从国家审计制度层面、国家审计执行层面和国有企业内部治理层面提出以下对策建议。

一、国家审计制度层面

(一) 完善国有企业审计整改制度

审计整改是审计程序的重要环节,审计整改不到位会导致审计发现的问题一再发生,影响审计的效率和效果,弱化审计的监督职能。在整理实证数据的过程中,通过阅读审计署自 2010 年至 2018 年对外公布的央企集团审计结果公告发现,有央企集团在这九年间接受过二次或者三次国家审计,但接受二次或三次国家审计的央企集团存在上次审计结果公告中披露的问题仍然在下次审计结果公告中出现的情况。完善审计整改制度有助于督促被审计国有企业及时整改审计机关发现的问题,充分发挥审计的治理效能,促进企业可持续发展。具体地,审计整改制度的完善可以从成立审计整改检查组、实施审计整改事项分类管理和加强审计整改成果运用等方面入手,在审计整改检查组的成立方面,检查组人员可以由审计机关内部相对独立于审计项目组的人员组成,该组成方式一方面有助于整改检查组成员与审计项目组成员的沟通交流,另一方面也可以减少审计项目组成员在提出审计建议时因担心被审计国有企业不能整改而产生的负担;在审计整改事项分类管理方面,可以根据整改事项的难易程度和金额进行分类,确定不同事项的整改期限,被审计国有企业的相关负责人应按类别整理出整改任务清单,根据不同类别事项的整改期限科学规划时间,实行"对账销号";在审计整改成果运用方面,被审计国有企业审计整改落实情况应连同审计结果一并纳入企业领导干部的评价体系中,作为其考核、任免、晋升和奖惩的重要依据,以提升被审计国有企业对问题整改的积极性。

(二) 改进国有企业审计结果公告制度

审计署网站对外公布的央企集团审计结果公告的时间相对滞后,不同年度公布的央企集团审计结果公告涵盖的基本内容不同,且审计机关未对外报告被审计央企集团的问题整改情况,这在一定程度上降低了国家审计结果公告的时效性、可比性和威慑力,会对国家审计的治理效应产生负面影响。改进国有企业审计结果公告制度可以从审计结果公告的及时性、可比性和完整性入手,提升国家审计的监督效应和警示效应。在审计结果公告的及时性方面,可以进一步缩小审计工作的实施、完成与对外发布审计结果公告的时间间隔,明确对外发布被审计年度审计结果公告的截止时间,以增强审计结果公告的时效性;在审计结果公告的可比性方面,可以进一步规范审计结果公告的内容、语言描述和格式等,同一行业不同企业不同年度的审计结果公告以及同一企业不同年度的审计结果公告的基本内容框架应该大体统一,以增强审计结果公告的纵向和横向的可比性;在审计结果公告的完整性方面,可以根据审计机关对被审计单位整改情况的跟踪检查结果追加披露被审计单位的问题整改情况,对于没有整改的问题应披露相关责任人及未整改原因,增强国家审计的威慑力,促使被审计单位及时整改问题。

(三) 健全国有企业审计问责制度

在被审计对象未履行或未恰当履行受托责任时,审计应具有延伸问责的功能。如果对被审计国有企业只实施审计工作而不对审计过程发现的问题进行有效问责,国家审计的威慑力和警示效应会降低,影响国家审计对国有企业治理效应的有效发挥。从2010—2018年审计署公布的央企集团审计结果公告来看,相关问责信息披露较为简单,仅说明了涉嫌相关问题线索的有关人员移送相关部门进一步处理,对于问责人员移送的原因、移送部门及问责结果并没有对外披露,这在一定程度上影响了国家审计监督治理功能的有效发挥。具体地,健全国有企业的国家审计问责制度可以从扩大国家审计问责范围、建立问责联席会议制度以及增强审计问责信息透明度入手。在扩大国家审计问责范围方面,应从违法违规行为的问责扩大到绩效问责,对盲目投资、监督不力和不作为、慢作为等行为追究相关责任人的责任,以增强企业高管对绩效的重视程度;在建立问责联席会议制度方面,对于重大的审计问责事件,可以通过整合多元化的问责主体(如纪检、监察和司法等部门)减少信息沟通障碍,以更好地识别和判定责任人的责任。在增强审计问责信息透明度方面,可以考虑公开问责信息,由审计机关会同其他问责主体编制问责结果公告并向社会公众公布,以利于社会公众监督问责结果的公正性,进一步增强国家审计的威慑力。

二、国家审计执行层面

(一) 进一步扩大审计覆盖率

国家审计对国有企业审计覆盖率的进一步扩大有助于提升国家审计的威慑力。国有企业审计覆盖率的增加可以使国有企业高管预期被审计或被重复审计的可能性提高,从而减少企业高管的机会主义行为,并提高对现有问题整改的及时性。实施审计信息化建设是提升审计覆盖率的有效途径,在一定程度上能够缓解审计任务重与审计人力不足的矛盾。一方面,通过构建国有企业基本信息数据库、财务信息数据库和环境信息数据库等高质量的数据库,提高审计机关提取企业信息并与标准信息进行比对的速度;另一方面,通过构建国有企业审计信息数据库汇总审计机关审计国有企业时的风险领域、审计的重点和实施审计程序的结果等审计信息,以便于审计机关再次审计时能够快速了解被审计国有企业以往的审计情况,合理调配审计资源,节约再次审计时的人力和时间成本,提高审计效率;再者,提升审计机关对大数据和云计算技术的运用能力,以实现与被审计国有企业及其他相关部门之间的资源信息共享,进一步提升收集和处理数据的效率,实施计算机联网审计。

(二) 加强对公司治理和内控缺陷的关注

审计机关在审计国有企业时应关注公司治理和内控的合理性,推动企业提升公司治理水平和内控的规范性,促进企业战略目标的实现。审计机关在审计国有企业时应检查企业董事会、监事会和管理层之间的权责利范围是否明晰,董事会是否在企业战略管理中发挥了应有的监督、控制和决策职能,监事会监督董事和高管执行公司职务行为的效能是否得到有效发挥,内控设计和执行是否有效,对于审计发现的企业董事会和监事会职能发挥方面的问题以及内控缺陷,审计机关应深入分析问题背后的体制、机制问题,推动相关部门和被审计国有企业及时采取措施提升董事会的勤勉度、监事会效能和内控的有效性,董事会的高勤勉度和监事会的高效能以及规范的内控在一定程度上能够抑制管理层的不作为、慢作为行为和机会主义行为,提升其工作积极性,主动为企业的长期可持续发展寻找新的经济增长点。

(三) 提升企业投资的审计信息透明度

企业投资决策的合理性、企业投资过程管理以及企业投资绩效对企业的长远发展至关重要，提升企业投资的审计信息透明度有助于增强外部监督力量，提升企业对投资决策、投资过程管理和投资绩效的重视程度。审计署在2010—2018年对外公布的央企集团审计结果公告中有关企业投资的审计信息主要在"企业重大决策和内部管理方面"标题下分散列示，不利于阅读者提取被审计对象的关键投资问题信息。为了提升企业投资的审计信息透明度，审计机关可以在审计结果公告中单独设置一级或者二级标题"企业投资情况"，在该标题下单独汇总列示审计发现的企业投资相关问题，以突出企业在投资决策、投资过程管理和投资绩效等方面存在的问题，提升企业投资审计信息的透明度，从而有助于增强新闻媒体和社会公众等外部监督力量对企业投资问题的关注。新闻媒体的介入及后续的报道能够对被审计国有企业产生社会舆论压力，并引发相关部门的介入、追责和惩罚，出于舆论压力和后续的发酵成本的考虑，被审计国有企业在问题整改方面的积极性可能会明显提高。

三、国有企业内部治理层面

(一) 兼顾股权混合度和制衡度

兼顾股权混合度和制衡度能够从企业内部治理的层面规范企业的投资行为，减少审计机关的业务工作量，同时，也为审计机关后续的审计工作提供良好的审计环境，有助于提高审计工作的效率。具体地，不同性质的股东在企业发展战略、市场营销和产品技术等方面具有各自独特的优势，可以为企业提供获取多样化资源的不同渠道，国有企业混合所有制改革可以引入多种非国有投资主体，融合多种投资主体的优势资源，增强企业活力，在引入非国有股东的同时，要适当增大非国有股东所占股份的比例，使其对国有股东产生制衡，提升非国有股东参与公司治理的积极性。由于政府部门选派的行政型董事在企业的经营决策中常常会考虑政策性目标和企业的社会价值，随国有企业中非国有股东所占股份比例的增加，其可以在董事会中安排经济型董事参与公司治理，充分利用非国有股东的多样化资源，更好地代表非国有股东的意愿，发挥监督和治理作用，从而促进国有资本和非国有资本深度融合，优势互补，在企业做出战略决策时能够协调国有企业的经济目标和社会目标，优化资源配置，降低双重代理成本，增加国有企业投资决策的科学性和合理性，同时，也有助于降低审计机关在审计国有企业投资时面临的审计风险，提高国家审计对国有企业投资治理的效率和效果。

(二) 改进国有企业董事和高管的激励机制

合理的激励机制能够激发企业董事和高管的积极性，使其个人价值目标与企业价值目标趋于一致，积极提升企业投资决策的规范性，在减少企业投资问题的同时，也有助于提升审计机关的工作效率。具体地，可以建立与董事的责任、承担的风险和任期绩效直接相关的报酬体系，实施董事任期奖励制度和董事收入追索制度，并积极推动董事责任险的实施。董事的任期奖励以任期内企业战略性财务指标以及战略实施和风险控制的具体情况为考评依据，对于任期内由于决策问题导致的损失，应实施收入追索，按责任扣回任期奖励。董事责任险的实施可以通过保险的形式构建企业董事的责任风险安全带，增强董事在风险发生时的履约保障能力。不同行业或领域的国有企业在经营过程中面临的竞争和风险不同，企业高管为了达到绩效考核目标所需要付出的努力程度也不同，在企业高管的激励方面应采用不同的激励方案。对于竞争类国有企业应增强企业高管的业绩薪酬敏感性，在薪酬决定模型中纳入行业薪酬基准与企业高管的公平性感知因素，使竞争类国有企业高管的薪酬与行业整体薪酬以及企业高管的个人评价挂钩，对于垄断类国有企业来说，企业高管薪酬可以考虑继续实施限薪制或者对于政府组织任命的高管实施公务员薪酬制，以提升国有企业高管薪酬激励机制的公平性和合理性。另外，对国有企业董事和高管实施股权激励和荣誉激励也可以抑制其短期机会主义行为，丰富其精神满足感，提升其对自身的要求标准，促使企业投资决策更加科学和合理。

(三) 促进监事会效能的有效发挥

实践中，相对于董事会和管理层，监事会地位处于弱势，且由于监事会参与企业经营管理的有限性而带来的信息不对称问题以及监事会人员的胜任能力问题，监事会的监督工作存在"软""松""柔"现象，监督制衡作用的发挥不充分。从企业治理层面提升监事会效能，一方面有助于监事会及时对企业董事和高管实施监督制衡，抑制企业投资问题的发生，另一方面也有助于企业监事会更好地督促企业纠正审计机关发现的问题，从而形成良性循环。具体地，可以从提升监事会地位、赋予更大的信息权以及提升监事人员职业素养等方面入手。在提升监事会地位方面，监事会应接受股东大会的领导并对其负责，同时相关法律法规或相关监管规则应赋予监事会更多的职能或职责，如董事、经理的聘任和解聘，对董事会决策行为的监督，对违法董事和高管的起诉等，使监事会获取具有对董事会实施制衡的地位支持。在监事会的信息权方面，董事会需要每年不少于一次地及时向监事会报告企业计划实施的经营政策以及原则性问题，同时每季度以周期比较的方式向监事会报告企业的业务进展情况，从而使监事会可以定期、合规和及时地获取企业在经营管理方面信息。在提升监事会人员胜任能力方面，相关监管机构应明确监事会人员的任职资格，提高监事会人员的资格准入门槛，通过监事人员的任前沟通交流和任中的定期不定期培训不断提升监事人员的职业能力和水平。

参考文献

[1] 安磊,沈悦,余若涵.高管激励与企业金融资产配置关系——基于薪酬激励和股权激励对比视角[J].山西财经大学学报,2018(12):30-44.

[2] 步晓宁,赵丽华,刘磊.产业政策与企业资产金融化[J].财经研究,2020(11):78-92.

[3] 蔡春,李江涛.经济权力审计监控研究——审计理论研究的一个新领域[J].审计与经济研究,2009(05):3-8.

[4] 蔡春,刘静,黄昊.新时代审计理论研究创新发展的思考[J].审计研究,2018(05):12-16.

[5] 蔡春,朱荣,蔡利.国家审计服务国家治理的理论分析与实现路径探讨[J].审计研究,2012(01):6-11.

[6] 蔡春.论现代审计特征与受托经济责任关系[J].审计研究,1998(05):1-8.

[7] 蔡春.受托经济责任——现代会计、审计之魂[J].会计之友,2000(10):15.

[8] 蔡海静,章慧敏,吴扬帆.经济政策不确定性对环保投资的影响研究[J].会计之友,2020(24):112-117.

[9] 蔡利,马可哪呐.政府审计与国企治理效率——基于央企控股上市公司的经验证据[J].审计研究,2014(06):48-56.

[10] 蔡艳萍,江春云.货币政策异质性对高新技术企业金融化的影响[J].湖南大学学报(社会科学版),2021(02):96-103.

[11] 曹丰,谷孝颖.非国有股东治理能够抑制国有企业金融化吗?[J].经济管理,2021(01):54-71.

[12] 陈红,王稳华,刘李福,胡耀丹.董事高管责任保险会促进企业对

外直接投资吗 [J]. 统计与信息论坛, 2021 (11): 107-117.

[13] 陈丽红, 张龙平, 朱海燕. 国家审计能发挥反腐败作用吗? [J]. 审计研究, 2016 (03): 48-55.

[14] 陈琳, 袁志刚, 朱一帆. 人民币汇率波动如何影响中国企业的对外直接投资? [J]. 金融研究, 2020 (03): 21-38.

[15] 陈冉, 黄送钦, 干胜道. 政府补贴、地方经济波动与实体企业金融化 [J]. 重庆大学学报 (社会科学版), 2020 (05): 14-29.

[16] 陈宋生, 陈海红, 潘爽. 审计结果公告与审计质量——市场感知和内隐真实质量双维视角 [J]. 审计研究, 2014 (02): 18-26.

[17] 陈宋生, 董旌瑞, 潘爽. 审计监管抑制盈余管理了吗? [J]. 审计与经济研究, 2013 (03): 10-20.

[18] 陈文川, 李文文, 李建发. 政府审计与国有企业金融化 [J]. 审计研究, 2021 (05): 16-28.

[19] 陈文川, 杨野, 白佳明, 余应敏. 债务审计对地方政府债务风险的影响——基于2008—2016年省级面板数据的实证检验 [J]. 审计研究, 2019 (04): 29-38, 47.

[20] 陈希晖, 陈良华, 李鹏. 国家审计提升政治信任的机理和路径 [J]. 审计研究, 2014 (01): 18-23.

[21] 陈希晖, 邢祥娟. 论审计制约权力的局限性 [J]. 审计与经济研究, 2005 (02): 20-24.

[22] 陈胤默, 文雯, 孙乾坤, 黄雨婷. 货币政策、融资约束与企业对外直接投资 [J]. 投资研究, 2018 (03): 4-23.

[23] 陈英姿. 国家审计推动完善国家治理的作用研究 [J]. 审计研究, 2012 (04): 16-19, 25.

[24] 陈祖英, 沈璐. 国企混合所有制改革对金融资产配置的影响 [J]. 华东经济管理, 2020 (08): 113-119.

[25] 池国华, 郭芮佳, 王会金. 政府审计能促进内部控制制度的完善吗——基于中央企业控股上市公司的实证分析 [J]. 南开管理评论, 2019 (01): 31-41.

[26] 池国华, 郭芮佳, 邹威. 高管超额在职消费不同治理机制间协调研究——基于政府审计与内部控制关系视角的实证分析 [J]. 中国软科学, 2021 (02): 151-162.

[27] 褚剑, 方军雄. 政府审计能够抑制国有企业高管超额在职消费吗? [J]. 会计研究, 2016 (09): 82-89.

[28] 褚剑, 方军雄. 政府审计能提升中央企业内部控制有效性吗? [J]. 会计与经济研究, 2018 (05): 18-39.

[29] 褚剑, 方军雄, 秦璇. 政府审计能促进国有企业创新吗? [J]. 审计与经济研究, 2018 (06): 10-21.

[30] 崔广慧, 姜英兵. 环境规制对企业环境治理行为的影响——基于新《环保法》的准自然实验 [J]. 经济管理, 2019 (10): 54-72.

[31] 崔雯雯, 张立民. 论国家审计是国家治理的基石和重要保障 [J]. 当代财经, 2016 (05): 120-127.

[32] 戴金平, 尹相颐. 人民币汇率周期如何影响中国对外直接投资? [J]. 经济与管理研究, 2018 (03): 39-51.

[33] 戴泽伟, 潘松剑. 高管金融经历与实体企业金融化 [J]. 世界经济文汇, 2019 (02): 76-99.

[34] 邓江花, 郭永芹. 经济政策不确定性背景下实体企业金融资产配置动机研究——金融资产异质性视角 [J]. 工业技术经济, 2021 (06): 43-51.

[35] 邓彦, 潘星玫, 刘思. 高管学历特征与企业环保投资行为实证研究 [J]. 会计之友, 2021 (06): 102-108.

[36] 狄灵瑜, 步丹璐. 非国有股东参股与国有企业金融化——基于混合所有制改革的制度背景 [J]. 山西财经大学学报, 2021 (03): 96-111.

[37] 董志愿, 张曾莲. 政府审计对企业高质量发展的影响——基于审计署央企审计结果公告的实证分析 [J]. 审计与经济研究, 2021 (01): 1-10.

[38] 都伟. 中国企业投资非洲面临的政治风险及应对策略 [J]. 现代经济探讨, 2016 (03): 62-66.

[39] 杜朝运, 马娟. 中小股东参与决策权的保障思考——基于公司章程的实证研究 [J]. 金融发展研究, 2020 (01): 9-19.

[40] 杜建军, 刘洪儒, 吴浩源. 环保督察制度对企业环境保护投资的影响 [J]. 中国人口·资源与环境, 2020 (11): 151-159.

[41] 杜群阳, 李中源, 于友伟. 双边经济政策不确定性与企业对外直接投资 [J]. 浙江社会科学, 2020 (09): 15-23, 156.

[42] 杜勇, 睦鑫. 控股股东股权质押与实体企业金融化——基于"掏空"与控制权转移的视角 [J]. 会计研究, 2021 (02): 102-119.

[43] 杜勇, 谢瑾, 陈建英. CEO金融背景与实体企业金融化 [J]. 中国工业经济, 2019 (05): 136-154.

[44] 杜勇, 张欢, 陈建英. 金融化对实体企业未来主业发展的影响: 促进还是抑制 [J]. 中国工业经济, 2017 (12): 113-131.

[45] 段军山, 庄旭东. 金融投资行为与企业技术创新——动机分析与经验证据 [J]. 中国工业经济, 2021 (01): 155-173.

[46] 段训诚, 唐立新. 政府审计介入与央企内部控制有效性——基于审计署公告的证据 [J]. 财会通讯, 2018 (13): 3-7, 129.

[47] 甘远平, 上官鸣. 环境管制对企业环保投资的影响研究 [J]. 生态经济, 2020 (12): 135-140.

[48] 高晓霞. 国家治理体系中的审计监督研究 [D]. 南京: 南京师范大学, 2020.

[49] 龚光明, 肖冰瑜. 海外背景董事与实体企业金融化 [J]. 工业技术经济, 2020 (09): 121-129.

[50] 桂荷发, 王晓艳. 融资约束、终极控制权结构与环保投资——基于沪深两市重污染行业上市公司的经验数据 [J]. 南方金融, 2018 (10): 15-24.

[51] 郭金花, 杨瑞平. 国家审计能促进国有企业全要素生产率增长吗? [J]. 审计与经济研究, 2020 (05): 1-9.

[52] 郭檬楠, 郭金花. 国家审计监督能降低国企过度负债吗?——基于国家审计与社会审计协同的视角 [J]. 上海财经大学学报, 2020

(06): 95-109.

[53] 郭檬楠, 郭金花. 审计管理体制改革、地方政府干预与国有企业资产保值增值 [J]. 当代财经, 2020 (11): 138-148.

[54] 郭檬楠, 倪静洁. 基于资产保值增值的国企审计内容组合研究 [J]. 南京审计大学学报, 2019 (04): 1-10.

[55] 郭檬楠, 吴秋生. 国家审计全覆盖、国资委职能转变与国有企业资产保值增值 [J]. 审计研究, 2018 (06): 25-32.

[56] 郭檬楠, 吴秋生. 国企审计全覆盖促进了国有资产保值增值吗？——兼论国资委国企监管职能转变的调节效应 [J]. 上海财经大学学报, 2019 (01): 51-63.

[57] 韩超, 闫明喆. 产业政策抑制制造业企业"脱实向虚"的实现路径研究 [J]. 浙江社会科学, 2021 (06): 31-39, 157.

[58] 韩佳玲, 芮明杰. 实体部门产业政策是否降低了企业的金融化？[J]. 投资研究, 2020 (07): 4-23.

[59] 胡希. 生态视角下的企业可持续发展 [J]. 甘肃社会科学, 2004 (06): 232-235.

[60] 胡志颖, 余丽. 国家审计、高管隐性腐败和公司创新投入——基于国家审计公告的研究 [J]. 审计与经济研究, 2019 (03): 1-12.

[61] 黄溶冰, 乌天玥. 国家审计质量与财政收支违规行为 [J]. 中国软科学, 2016 (01): 165-175.

[62] 黄贤环, 吴秋生, 王瑶. 影子银行发展与企业投资行为选择：实业投资还是金融投资 [J]. 会计研究, 2021 (01): 100-111.

[63] 黄贤环, 王瑶, 王少华. 谁更过度金融化：业绩上升企业还是业绩下滑企业？[J]. 上海财经大学学报, 2019 (01): 80-94, 138.

[64] 黄贤环, 姚荣荣. 贷款利率市场化与企业金融资产投资：抑制还是促进 [J]. 南京审计大学学报, 2021 (02): 91-101.

[65] 姜付秀, 朱冰, 王运通. 国有企业的经理激励契约更不看重绩效吗？[J]. 管理世界, 2014 (09): 143-159.

[66] 孔群喜, 孙爽, 陈慧. 对外直接投资、逆向技术溢出与经济增

长质量——基于不同投资动机的经验考察 [J]. 山西财经大学学报, 2019 (02): 16-34.

[67] 李虹, 王瑞珂, 许宁宁. 管理层能力与企业环保投资关系研究——基于市场竞争与产权性质的调节作用视角 [J]. 华东经济管理, 2017 (09): 136-143.

[68] 李季泽. 国家审计法理研究 [D]. 北京: 中国社会科学院, 2002.

[69] 李江涛, 曾昌礼, 徐慧. 国家审计与国有企业绩效——基于中国工业企业数据的经验证据 [J]. 审计研究, 2015 (04): 47-54.

[70] 李明, 聂召. 国家审计促进地方经济发展的作用研究——来自省级地方政府的经验证据 [J]. 审计研究, 2014 (06): 36-41, 112.

[71] 李培林. 论企业社会责任与企业可持续发展 [J]. 现代财经, 2006 (10): 11-15.

[72] 李强, 田双双, 刘佟. 高管政治网络对企业环保投资的影响——考虑政府与市场的作用 [J]. 山西财经大学学报, 2016 (03): 90-99.

[73] 李强, 田双双. 环境规制能够促进企业环保投资吗?——兼论市场竞争的影响 [J]. 北京理工大学学报 (社会科学版), 2016 (04): 1-8.

[74] 李青原, 马彬彬. 国家审计与社会审计定价: 顺风车还是警示灯?——基于我国央企控股上市公司的经验证据 [J]. 经济管理, 2017 (07): 149-162.

[75] 李文贵, 邵毅平. 创始人管理、企业金融化与主业发展 [J]. 财贸研究, 2020 (09): 76-87.

[76] 李晓慧, 蒋亚含. 政府审计对注册会计师审计的影响: "顺风车"还是"威慑力"? [J]. 会计研究, 2018 (03): 78-85.

[77] 李鑫, 佟岩, 钟凯. 管理层股权激励与实体企业金融化 [J]. 北京工商大学学报 (社会科学版), 2021 (04): 54-66.

[78] 李元, 王擎. 宽松货币政策对企业金融资产配置影响的实证研究 [J]. 中国软科学, 2020 (04): 154-163.

[79] 李正国. 大力提升员工素质, 增强企业竞争力 [J]. 商业时代,

2001 (12): 85-86.

[80] 李志强, 赵靖, 姜雅琳, 韩英霞. 政府审计、媒体报道与央企高管在职消费行为 [J]. 会计之友, 2020 (02): 127-134.

[81] 刘传哲, 张彤, 陈慧莹. 环境规制对企业绿色投资的门槛效应及异质性研究 [J]. 金融发展研究, 2019 (06): 66-71.

[82] 刘飞. 融资融券制度如何影响中国的实体经济?——基于非金融企业金融化的视角 [J]. 经济体制改革, 2021 (04): 140-145.

[83] 刘凤环. 国家审计对国企资本结构动态调整的影响 [J]. 会计之友, 2021 (01): 113-119.

[84] 刘贯春, 刘媛媛, 张军. 经济政策不确定性与中国上市公司的资产组合配置——兼论实体企业的"金融化"趋势 [J]. 经济学(季刊), 2020 (10): 65-86.

[85] 刘国常, 宋曼丽. 审计结果公告与审计治理效能研究——基于审计整改视角 [J]. 财会通讯, 2019 (01): 7-10.

[86] 刘静. 审计结果公告的公民参与策略研究 [J]. 审计研究, 2015 (02): 48-55.

[87] 刘凯, 伍亭. 人民币汇率波动与中国对外直接投资: 促进还是挤出 [J]. 宏观经济研究, 2017 (11): 11-20, 50.

[88] 刘力云. 国家审计在权力制约和监督中的作用 [J]. 中国内部审计, 2013 (10): 18-21.

[89] 刘敏, 黄亮雄, 黄翔. 全要素生产率、融资约束与企业对外直接投资 [J]. 贵州财经大学学报, 2019 (02): 31-41.

[90] 刘敏, 黄亮雄, 王方方. 构建双边伙伴关系与中国企业对外直接投资 [J]. 当代财经, 2018 (12): 102-111.

[91] 刘芳, 王美英. 国家审计与国有企业金融衍生品投资研究 [J]. 当代财经, 2021 (02): 137-148.

[92] 刘帷韬, 杨霞, 刘伟. 产业政策抑制了实体公司金融化吗——来自中国A股上市公司的证据 [J]. 广东财经大学学报, 2021 (01): 37-49.

[93] 刘西国, 赵莹, 李丽华. 政府审计、内部控制与企业创新 [J].

南京审计大学学报，2020（05）：20-28.

[94] 刘艳霞，祁怀锦，刘斯琴．融资融券、管理者自信与企业环保投资［J］．中南财经政法大学学报，2020（05）：102-112，159.

[95] 刘泽照，梁斌．政府审计可以抑制腐败吗？——基于1999—2012年中国省级面板数据的检验［J］．上海财经大学学报，2015（01）：42-51.

[96] 柳光强，王迪．政府会计监督如何影响盈余管理——基于财政部会计信息质量随机检查的准自然实验［J］．管理世界，2021（05）：157-169.

[97] 龙婷，衣长军，李雪，王玉敏．股权集中度、机构投资者与企业对外直接投资决策——冗余资源的调节作用［J］．国际贸易问题，2019（02）：129-144.

[98] 卢洪友，邓谭琴，余锦亮．财政补贴能促进企业的"绿化"吗？——基于中国重污染上市公司的研究［J］．经济管理，2019（04）：5-22.

[99] 鲁桐，党印．公司治理与技术创新：分行业比较［J］．经济研究，2014（06）：115-128.

[100] 陆婷．经济政策不确定性与企业短期金融资产配置［J］．投资研究，2018（08）：93-113.

[101] 吕明晗，徐光华，沈弋．货币政策与企业环保投资行为——我国重污染行业上市公司的证据［J］．经济管理，2019（11）：55-71.

[102] 麻黎黎．环境不确定性、产融结合与环保投资［J］．中国注册会计师，2021（04）：77-81.

[103] 马东山．国家审计"免疫系统"功能实现途径及其效应分析［D］．成都：西南交通大学，2013.

[104] 马东山，韩亮亮，张胜强．政府审计能够抑制地方政府债务增长吗？——财政分权的视角［J］．审计与经济研究，2019（04）：9-21.

[105] 马东山，韩亮亮，张胜强．政府审计央企治理效应研究：基于企业价值的视角［J］．华东经济管理，2019（09）：61-70.

[106] 明秀南，阎虹戎，冼国明．对外直接投资对企业创新的影响分析［J］．南方经济，2019（08）：39-55.

[107] 倪国爱,董小红. 经济政策不确定性、会计稳健性与债务融资 [J]. 财贸研究, 2019 (06): 99-110.

[108] 欧阳艳艳,施养劲. 内外部经济政策不确定性与企业对外直接投资: 风险规避还是出口抑制? [J]. 上海对外经贸大学学报, 2021 (06): 71-86.

[109] 潘爱玲,刘昕,邱金龙,申宇. 媒体压力下的绿色并购能否促使重污染企业实现实质性转型 [J]. 中国工业经济, 2019 (02): 174-192.

[110] 潘俊,景雪峰,王亮亮,周会洋. 国家审计结果公告语调与国有企业社会责任 [J]. 审计研究, 2020 (06): 26-33.

[111] 潘俊,余一品,周会洋. 国家审计影响国有企业现金持有吗?——基于中央企业控股上市公司的经验证据 [J]. 会计与经济研究, 2020 (05): 28-40.

[112] 潘孝珍,傅超. 政府审计能使企业社会责任表现更好吗?——来自审计署央企审计的经验证据 [J]. 审计与经济研究, 2020 (03): 12-21.

[113] 庞凤喜,刘畅. 企业税负、虚拟经济发展与工业企业金融化——来自A股上市公司的证据 [J]. 经济理论与经济管理, 2019 (03): 84-94.

[114] 彭俞超,韩珣,李建军. 经济政策不确定性与企业金融化 [J]. 中国工业经济, 2018 (01): 137-155.

[115] 戚聿东,张任之. 金融资产配置对企业价值影响的实证研究 [J]. 财贸经济, 2018 (05): 38-52.

[116] 钱金娥,俞毛毛,马妍妍. 研发还是"脱实向虚"?——融资融券机制下的企业战略选择 [J]. 武汉金融, 2021 (06): 61-73, 88.

[117] 乔新生. 审计人应勇敢成为社会瞭望者——解析"国家审计免疫系统论" [J]. 中国审计, 2008 (17): 30-32.

[118] 秦荣生. 公共受托经济责任与我国政府审计改革 [J]. 当代财经, 1995 (03): 36-42.

[119] 秦荣生. 论审计与受托经济责任的"血缘"关系 [J]. 当代财

经, 1994 (06): 52-54.

[120] 邱洋冬. 资质认定型产业政策与企业金融资产配置 [J]. 投资研究, 2020 (03): 113-132.

[121] 裘宗舜. 论审计公设 [J]. 江西审计, 1995 (05): 3-4, 10.

[122] 阮滢, 赵旭. 政府审计监督能抑制盈余管理吗——基于央企控股上市公司的经验数据 [J]. 会计之友, 2017 (01): 119-125.

[123] 沈洪涛, 周艳坤. 环境执法监督与企业环境绩效: 来自环保约谈的准自然实验证据 [J]. 南开管理评论, 2017 (06): 73-82.

[124] 沈璐, 陈祖英. 董事高管责任保险与企业金融化: 抑制还是加剧? [J]. 武汉金融, 2021 (03): 66-71.

[125] 沈悦, 安磊. 债务约束对企业"脱实向虚"的治理效果研究 [J]. 南开管理评论, 2022 (06): 86-89.

[126] 施天涛. 让监事会的腰杆硬起来——关于强化我国监事会制度功能的随想 [J]. 中国法律评论, 2020 (03): 138-149.

[127] 唐大鹏, 从阗匀. 国家审计结果公告能"精准"提升内部控制质量吗？——基于央企控股上市公司的证据 [J]. 审计与经济研究, 2020 (03): 1-11.

[128] 唐国平, 李龙会, 吴德军. 环境管制、行业属性与企业环保投资 [J]. 会计研究, 2013 (06): 83-89, 96.

[129] 唐国平, 李龙会. 股权结构、产权性质与企业环保投资 [J]. 财经问题研究, 2013 (03): 93-100.

[130] 唐嘉尉, 蔡利. 政府审计、非效率投资与产能利用率提升 [J]. 审计研究, 2021 (01): 19-30.

[131] 唐衍军, 蒋尧明. 政府审计推进腐败治理研究——基于区块链技术赋能视角 [J]. 会计与经济研究, 2020 (04): 46-58.

[132] 田双双, 冯波, 李强. 重污染行业上市公司管理层权力与企业环保投资的关系 [J]. 财会月刊, 2015 (18): 48-51.

[133] 田双双, 李强. 管理者私人收益、产权性质与企业环保投资——考虑制度压力的影响 [J]. 财会月刊, 2016 (21): 21-26.

[134] 田巍,余淼杰.企业生产率和企业"走出去"对外直接投资:基于企业层面数据的实证研究[J].经济学(季刊),2012(02):383-408.

[135] 田祥宇,刘峥旭,杜洋洋,赵利民.政府补助会抑制还是促进企业"脱实向虚"[J].会计之友,2020(23):73-79.

[136] 佟爱琴,马星洁.宏观环境、产权性质与企业非效率投资[J].管理评论,2013(09):12-20.

[137] 王爱俭,舒鑫,于博.产业政策扶持与企业金融资产配置——基于五年规划变更的自然实验[J].商业经济与管理,2020(10):52-70.

[138] 王碧珺,谭语嫣,余淼杰,黄益平.融资约束是否抑制了中国民营企业对外直接投资[J].世界经济,2015(12):54-78.

[139] 王兵,鲍圣婴,阚京华.国家审计能抑制国有企业过度投资吗?[J].会计研究,2017(09):83-89,97.

[140] 王海林,张丁.国家审计对企业真实盈余管理的治理效应——基于审计公告语调的分析[J].审计研究,2019(05):6-14.

[141] 王海林,张丁.国家审计对国有企业风险承担的治理效应:促进还是抑制?——基于审计公告语调的分析[J].会计研究,2021(10):152-165.

[142] 王怀明,王成琛.主业盈利能力、高管激励与企业金融化[J].商业研究,2020(08):99-106.

[143] 王会金,马修林.政府审计与腐败治理——基于协同视角的理论分析与经验数据[J].审计与经济研究,2017(06):1-10.

[144] 王慧,孙慧,肖涵月,辛龙."谨小慎微"抑或"险中求胜"?——环境政策不确定性与污染密集型企业绿色创新[J].产业经济研究,2021(02):32-41,127.

[145] 王瑾,李田,苑泽明.环境规制、代理冲突与企业环保投资[J].财会月刊,2018(17):15-22.

[146] 王静,包翰林.国家审计是否带来了财政资金安全?——来自地方审计机关的经验证据[J].南京审计大学学报,2018(06):10-19.

[147] 王凯悦.基于企业可持续发展视角的CP药业公司经营绩效评

价研究［D］．沈阳：沈阳农业大学，2020．

［148］王美英，曾昌礼，刘芳．国家审计、国有企业内部治理与风险承担研究［J］．审计研究，2019（05）：15-22．

［149］王全景．海外投资提升了企业社会责任——基于动态性视角的实证检验［J］．国际贸易问题，2018（08）：135-148．

［150］王珊珊．高管激励、金融化与企业未来主业发展［J］．技术经济与管理，2020（10）：64-70．

［151］王新奎．高质量的内部控制能促进国企去杠杆吗？——兼论国家审计监督的调节效应［J］．会计之友，2019（24）：94-98．

［152］王艳艳，王迪，李文涛．政府审计官员任期会影响国家审计效率吗？——基于国有资产保值增值的经验证据［J］．厦门大学学报（哲学社会科学版），2020（02）：105-117．

［153］王宜峰，杨舒茗．高管一线城市背景对西部企业金融化的影响研究［J］．武汉金融，2020（12）：57-67．

［154］王云，李延喜，马壮，宋金波．媒体关注、环境规制与企业环保投资［J］．南开管理评论，2017（06）：83-94．

［155］王忠诚，薛新红，张建民．融资约束、融资渠道与企业对外直接投资［J］．金融经济学研究，2017（01）：60-72．

［156］问文，胡应得，蔡荣．排污权交易政策与企业环保投资战略选择［J］．浙江社会科学，2015（11）：152-155，161．

［157］吴秋生，郭檬楠．国家审计"监"与"督"对国有企业资产保值增值的影响［J］．财经理论与实践，2018（05）：95-101．

［158］吴秋生，郭檬楠．国家审计督促国企资产保值增值的功能及其实现路径——基于十九大关于国企与审计管理体制改革要求的研究［J］．审计与经济研究，2018（05）：12-20．

［159］吴秋生，上官泽明．国家审计本质特征、审计结果公告能力与国家治理能力——基于81个国家的经验数据［J］．审计与经济研究，2016（02）：14-22．

［160］吴秋生，王婉婷．国家审计影响社会审计收费的机理是寻租

吗——来自央企及其控股上市公司的经验证据 [J]. 山西财经大学学报, 2019 (01): 98-110.

[161] 吴勋, 王艳. 环境税收、企业环保投资与环境质量——基于重污染行业上市公司的经验证据 [J]. 税收经济研究, 2019 (04): 27-37.

[162] 吴勋, 王雨晨. 官员晋升激励、国家审计免疫与地方政府债务——基于省级面板数据的实证研究 [J]. 华东经济管理, 2018 (09): 110-115.

[163] 谢志华, 陶玉侠, 杜海霞. 关于审计机关环境审计定位的思考 [J]. 审计研究, 2016 (01): 11-16.

[164] 辛宇. 环境规制对绿色投资影响的实证研究——基于媒体监督视角 [J]. 会计之友, 2019 (14): 91-96.

[165] 熊爱华, 张质彬. 国有企业混合所有制改革、金融化程度与全要素生产率 [J]. 南方经济, 2020 (09): 86-106.

[166] 熊剑, 陈栋. 差异化利息政策能否有效治理实体企业金融化 [J]. 会计之友, 2021 (06): 9-16.

[167] 徐光伟, 赵艺萍, 刘星. 董事长金融经历促进还是抑制了企业金融资产配置? [J]. 金融理论与实践, 2021 (03): 77-84.

[168] 徐向艺. 有效治理视角下国有企业制度创新与改革路径探索 [J]. 中州学刊, 2015 (05): 32-37.

[169] 许罡, 石怀旺, 蒋小敏. 同群效应与实体企业金融化 [J]. 财经论丛, 2020 (05): 54-64.

[170] 许罡. 高管投行背景、政策机会与公司金融投资偏好 [J]. 中南财经政法大学学报, 2018 (01): 33-41.

[171] 许汉友, 徐香, 朱鹏媛. 政府审计对CPA审计效率提升有传导效应吗?——基于国有控股上市公司审计的经验数据 [J]. 审计研究, 2018 (03): 19-27.

[172] 闫雪凌, 林建浩. 领导人访问与中国对外直接投资 [J]. 世界经济, 2019 (02): 147-169.

[173] 杨栋旭, 徐硕正, 魏泊宁. 经济政策不确定性与企业对外直接投

资：抑制还是促进？［J］．当代财经，2019（02）：108－119.

［174］杨贺，郑石桥．审计覆盖率和审计效果：基于威慑理论的实证研究——基于全国地方审计机关数据［J］．江苏社会科学，2015（05）：80－86.

［175］杨华领，宋常．国家审计与央企控股上市公司虚增收入［J］．审计与经济研究，2019（06）：1－9.

［176］杨乐，上官绪红，崔颖超，褚钰．融资约束、企业环保投资与财务绩效［J］．征信，2020（10）：69－78.

［177］杨连星，刘晓光，张杰．双边政治关系如何影响对外直接投资——基于二元边际和投资成败视角［J］．中国工业经济，2016（11）：56－72.

［178］杨玲，沈中华．融资约束、银行贷款与公司金融化［J］．财会通讯，2020（23）：60－64.

［179］杨柳勇，张泽野，郑建明．中央环保督察能否促进企业环保投资？——基于中国上市公司的实证分析［J］．浙江大学学报（人文社会科学版），2021（03）：95－116.

［180］杨平丽，张建民．企业对外直接投资对国内投资的影响——来自中国工业企业数据的证据［J］．中国经济问题，2017（03）：101－112.

［181］杨晓亮，李冬，王维红．资本市场开放如何影响中国企业对外直接投资［J］．云南财经大学学报，2020（07）：81－97.

［182］杨重燕．企业文化与企业可持续发展［J］．科技进步与对策，2003（16）：96－97.

［183］叶陈刚，黄冠华，朱郭一鸣．税收激励与公司金融化——基于加速折旧政策的自然实验［J］．对外经济贸易大学学报，2021（03）：127－141.

［184］叶雯琪．企业可持续发展的因素分析［J］．企业经济，2005（09）：58－59.

［185］叶永卫，李增福．国企"混改"与企业金融资产配置［J］．金融研究，2021（03）：114－131.

[186] 尹平,戚振东.国家治理视角下的中国政府审计特征研究[J].审计与经济研究,2010(03):9-14.

[187] 尹斯斯,潘文卿,高云舒,黄寰.中国企业对外直接投资与贸易福利:理论与经验研究[J].世界经济,2020(07):26-48.

[188] 应千伟,杨善烨,张怡.腐败治理与国有企业代理成本[J].中山大学学报(社会科学版),2020(06):179-190.

[189] 于博,罗玉玲.货币政策、影子银行与非金融企业金融化[J].上海金融,2021(06):18-34.

[190] 于连超,张卫国,睦鑫,毕茜,张亨溢.高管从军经历与企业金融化:抑制还是促进?[J].科学决策,2019(06):20-42.

[191] 余官胜,范朋真,都斌.我国企业对外直接投资速度与经营效益——基于管理效率视角的实证研究[J].产业经济研究,2018(02):29-38.

[192] 俞毛毛,马妍妍.同群行为与企业金融化投资动因分析[J].工业技术经济,2020(06):61-69.

[193] 苑泽明,宁金辉,金宇.高管学术经历对环保投资的影响[J].财会月刊,2019(14):12-20.

[194] 张靖璐,杨杰.融资约束差异会提高企业金融化水平吗?——来自我国A股上市非金融企业的经验证据[J].金融发展研究,2021(02):14-21.

[195] 张俊民,张莉.国家审计与国家治理模式的趋同性——基于审计内容角度的考察[J].审计与经济研究,2014(05):14-22.

[196] 张立民,崔雯雯.国家审计推动完善国家治理的路径研究——基于国家审计信息属性的分析[J].审计与经济研究,2014(03):13-22.

[197] 张龙平,李苗苗,陈丽红.国家审计会影响低碳发展吗?——基于中国省级面板数据的实证研究[J].审计与经济研究,2019(05):9-21.

[198] 张龙平.审计理论的创新——"免疫系统论"产生的理论基础[J].中国审计,2008(24):18.

[199] 张琦, 谭志东. 领导干部自然资源离任审计的环境治理效应 [J]. 审计研究, 2019 (01): 16-23.

[200] 张强. 经济责任审计方式对公司股价和经营业绩的影响差异研究——基于中央企业控股上市公司的经验证据 [J]. 审计研究, 2020 (06): 18-25.

[201] 张娆. 高管境外背景是否有助于企业对外直接投资 [J]. 宏观经济研究, 2015 (06): 107-116, 151.

[202] 张伟华, 王斌, 黄甲. 董事会异质性、行业环境与公司战略调整 [J]. 科学决策, 2016 (05): 50-74.

[203] 张卫国, 董晋亭, 于连超, 毕茜. 货币政策不确定性与企业金融化 [J]. 财会月刊, 2020 (10): 128-136.

[204] 张亚兰. 基于绿色发展视角的我国上市公司可持续发展效率评价及影响因素研究 [D]. 上海: 上海应用技术大学, 2021.

[205] 赵青, 张华容. 政治风险对中国企业对外直接投资的影响研究 [J]. 山西财经大学学报, 2016 (07): 1-13.

[206] 赵彦锋. 实际控制人境外居留权会加剧实体企业金融化吗? [J]. 中南财经政法大学学报, 2021 (02): 65-78, 146, 159.

[207] 赵勇, 初晓. "国进民进": 国有企业在对外直接投资中的作用 [J]. 世界经济, 2021 (05): 53-78.

[208] 郑石桥, 陈丹萍. 机会主义、问责机制和审计 [J]. 中南财经政法大学学报, 2011 (04): 129-134.

[209] 郑伟宏, 涂国前. 政策执行效果审计与企业创新能力提升 [J]. 审计研究, 2019 (05): 49-58.

[210] 周弘, 张成思, 唐火青. 融资约束与实体企业金融化 [J]. 管理科学学报, 2020 (12): 91-109.

[211] 周敏李, 王会金, 李媛媛. 国家审计促进地区宏观税负降低机理研究——减税降费的视角 [J]. 审计研究, 2021 (01): 40-49.

[212] 周义程. 权力运行制约和监督体系的概念界说 [J]. 行政论坛, 2014 (03): 6-10.

[213] 朱莉,李强.股权集中度、产权性质与环保投资[J].财会月刊,2018(12):48-55.

[214] 朱晓文,王兵.国家审计对注册会计师审计质量与审计收费的影响研究[J].审计研究,2016(05):53-62.

[215] 朱映惠,邵旭方.宏观经济不确定性视角下实体企业金融资产配置动机[J].金融监管研究,2019(07):34-52.

[216] 祝敏,宁金辉,苑泽明.机构投资者异质性、环境规制与企业环保投资[J].金融发展研究,2019(07):12-20.

[217] 祝遵宏.国家审计职能新论[D].成都:西南财经大学,2009.

[218] 曾珍香,吴继志.企业可持续发展及实现途径[J].经济管理,2001(23):35-38.

[219] ADAM S, 1776. An inquiry into the nature and causes of the wealth of nations [M]. Methuen and Co. Ltd.

[220] BARRADAS R, LAGOA S, 2017. Financialization and portuguese real investment: a supportive or disruptive relationship? [J]. Journal of Post Keynesian Economics, 3: 413-439.

[221] BERLE A A, MEANS G C, 1932. The Modern Corporation and Private Property [M]. New York: Macmillan & Co.

[222] BHUIYAN M B U, HUANG H J, DEVILLIERS C, 2021. Determinants of environmental investment: evidence from europe [J]. Journal of Cleaner Production, 292: 1-26.

[223] BIAN J S, ZHANG, G Q ZHOU, G H, 2020. Manufacturer vs. consumer subsidy with green technology investment and environmental concern [J]. European Journal of Operational Research, 3: 832-843.

[224] BLAIR M M, 1995. Rethinking assumptions behind corporate governance [J]. Challenge, 6: 12-17.

[225] BROWN L R, 1981. Building a sustainable society [M]. London: W W Norton & Co.

[226] CHEN Q P, NING B, PAN Y, XIAO J L, 2022. Green finance and outward foreign direct investment: Evidence from a quasi-natural experiment of green insurance in China [J]. Asia Pacific Journal of Management, 3: 899-924.

[227] DIXIT A K, PINDYCK R S, 1994. Investment under uncertainty [M]. Princeton: Princeton University Press.

[228] FAMA E F, JENSEN M C, 1983. Separation of ownership and control [J]. Journal of Law and Economics, 26: 301-326.

[229] FARZIN Y H, KORT P M, 2000. Pollution abatement investment when environmental regulation is uncertain [J]. Journal of Public Economic Theory, 2: 183-212.

[230] FREEMAN R E, 1984. Strategic Management: A Stakeholder Approach [M]. Marshfield: Pitman Publishing Inc.

[231] FUNG H G, QIAO P H, YAU J, ZENG Y P, 2020. Leader narcissism and outward foreign direct investment: evidence from Chinese firms [J]. International Business Review, 1: 1-11.

[232] GAO Y Q, WANG Y L, ZHANG M H, 2021. Who really cares about the environment? CEOs' military service experience and firms' investment in environmental protection [J]. Business Ethics: A European Review, 1: 4-18.

[233] GLOBERMAN S, SHAPIRO D, 2009. Economic and strategic considerations surrounding Chinese FDI in the United States [J]. Asia Pacific Journal of Management, 1: 163 183.

[234] GREENWALD B C, STIGLITZ J E, 1990. "Macroeconomic models with equity and credit rationing" in asymmetric information, corporate finance, and investment [M]. Chicago: University of Chicago Press.

[235] HAMBRICK D C, MASON P A, 1984. Upper echelons: the organization as a reflection of its top managers [J]. Academy of Management Review, 2: 193-206.

[236] HAMBRICK D C, 2007. Upper echelons theory: an update [J].

Academy of Management Review, 2: 334 – 343.

[237] HAO Y, GUO Y X, GUO Y T, et al., 2020. Does outward foreign direct investment (OFDI) affect the home country's environmental quality? the case of China [J]. Structural Change and Economic Dynamics, 52: 109 – 119.

[238] HITT M A, TYLER B, 1991. Strategic decision models: integrating different perspectives [J]. Strategic Management Journal, 12: 327 – 351.

[239] HONG F H, TEH T H, 2019. Bureaucratic shirking, corruption, and firms' environmental investment and abatement [J]. Environmental and Resource Economics, 2: 505 – 538.

[240] HUANG J C, ZHAO J, CAO J, 2021. Environmental regulation and corporate R&D investment – evidence from a quasi – natural experiment [J]. International Review of Economics & Finance, 72: 154 – 174.

[241] HUANG L Y, LEI Z J, 2021. How environmental regulation affect corporate green investment: evidence from China [J]. Journal of Cleaner Production, 279: 1 – 28.

[242] HUANG Y, XIE E, LI Y, 2017. Does state ownership facilitate outward FDI of Chinese SOEs? institutional development, market competition, and the logic of interdependence between governments and SOEs [J]. International Business Review, 1: 176 – 188.

[243] HUANG Y, LUK P, 2020. Measuring economic policy uncertainty in China [J]. China Economic Review, 59: 1 – 43.

[244] MIAO L, ZHUO Y, WANG, H J, LYU B, 2022. Non – Financial enterprise financialization, product market competition, and total factor productivity of enterprises [J]. Sage Open, 2: 1 – 15.

[245] RICHNAK P, GUBOVA K, 2021. Green and reverse logistics in conditions of sustainable development in enterprises in Slovakia [J]. Sustainability, 2: 1 – 23.

[246] SEO H J, and KIM H S, KIM Y C, 2012. Financialization and

the slowdown in Korean firms' investment [J]. Asian Economic Papers, 3: 35-49.

[247] JENSEN M C, MECKLING W H, 1976. The theory of the firm: managerial behavior, agency costs and ownership structure [J]. Journal of Financial Economics, 4: 305-360.

[248] JIANG X F, ZHAO C X, MA J J et al., 2021. Is enterprise environmental protection investment responsibility or rent-seeking? Chinese evidence [J]. Environment and Development Economics, 2: 169-187.

[249] KIM H, KUNG H, 2017. The asset redeploy ability channel: how uncertain affects corporate investment [J]. Review of Financial Studies, 1: 245-280.

[250] KLEIN A, MARQUARDT C A, 2006. Fundamentals of Accounting Losses [J]. Accounting Review. 1: 179-206.

[251] KOTTER J P, HESKETT J L, 1992. Corporate Culture and Performance [M]. New York: Free Press.

[252] LEE Y S, KIM H S, JOO S H, 2020. Financialization and Innovation Short-termism in OECD Countries [J]. Review of Radical Political Economics, 2: 259-286.

[253] LI F C, YU C, 2020. OFDI and home country structural upgrading: does spatial difference exist in China? [J]. Emerging Markets Finance and Trade, 7: 1532-1546.

[254] LI Q, RUAN W J, SUN T T et al., 2020. Corporate governance and corporate environmental investments: evidence from China [J]. Energy & Environment, 6: 923-942.

[255] LI Y, RENGIFO E W, 2018. The impact of institutions and exchange rate volatility on China's outward FDI [J]. Emerging Markets Finance and Trade, 12: 2778-2798.

[256] LIAO X C, SHI X P, 2018. Public appeal, environmental regulation and green investment: Evidence from China [J]. Energy Policy, 119:

554－562.

[257] LIU C Y, WU C H, 2009. Environmental consciousness, reputation and voluntary environmental investment [J]. Australian Economic Papers, 2: 124－137.

[258] LU J, 2021. Can the Green Merger and Acquisition Strategy Improve the Environmental Protection Investment of Listed Company [J]. Environmental Impact Assessment Review, 86.

[259] MARQUIS C, TILCSIK A, 2013. Imprinting: toward a multilevel theory [J]. Academy of Management Annals, 1: 195－245.

[260] MELITZ M J, 2003. The impact of trade on intra-industry reallocations and aggregate industry productivity [J]. Econometrica, 6: 1695－1725.

[261] ORSATO R J, 2006. Competitive environmental strategies: when does it pay to be green? [J]. California Management Review, 2. 127－143.

[262] SHAO X, 2020. Chinese OFDI responses to the B&R initiative: evidence from a quasi-natural experiment [J]. China Economic Review, 61: 1－13.

[263] SHLEIFER A, VISHNY R W, 1997. A survey of corporate governance [J]. Journal of Finance, 2: 737－783.

[264] SHAO Y M, CHEN Z F, 2022. Can government subsidies promote the green technology innovation transformation? Evidence from Chinese listed companies [J]. Economic Analysis and Policy, 74: 716－727.

[265] SUN C R, LIU Y Y, 2019. Can China's diplomatic partnership strategy benefit outward foreign direct investment? [J]. China & World Economy, 5: 108－134.

[266] SUN K, FUNG H G, ZENG Y P, et al., 2021. CEO's with global experience and outward foreign direct investment: a contextualized analysis of Chinese firms [J]. Chinese Management Studies, 2021, 1: 1－23.

[267] SUN T, FENG Q, 2021. Evolutionary game of environmental investment under national environmental regulation in China [J]. Environmental

Science and Pollution Research International, 38: 53432 – 53443.

[268] TIROLE J, 2001. Corporate governance [J]. Econometrica, 1: 1 – 35.

[269] TOSI H L, WERNER S, KATZ J P, et al., 2000. How much does performance matter? A meta – analysis of CEO pay studies [J]. Journal of Management, 2: 301 – 339.

[270] WU C Y H, HSU H, 2018. Founders and board structure: evidence from UK IPO firms [J]. International Review of Financial Analysis, 56: 19 – 31.

[271] XU X M, XUAN C, 2021. A study on the motivation of financialization in emerging markets: The case of Chinese nonfinancial corporations [J]. International Review of Economics & Finance, 72: 606 – 623.

[272] XU X X, YAN Y L, 2020. Effect of political connection on corporate environmental investment: evidence from Chinese private firms [J]. Applied Economics Letters, 18: 1515 – 1521.

[273] YAN B, ZHANG Y, SHEN Y Z, HAN J, 2018. Productivity, financial constraints and outward foreign direct investment: firm – level evidence [J]. China Economic Review, 47: 47 – 64.

[274] YAN Y L, XU X X, 2022. Does entrepreneur invest more in environmental protection when joining the communist party evidence from Chinese private firms [J]. Emerging Markets Finance and Trade, 3: 754 – 775.

[275] YANG L, QIN H, CAN Q X et al., 2020. Internal control quality, enterprise environmental protection investment and finance performance: An empirical study of China's A – share heavy pollution industry [J]. International Journal of Environmental Research and Public Health, 8: 1 – 15.

[276] YOUNDT M A, SUBRAMANIAM M, SNELL S A, 2004. Intellectual capital profiles: An examination of investments and returns [J]. Journal of Management Studies, 2: 335 – 361.

[277] ZENG C L, ZHANG L, LI J T, 2020. The impact of top manage-

ment's environmental responsibility audit on corporate environmental investment: evidence from China [J]. Sustainability Accounting, Management and Policy Journal, 7: 1271 – 1291.

[278] ZHANG S, CHEN C L, 2020. Does outward foreign direct investment facilitate China's export upgrading? [J]. China & World Economy, 5: 64 – 89.

[279] ZHANG Y M, ZHAN W, XU Y K, et al., 2020. International friendship cities, regional government leaders, and outward foreign direct investment from China [J]. Journal of Business Research, 108: 105 – 118.

[280] ZHAO Y, SHI X P, SONG F, 2020. Has Chinese outward foreign direct investment in energy enhanced China's energy security? [J]. Energy Policy, 146: 1 – 8.